· 文汇新观察丛书

美国说法

张　军　著

文匯出版社

序/美国在深处

《美国看法》一书出版后，反响之好是出乎意料的，好评如潮。此书的受关注，其实代表了美国受关注。从某种意义上说，美国多大程度被关注，它也就多大程度被“加热”，因为由一个大学毕业后赴美读完国政硕士、法学博士并在美国生活三十年，然后又常在央视出镜的“美国最高联邦法院出庭律师”来解读美国，无论如何要比其他的解读更亲和、更可信、更公信。中国的公众毕竟越来越理性、越来越成熟了，他们热爱中国但并不喜欢“媚华”，他们关注美国但也并不欣赏“污美”，什么都应该实事求是，所谓“知识虽是力量，良知更是方向”。张军的《美国看法》正好切入了大陆公众的理性需求，其受欢迎也就可以理解的了。

然而，张军意犹未尽，觉得《美国看法》中的19篇文章深度谈及美国的不多，他希望有机会更深地解析美国，谈话的“搭档”仍希望是我。因缘机巧，2017年的夏秋我恰好去美国居住几个月，于是我们的深谈便成了顺理成章之事。

所不同的是，谈话都在旅游途中进行。我们畅游了美国西部诸多的著名小镇、矿山博物馆、赌城、太浩湖，坐火车从加利福尼亚州穿越内华达州……

他爱好旅游，一上旅途就才思滚滚，那篇《移民，移民，移民》直接就是我们乘坐列车贯穿“美洲大陆铁路”的长时间聊天的结果。可能他本身就是移民的原因，张军对美国移民史，尤其是华工移民史简直烂熟于胸，第一个华工何时登陆北美、华工最初的栖息地、华工最大的集聚地、华工的生活习俗如何为当地所不容……他根本不用凝神思考，仿佛浑身都是资料袋，左拾遗，右补阙，历史渊源，后裔现状，族群态势，未来趋势，简直如江河流转，滔滔不绝，如果是个讲座，我相信一定会天花乱坠，一票难求。而提到美国的税收，更是他的专业与强项，可以一口气地将美国的立国精神、拓疆历史与税收渊源介绍得清清楚楚。更难得的是对美国政体及制度的深度研究与真切理解，那可是他在美国硕博研读的主业，以他这样的天赋资质加以近三十年的社会观察，简直可以将这个社会的三教九流、八索九丘、政党流派、民众社团剖析得淋漓尽致……

车轮滚滚，汽笛长啸，打开录音笔，听他纵谈美国，时而昏天黑地，时而月白风清，时而大雪初霁，时而彤云密布，如果归类，庶几可为“大选篇”“移民篇”“税务篇”“就业篇”“留学篇”“地产篇”“安保篇”“就医篇”等。我后来最大的难题就是做了这么多的录音，应该如何消化呢？几十个小时连续不断的谈话，那几乎是山一样的数据库，海一样的信息量，回国后动用专业的录音公司，才部分解读了出来，整理成文字，再三遴选，晨昏批阅，增删半载，决定出版张军的第二部著作：《美国说法》。

窃以为“说法”似乎比“看法”更系统一些、更成型一些、更深度一些，其中“深度”是主要的，谈话内容既有公共意见，也有个人表达，它是温和的，有时也是固执的，比如“枪猛如虎”，即使是在“禁枪”与“拥枪”的双方的争论最为剑拔弩张的一刻，张军仍然坚持他一贯的立场——“限枪”，仍然主张：“禁枪不符合美国国情”，“拥枪有损社会稳定”，只有法律制约和督查制度更苛、更严、更细的“限制持枪”才是比较行得通的道路。各国完全应该参照自己的国情而具体制定全社会的枪支管理法律，任何一个国家和社会都没有权利对别人指手画脚地作出评论或指责，因为这个问题是如此地复杂，所牵涉的宪法历史、国家政体、政经利益、恐袭阴影、社会舆情、族裔冲突、民众心态、文化传统等，是如此地多元和芜杂，以致于对“美国的这支枪”，任何照搬或“痛斥”都是不明智的。他相信，震撼全美乃至世界的枪击案还会发生，但他会坚持自己的立场并且向社会继续呼吁“限枪”，直至类似的“社会抵牾”渐趋理性。

事实证明，“限枪”的呼吁这些年越来越成为社会舆论的主流。

他的叙事风格是清新而又温和的，即使对他常常不赞同的特朗普的荒腔走板，他仍然保持理性的评析。比如2018年1月3日，特朗普在推特上发文，称自己的核武器发射按钮比朝鲜的威力更大。一经发出，引发各界人士的担心，褒贬不一。联邦众议员刘云平认为特朗普的“挑唆言语”可能将民众带入危险境地，率先发动核武器战争将导致成千上万的伤亡，特朗普的“挑唆”，让民众距离危险更进一步。此公观点不错，但言辞比较激烈，相比之下，张军则中性地指出：特朗普此次回应内容令民众担忧。“在朝鲜试图伸出橄榄枝的情况下，却表达出如此‘直抒胸臆’的观点可能是不明智的。”

他觉得，公开指出“特朗普不明智”就够了，虽然在美国，“骂总统总是最安全的”，但作为一个“政治法律学者”，分贝绝不是力量，如果一味地追求言辞爆棚，相信对民众而言绝不是一种良好的引导。

“美国在深处”，他常这样说，一个立国两百余年即能引领世界潮流的国家，绝非一个简单的国家，应该实事求是地观察它、研究它，既不能事先满脑子“标准答案”地去预判它，也不该事后带着情绪地研判它，否则不利于相互的交往。

本书所言及皆为中美之间的热点时政或与中国相关的外交动态，无论是一方的询问还是一方的解答，虽非“隆中对”，亦为“美西谈”。我们固然努力追求访谈的“深度”，但毕竟是即兴的、“热炒”的、通俗的交谈互动，于外事百态、时政万象难免顾此失彼，挂一漏万，读者明鉴，敬祈原谅。

胡展奋

2018年3月于上海松江“中海悦府”

目　录

破天荒的总统大选

——特朗普大战希拉里

进入 21 世纪以来，美国的总统大选屡现奇迹。第一个黑人总统奥巴马当选，在美国选举史上开辟了一个新纪元。

那一场震撼的余波犹在，新的一场震撼又开始了——美国有史以来，第一个女性杀入大选之战团，而且坚持到最后——总统候选人希拉里与总统候选人特朗普，针尖麦芒。

中国有句俗话，叫做“好男不与女斗”。这里是美国。美国可没有如此的讲究，虽然曾几何时，美国妇女也没有选举权，如今居然可以男女单挑，公开逐鹿总统宝座了，而且巾帼丝毫不让须眉。

特朗普与希拉里就这样全方位开打了。大选揭晓前夕，我正好在美国，而张军律师也因为熟悉美国大选内情而被中外媒体紧追猛索。时值年初，我们相遇在亚利桑那州之凤凰城，一番长聊，可谓酣畅。

“鲱 鱼 罐 头”

胡展奋：其实，包括我在内的国内观众，对美国大选都缺乏深度或者广度的了解，你给扫扫盲吧。

张　军：美国也许太强调它的民主自由——尤其是自由——以致于人的创造性思维、创新思维乃至奇思怪想、胡思乱想真是层出不穷。我们不妨先数落数落美国的大选历史。

希拉里

美国总统大选一旦进入白热化阶段,共和、民主两党候选人互揭丑闻的手段就会层出不穷,堂堂一国总统之选举俨然沦为互相揭短的闹剧,令观者唏嘘不已。事实上,纵观美国选举历史,互揭丑闻攻击对方的情况并不鲜见,毫不夸张地说,两百多年的美国大选史上充斥着人身攻击和相互揭短。

首届美国总统大选在 1788 年至 1789 年间举行,独立战争时期领袖乔治・华盛顿以无党派人士身份参选,由于他在国内具有崇高声望,他的对手们并没有展开人身攻击或揭丑。在 1792 年华盛顿谋求连任的大选中,气氛也比较平和。

美国真正意义上的"总统大选"出现在 1796 年,当时民主共和党大力支持托马斯・杰斐逊,而联邦党拥护约翰・亚当斯。为击败对方,联邦党首先祭出揭丑大招。联邦党人攻击杰斐逊的品德,宣称他是一名"无神论者",而且在独立战争期间是一个懦夫。不仅如此,联邦党人还大肆宣扬杰斐逊同法国存在"不正常关系"。在联邦党的猛烈攻势下,杰斐逊最终败下阵来,以 3 张选举人票之差败给亚当斯。

如果我们扯得近一些的话,则无论如何"光怪陆离",2016 年美国总统选举终于滑向倒计时。回头来看,这场口水滔天的选举到底留给人什么印象?一系列的“脏”“乱”“差”而已。

纵然历届美国大选从不缺少负面新闻,但是这一年下来层出不穷的秽闻、丑闻、谣言、阴谋论仍令人目不暇接。

胡展奋:说几句题外话如何?我只听说全世界最臭的是瑞典的一种叫鲱鱼罐头的,和它相比我们中国的臭腐乳、臭冬瓜都是温和的,您能介绍介绍?

张　军:(笑)愿意效劳,而且我觉得用“鲱鱼罐头”来形容某些政客、某些利益集团的行为是相当贴切的。

只是顺便说一下,鲱鱼罐头是瑞典传统食物,他们将“处理”过的鲱鱼装入罐头中,任其自然发酵而成一种散发着恶臭、味道偏酸的罐装食品。

发酵鲱鱼的最大特点是其无所不在、难以消除的恶臭,中国的臭豆腐、法国的臭奶酪和它相比,简直绅士多了,没吃过腌鲱鱼的人常因为它刺鼻的恶臭而打喷嚏、打嗝或者就地呕吐,据报道瑞典政府为此颁布法律,严禁在住宅区或“任何人类集聚地”内开启鲱鱼罐头。国际航班和邮轮也不允许携带这种罐头,因为气压的变化可能发生罐头破裂,后果将相当不堪。夸张地说,不能完全排除坠机的可能,其臭味相当于腐尸的 300 倍。

它一般在瑞典的短暂的夏天上市(8 月左右)。每年 4～6 月鲱鱼产卵的时候,渔民们打捞起数百吨鲱鱼,为腌制鲱鱼准备好原料。腌制鲱鱼的独特之处在于自然发酵。为了保证鲱鱼不会在发酵过程中腐烂变质,制作者们总是把刚打捞上来的鲱鱼放在浓盐水中用文火煮过,再装入罐头中任其自然发酵。

据说,这套腌制鲱鱼的工艺已经流传了近 300 年,当初渔民们也是为了省钱才想出自然发酵腌制鲱鱼的方法,因为这样耗费的盐会少一些。到了 8 月中旬,罐头里的鲱鱼变得黏稠多汁,罐头中的气体也因为鲱鱼发酵而膨胀，把罐头撑得鼓鼓的，这就代表鲱鱼已经腌熟，可以上市了。

瑞典人嗜臭，每年 8 月的第 3 个星期四，人们会专门为品尝鲱鱼举行“臭派对”，据说这时候是腌鲱鱼味道最好的时候。在温暖而短暂的夏夜里，瑞典人在花园里摆好桌椅，然后把一道道鲱鱼端上桌，就着土豆、洋葱、酸奶油或是淡而无味的饼子大饱口福，饮酒歌唱。当然，口感浓烈的美酒也是人们开鲱鱼派对必不可少的“润喉剂”。有趣的是，瑞典的超市或任何有可能销售鲱鱼罐头的地方，都贴着这样的“安民告示”：(1) 打开罐头前通知周围人，以防造成意外。(2) 不在封闭的环境内开启罐头。(3) 打开前要先放在冰箱里冷藏，降低内部气压，如果在常温时打开可能会喷溅出大量液体。(4) 严禁将这种罐头带上飞机，一旦因为气压问题引起罐头破裂，可能产生安全隐患。(5) 在享受完美食后，切记：要将罐头盒密封后再丢弃，以免影响市容环境。(6) 如有任何不适症状，请先催吐，如果症状仍未缓解，应立刻就医。

胡展奋：我们把美国的大选比作鲱鱼罐头未免有点过了，不过虽然是玩笑，但是我对美国大选的所见所闻，的确感到匪夷所思，公开演讲，电视辩论，直接进行人身攻击的太多。有人说，美国大选期间，什么匪夷所思的事情都能发生。

张　军：的确“什么事都可能发生”。您的话让我想起《纸牌屋》第二季的开篇，“砰”，快当上副总统的老牌政客安德伍德一把将记者兼情人佐伊推进华盛顿的地铁轨道，惊得人一身冷汗。定神一想，这般相爱相杀，似乎也不足以描述今年候选人与媒体的关系；如此离奇剧情，恐怕都不如今年一大堆的“阴谋论”脑洞开得大。

下面且让我这个沉浸选战消息多日的律师来概述一下。

大选季节，最狂欢的当属一众小报了吧？什么“希拉里活不过一年了”“受克林顿夫妇暗害的‘死亡名单’”“通俄门”……好不容易遇上知名度和话题度双高的对象，小报无不垂涎三尺，这一年爆出了多少标题耸动、煞有介事、跌破眼镜的小道消息、离奇八卦呢？已经不可能统计。

其实英美媒体也讲市场细分的，“小报”阵营的目标毋庸赘言，“买家”图一个乐呵和刺激也不会深究其真实性。赶上网络无国界的时代，这样的新闻更不愁卖，甚至一路火花带闪电蹿进了大洋彼岸不少不明就里的网络空间和媒体平台也不知多少。可说实在的，除了小报读者，世界头号大国一把手的选举关乎更庞大而广泛的选民群体以及更严肃而真实的议题，好歹也应该是一顿正餐。可乐加爆米花的看剧搭配连吃一年，想想就头皮发麻。

再看看主流媒体，说半推半就也好，说眉来眼去也罢，谁不在一条链上？可是，登上主流媒体封面头条、出自希拉里红口白牙的“特朗普是俄罗斯傀儡”，又真比咒她“活不久”或“死亡名单”的格调高出多少？再者，尽管没有在主流媒体上激起更大水花，“维基解密”三番两次地披露大量文件所抖落的希拉里“黑幕”也够令人拍案惊奇。

特朗普那边更不必说。据《纽约时报》近日统计，这一年仅通过推特账户，无论是个人、媒体还是国家，特朗普一共“骂”了 281 次。无怪乎，从预选到大选，特朗普团队的广告支出一路比希拉里团队少得多，就算竞选资金不比希拉里财大气粗，如今有了大嘴，还担心曝光度不够？还花钱干嘛？“我们就该取消大选，直接把它（总统之位）给我得了，”这是特朗普 27 日最新出炉的金句，不用想，又成了头条标题。

成绩当然有目共睹。拜负面选战激烈的诡异话锋所赐，据尼尔森公司统计，希拉里与特朗普之间三场辩论收视率比之往年颇为不俗，首场高达 8 400 万人次，终场也超过 7 160 万人次，好过里根以来历届“辩手”们。当然，这还没有算上市场潜力更惊人的网络平台。

河东河西不过转眼瞬间。从党内预选跨入两党对决，特朗普之于媒体似乎从“蹭曝光”变成“受迫害”，特朗普及其团队不断抨击主流媒体拉偏架、专注“黑”他一整年、希拉里那么多黑料你们怎么就不这样猛炒，这既是说辞，也算真情。而当狂人诳语进阶成腐败门、“录音门”等一连串货真价实的丑闻时，媒体之于特朗普更理所当然从“逢骂必报”

特朗普

变成“逢报必骂”。

9 月 5 日,希拉里和特朗普当天分别邀请媒体记者登上各自的私人飞机,在空中召开新闻发布会。戏法越变越稀奇。

据皮尤研究中心 10 月中旬一项民调结果,针对今年选战“谎话”特别多的现象,65%受访登记选民认为媒体有责任对候选人的言论予以“事实核查”。针对无良、污秽言论特别多的现象,倒是有 60%的受访登记选民认为媒体还是应重点报道。

有意思的是,特朗普的支持者中,倒是仅有 49%认为媒体应重点报道无良言论,另有 53%认为特朗普的媒体曝光率过高。

看,任谁都明白,曝光度是一把双刃剑,关注度不等于支持率。

时光回溯至 1896 年,当年的共和党候选人威廉 · 麦金利几乎“足不出户”就完成了竞选之旅。记者只需每天去他家门口“蹲点”,听听他的高论,就能写稿交差。而当候选人的交通工具从汽车、火车换成飞机,媒体的战场也从报刊、电台、电视扩展至网络。但透过网络这枚滤镜，选战镜像常常被扭曲放大，话题走向常常喧宾夺主，政客和媒体的把握度更差了。

这对破天荒的"龙凤斗"，如果以他们的第三场电视辩论为例，"你是普京的傀儡！""不，你才是！"这种小朋友吵架式对攻，毫无悬念成了网上不断翻炒的"料"。而当特朗普口无遮拦骂了希拉里一句"臭女人"，"臭女人"便立即成为推特标签语。甚至乎，印着"你才是傀儡""臭女人"的T恤衫都造了出来。这些"热点"在社交媒体平台上不费吹灰之力就让两位主角长篇大论的政策立场失焦。

然而，回头一想，令主题失焦的始作俑者又算谁呢？究竟是谁搬起石头砸了自己的脚？

"龙"与"凤"的风格

胡展奋：毫无疑问，在美国的大选中，能坚持到最后决赛阶段的，不是"人中龙"，就是"人中凤"，把特朗普与希拉里分别比作大选中的"龙""凤"，应该是贴切的，但是在辩论过程中，可以明显看出两人的"三观"、作派、为人风格的迥然不同。您应该比我们更熟悉这场"龙凤斗"，想请您分析一下。

张　军：美国大选临到最后居然是一男一女的终极对决，的确是"破天荒"的单挑，实乃两百年来所仅见。

我们不妨从美国总统大选的第一场电视辩论开始分析。

美国总统大选第一场电视辩论举办之前，不少媒体预期观众人数可以打破纪录，甚至超过一个亿。事实证明，那真得感谢特朗普。这个家伙确有"星相"，明星之相，不管是初选还是大选，只要他一出场，总能轰动、总能吸引大量的观众，真是美国有史以来的"大选活宝"。

他的魅力，并不在于辩论水准有多高或腹中诗书有多少、知识面有多广。

作为曾经的电视真人秀的主持人，他既有丰富的职场经验，又有轰动的明星效应。您注意了没有，他的出场，总能带来浓浓的戏味，有时候还有一股子我们南京人所说的“泼皮味”。别人发言的时候，他不停地插嘴、调侃、打诨。而他自己发言的时候呢，信马由缰，自由发挥，答非所问，没完没了，满嘴跑火车，主持人都无法让他停下来。他不但与其他参选人打嘴炮，还时常与主持人抬杠，口出狂言，张嘴骂人。规矩与礼貌他都不放在眼中，搞得别人不知道如何应对。

再加上今年共和党初选参加者人数多，更是让辩论乱成一锅粥。但是就是这样一个候选人，在初选中得票最多，也玩得最酣畅。

相形之下，民主党的初选要平静许多。从去年第一场辩论开始，桑德斯就宣布不想议论候选人的个性、丑闻或是经历，只想探讨攸关民生大计的政策与问题。甚至连让希拉里很难堪的电邮门事件，他也宣称不值一提，而且的确是在近一年的初选之中一次都没有提起。只是来到大选，希拉里的对手换成喜欢骂人的特朗普。共和党一群候选人都对付不了他，希拉里能应付得了吗？

胡展奋：特朗普能修成今天的正果绝不是泛泛之辈，一是他的智慧，公开演讲总能妙语如珠，舌吐莲花，有时候嬉笑怒骂皆成文章，有时候单口相声群口呼应，有时候犀利如刀，有时候假痴假呆，北方人所谓的“装傻”；二是他的自嘲，那是他最有力的武器，挑几个无关紧要的话题，臭自己、黑自己，引得观众哄堂大笑，笑声中往往强化了自己的憨厚委屈而反衬出对手的尴尬与矫情。反正“变化在我，唯求取胜”，论单挑，几乎无敌手。那么，您觉得他们这次的“群殴”状态如何？

张　军：注意到您用了这个词儿——“群殴”，觉得特别贴切，因为今年大选有一点很特别，虽然是“外无大战，内无危机”，但是看看两个候选阵营却很有几分你死我活的杀气，使用的词句都很伤人。特朗普直接给希拉里取了个外号：“奸诈的希拉里”；共和党全国代表大会上，代表们更是有节奏地高喊要将希拉里“关起来”！更有特朗普的支持者印制了大批的希拉里坐班房的漫画 T 恤，满大街地要将希拉里锁进监狱。

当然，希拉里阵营也不甘示弱：声称特朗普秉性欠佳，核武器放在他手上可能引发大灾难；他还里通外国，与普京惺惺相惜，可能还有金钱来往；希拉里更是在最近一次筹款会上，宣称特朗普的支持者有一半是“可鄙之徒”。

相形之下，就风格而言，两人是“淑女遇到兵”，希拉里太“正”，“正”得有点“伪善”感；特朗普太“痞”，“痞”得令人发噱，所以“兵”总体上当然占了上风。而如以辩论风格来说，希拉里循规蹈矩，侃侃而谈，骨子里不是油滑之人；特朗普却指东打西，避实就虚，你完全无法预计他的下一步。

这一回，主流媒体似乎都是支持希拉里的，一边倒，但现在也“一边倒”地替希拉里的辩论揪心不已。9 月 7 日，美国全国广播公司(NBC)举行了一场电视恳谈会，希拉里与特朗普先后出场接受观众提问，两人没有直接碰面，但是电视上播出的场景已经很是让人不安。

希拉里出场的时候，以她一贯的风格仔细讲述自己见解的细微之处，时常被主持人的提问打断。一旦打断，希拉里就老老实实地接受打断，显得“听话”；然而到特朗普出场的时候，主持人却拿强势的特朗普没什么辙，经常被打断的反而是主持人自己。

NBC 的主持人因此受到主流媒体的强烈谴责：希拉里说话实在、规矩，你就一直插嘴？特朗普胡说八道，你不指出、不质疑，让他轻松过关？有人呼吁，以下几场辩论的主持人一定要鼓起顶撞特朗普的勇气，电视台更应该现场检视特朗普说话的水分，不能让耍无赖的人占便宜。那个架势，好像一众记者编辑都恨不得跳进场内，拉希拉里一把。

我们再分析 9 月 26 日晚的辩论，前 30 分钟，希拉里的确处于下风。特朗普一开口，就在自由贸易问题上发起进攻。自由贸易是美国民主、共和两党的共识，受精英阶层的支持，但是造成制造业搬离美国，大量工作岗位流失，受此冲击而失业的蓝领工人正是特朗普的主要支持者。希拉里一直是自由贸易的支持者，只是在初选的时候发现民意风向不对，这才转而表示反对去年签订的 TPP 协定。

这个变化让特朗普逮个正着，他厉声指责像希拉里这样的"无良"政客，讲了三十年的自由贸易，签下许多协定，却是让他国占尽便宜，完全无视对中下层民众生计的影响。在特朗普的攻势面前，希拉里再次显得言不由衷，应答无力，处于被动的守势。

然而希拉里毕竟也是经验丰富的老将，在 2016 年美国总统大选第一次辩论会上，淡定的希拉里保持着冷静，在讨论税收的时候静等绝地反击的良机。

身为富商的特朗普一直没有像其他候选人那样，公布自己的税表。希拉里在批评这一点的时候，语带讥讽却又故意语气平静地推论其中的原因：要么特朗普根本没有他自称的那么富有；要么他没做什么慈善捐款；要么他欠了银行一屁股债；要么他就是没上税，不好意思让人看见……在辩论中，利用公众的疑惑而用这种猜测与推理来攻击对方。鉴于"纳税"在美国的重要性，置之不理是不可能的；拙劣的办法是如法炮制，倒过来推测希拉里的电邮事件或是健康状况，这或许更适合特朗普喜欢打嘴仗的风格。

可是特朗普偏偏选择奋起抵抗希拉里的指控。希拉里指控他没上税，他带着骄傲反驳，先说"我懂得利用法律"，而后又说交税"还不都是被(政客)拿去浪费"。希拉里指控他趁房贷危机谋利，他说："那是做生意耶。"希拉里指控他的公司曾经因为种族歧视被政府告上法庭，他解释："我们庭外和解，没有承认任何罪过。"再补一句："很多房地产公司都被告过。"这种反驳在旁人听来，基本上等于承认希拉里的指控不无道理，但并不致命。

电视上的选举辩论，对候选人有一个最基本的要求，就是脸皮一定要厚。对手肯定会丢出指控，用言辞刺激你。而你绝不能随之起舞，不好说的事就避重就轻，或是转移话题。希拉里就有这个本事，特朗普指责她并不是真心反对 TPP，一再让她回答奥巴马在这件事上是不是有错？

希拉里当然不能编排奥巴马的不是,但也不能直接赞美奥巴马,于是她先是不答,拖延一阵才说:不同人对经济有不同的想法……,重要的是经济要发展……,我有一个创造工作机会的方案……;就这么牛头不对马嘴地绕一绕,得以离题扬长而去,什么都没有承认。

特朗普看似油滑,但缺少的就是这一点本事。他不是政客而是商人,他的自尊建立在商业的成功之上,别人对此一提出怀疑他就忍不住要反驳。他当惯了大老板,可以随口指责别人,却容不得别人对他的冒犯。他的这一毛病在初选辩论的时候,已经被人看在眼里,而且在媒体上多有讨论。只是当时同台参加辩论的人多,大家打成一团,没人顾得上利用他的弱点。

大选辩论只有他与希拉里两人,对手知道他的毛病所在,故意下套让他钻。接下来整个辩论的节奏完全落在希拉里的掌控之中,批完他的税表,批他的生意,批完他不懂国家安全,再批他种族歧视,又批他不尊重女性,辩论会完全成了“公诉人”希拉里的为民请命的控诉会与批判会。

一贯趾高气扬的特朗普这一轮基本上是跟着希拉里转,火急火燎,口不择言,一路为自己辩护。结果一场口水大战下来,他光记得为自己辩护,反倒忘记了预先准备让希拉里难堪的事情,比如说电邮服务器、克林顿基金会、班加西事件、非法移民等,都没有提到,连泄露电邮的事也只是草草说一两句。

第一次辩论显然是希拉里获胜,但是并不一定就代表她的支持率会增加。根据流行的说法,一般民众看电视辩论只看30分钟,因为多数情况之下候选人的讨论都是王婆卖瓜自卖自夸,没有什么动人的内容。能把90分钟辩论完整看过一遍者,可以算得上政治专家。特朗普前30分钟占优,后边的劣势许多观众不一定看得到。因此辩论也不见得有那么大的意义。特别是今年的大选,特朗普早在初选期间就已经享受过很高的曝光率,希拉里也是大家熟知的人物。辩论只是增强大家的偏见,不见得能改变几个人的看法,除非是有人失口犯下大错。

CNN“国情”节目主持人 Tapper

辩论接近尾声时，特朗普变得不太像特朗普了，惯于自嘲的他居然大言不惭说自己具有当总统的天赋。已经牢牢掌握住辩论节奏的希拉里故作轻松地回答：哇哦，好吧。

我的看法，第一场辩论希拉里虽然获胜，原因却是特朗普特别糟糕，而不是希拉里表现突出。而且，这次辩论的前 30 分钟，显示出希拉里也有明显的弱点，被特朗普抓住软肋时反驳乏力。但是特朗普自控能力差，要害问题只抓住自由贸易一项，居然没有扩大战果。从基本面来看，热心支持希拉里的人不多，但是特朗普实在是太让人放心不下。

2016 年的大选共有三次辩论，希拉里只要打成平手就算赢。在后边追赶的特朗普，却需要赢得辩论才能扭转局势。他若是能把握自己，还有两次机会。

事实证明，特朗普后来居上，他抓住了后面的两次，越战越勇。

在另一场的辩论中，希拉里的表现再次显得“太正”。她再次要求特朗普公布税单(这是美国总统选举惯例，但并非成文规矩)，显得已经技穷。而这次特朗普有了准备，很自然地把话题引到希拉里邮件门上：如果你公布被删掉的 3 300 份邮件，我就立马公布税单！现场的欢呼声简直爆了，主持人都坐不住了，不得不让希拉里为自己那“该死的邮件”辩解。本来这个大黑点，希拉里用政客套路轻描淡写滑过去即可，但是这一轮，她真把税单当成打击特朗普的利器了，老调重弹，再次抨击特朗普不公布税单一定是背后有不可告人的秘密。

但问题是前面特朗普已经把税单和被希拉里删除的邮件联系到一起了，而这个节拍又是让希拉里为邮件门自辩的，你越炒冷饭、越提对手"不公布税单背后有隐情"，恰恰越会让人联系到你心虚而想掩饰"被删邮件"，你确定你这是在攻击特朗普而不是黑自己？

再者，事关国务、甚至涉嫌"泄密"的暧昧邮件和特朗普税单的重要性能相提并论吗？

所以与前面几次辩论特朗普总是"急吼吼"打断希拉里的气急败坏相比，这一次的特朗普大为淡定，反而静静地、脸带微笑地在一旁看着她自黑……

总之，一"龙"一"凤"，一阴一阳，一闹一静，2016 年大选的热闹与诡异，真让人难忘。

选举中的"乐队花车效应"

胡展奋：作为一名选民，对这场大选，您可否谈谈自己的切身感受？

张　军：谢谢您提醒我了。包括我在内，很多美国人对今年的选举目标也是非常地难以抉择。首先，我对选举投票非常重视，2016 年 10 月刚刚去过中国，大概在 11 月，就是选举日的当天，我就匆匆赶回美国。因为担心赶不上当天的选举日，我已经先把邮寄选票先填好了。关于选票，在这里我先打消大家一个迷思。受国内舆论的影响，有人觉得我们人在美国，好像成天都在选举。其实不然，美国的一份选票其实是厚厚的一摞，从总统到街道办事处、法官、参议员、众议员，全部都在一本书里选了。所以每当总统大选年的时候，比如说 2008 年，大家都喜欢奥巴马，所以在选奥巴马的同时产生了巨大的连带效应。导致从总统到参议员，到众议员再到县长、州长、街道办事处，很多人都选了跟奥巴马同党的民主党。奥巴马作为美国历史上第一个黑人总统自不用说，但是这个黑人总统所产生的连带效应，却尤其值得一提。当时出现了一个非常罕见的政治现象，在美国的参议院和众议院第一次出现了以民主党人为多数的参议院和众议院，这在美国历史上已经好久没有出现过了。再加上在白宫的民主党人，当时美国的政治领域俨然就变成总统跟国会都是民主党人了。

基于这样的局面，奥巴马总统才有机会在他上任的前两年时间里，强力推动了一个民主党人自罗斯福总统以后，也就是“二战”以后，一直想推动但是推动不了的法案——全民健保法案。

现在的美国人，不管你好坏，每个人都会有一个健康保险。这件事情听上去好像平平无奇，但它其实在美国这么多年的历史上都一直无法推动。很难想象，一个人均 GDP 大概五六万美元的国家，却有大概三千万人是完全没有健康保险的。正是基于那次选举产生的巨大连带效应，奥巴马可谓是在天时地利人和都策应他的形势下，推动了这项法案。真所谓“形势比人强”。

但在此之后，他为此付出了巨大的政治资产和政治代价，以致于到两年中期选举时，奥巴马就失去了众议院的多数票，从此一直到现在，他马上就要离任了，他的众议院，包括后来的参议院，都变成了以共和党人为多数的格局。这也导致奥巴马这样一个在外界看来好像特别强势的总统，在美国的国内，却一直推动不了更多美国的国内政策。

比如奥巴马一直希望推动的美国高铁计划。说到高铁这几年在中国的迅猛发展，相信大家都有亲身体会。其实美国人提出高铁计划的时间，跟中国是差不多的，但时至今日，现在中国的高铁的里程数、方便程度都已经到了让人叹为观止的程度，但美国到现在连一寸高速铁路也没有，也就是说他们虽然很久之前就提出了这个计划，但是非常难推动施政方面的落实。

这也从一个侧面说明，像美国这样的纯民主政治，其实有利有弊。但不管怎样，奥巴马最终会被人们铭记，就凭他推动了全民健保案，当然他还是第一个黑人总统。

我们再谈选举。同很多美国人一样，我们在填选票时都会把“总统”这一栏空到最后时刻，究竟是特朗普还是希拉里，我们一定要等到11月8日那一天。因为临近选举日，每天都有层出不穷的负面新闻。在这种瞬息万变的舆论环境中，很难说哪个人、哪一天会被最后一根稻草压倒。抱有我这种想法的美国人，绝对不在少数。尽管从现在的民调看，很显然是希拉里·克林顿已经领先大概有双位数了。这种情况在历史上非常罕见，因为美国现在是个高度分裂的社会，任何一个人想当上总统，并不需要赢得压倒性的选票，在历次的选举中，选票上有3%到5%的优势已经了不起了。那么现在她出现了一个双位数的在全国的领先，这个在历史上也非常罕见。但是特朗普一直认为，今年的民调是不准确的，一部分人包括我在内，是认同这个观点的。

有时民调并不准确，因为美国人有一部分是很害羞的，当你去做民调的时候，很多美国人在心里觉得特朗普还是有一定道理的，但是他不好意思讲出来。因为特朗普这么多丑闻，这么多对于女性很猥亵的言语，所以选民可能表面上不愿意对去做民调的人讲出真实的观点。从人类心理学上来讲，有一种乐队花车效应，也称从众效应，是一种逻辑谬误、一种社会心理的状态，传播学上也把这作为一种宣传技巧。

这种乐队花车效应就是指：人类经常会有一种倾向，去从事或相信其他多数人从事或相信的东西，就是所谓的“乐队花车效应”，即“从众”。个体因为受到群体的影响，为了不让自己在社会中孤立，所以社会个体常常不经思考就选择与大多数人相同的选择，以和他人保持一致。这代表人类害怕在社会中被孤立，因而向社会其他多数靠拢的一种过程。所以从民调的角度说，确实是有一部分人因为当时希拉里的呼声占据主流，从而也作出支持希拉里的表示。但乐队花车的从众行为中，有一种表现是出于无奈只得表面服从，就是我们常说的口服心不服，这个群体在真正的投票环节中，因为是不记名，所以他可以不用考虑自己会不会被孤立，而遵从自己的内心。这种在随大流之后反向行事的做法，又叫反乐队花车效应。从最终的投票结果看，这个群体似乎不小！

所以今年美国的、到现在为止还没有“锁定自己的抉择”的选民很多，这个数字应该会比较大。既然他们在做民调的时候没有决定，那么民调中肯定有一部分是不准确的。

最准确的永远是 11 月 8 日“投票日”的那个最终结果。

有鉴于此，我和我太太也决定把总统栏先空着。观望 11 月 8 日当天，看看事态还有什么新的进展。也许到最后，有一个人真的是败势已成定局，但是现在看来，双方似乎都有点黔驴技穷。特朗普在过去的两周当中，被无数的女性指控他“猥亵”“淫秽”，我觉得他也挺可怜，因为通常要指控一个人性骚扰，从一个律师的角度出发，应该让所谓的受害人到法院去打官司，而不是在媒体上打擂台。但是诉诸司法程序后，没有个一年半载，官司是不会有结果的。在特朗普看来，这些指控他性骚扰的人，是受了希拉里阵营的拨弄与煽动。在过去的一段时间里，几乎每天都有一个女性站出来指控他和自己有性行为，以致于他百口莫辩、疲于应对，没有办法再回应。后来他的竞选团队提出：干脆对此不做回应，因为每次回应都会转移焦点，使得老百姓没有机会去听候选人在政策方面的言论。

再说维基解密，这也已经不是秘密了，在过去的 20 天、30 天，维基解密每天都会公布一点关于希拉里·克林顿对华尔街、对中国的部分讲话，等等等等。以致于现在竟然还有人认为，可能到了选举日的最后一天或者最后一个礼拜，还会有震撼性的消息横空出世。当然现在我们不得而知。以我个人对美国政治多年的研究来说，历史上实属非常罕见。

因此，前段时间我给新华社写了一篇评论，我在其中指出：今年的选举基本上就是骗子跟疯子之间的竞选。这个说法我算是比较早提出来的。很多人认为希拉里·克林顿是骗子，特朗普是疯子。骗子的原因已经众所周知，就是希拉里·克林顿公开的已经做了 30 多年政府的服务。谈到这个，她每次都很骄傲，如数家珍地介绍自己的政府服务经历,从最开始为青少年争取权益,到为女性争取权益。她还很骄傲地表示,80 年代她当上第一夫人,还曾出席过北京的世界妇女大会,在大会上的发言让她引以为傲。但显然中国的老百姓对此很反感,觉得你作为一个美国的客人,怎么到我们家里来发表这么多的,好像指桑骂槐的言论。不过她本人始终觉得,自己这 30 多年对于公众做出了很多贡献。但是按照特朗普的说法就是,希拉里这 30 年确实是积攒了很多经验,特朗普认为希拉里确实比他更有经验,但都是非常糟糕的经验。

比如,特朗普指出:希拉里的先生上任以后,就出了所谓的"白水案",英文叫 White Water,是说他们还在小石城的时候,就搞了很多私相授受、权钱交易的把戏,更不用说后来入主白宫。

"比尔·克林顿弄出来那些丑闻,大家都知道。"这是特朗普的原话。

希拉里对此辩驳说:"这是我先生犯的错误,跟我没有关系。"

但特朗普又说:"是跟你没有关系,但是你之后使出浑身解数去诋毁那些控诉你先生的女性,这就是你所谓的'多年来为一直在为妇女争取权益'?事实上是那些妇女成了你希拉里·克林顿的受害人,原因就是你所讲的那些事情。"

在维基解密公布的信息里,大家可能注意到了,希拉里·克林顿终于把她跟华尔街,尤其是跟高盛这个投资银行的一些讲话放了出来。我们发现,很多时候,她跟华尔街的人私下讲的,和跟普通民众讲的,是不太一样的。所以在她第二次辩论的时候,希拉里·克林顿还涉及了林肯总统。在这里要介绍一个背景:美国人都喜欢林肯,林肯在美国历史上,是一个知名度相当高的总统,比起其他那些总统,林肯享受了很多美国人的尊重。

而希拉里说:"林肯,你们不是说林肯好吗?但林肯也是这样的,他对选民讲的话,跟他私下里在国会党派运作的时候讲的话是不一样的。这个不能代表他是骗子,而是因为他懂得如何运用政治。"

这种巧言令色,使希拉里·克林顿成了一个骗子的形象,很多的美国人都认为她是不诚实的，或者说她在道德操守方面有问题。

其实，政治家当然要有底线（比如忠于誓言、职守，比如忠于自己所在的政党和国家等），但是政治也毕竟是具有高度灵活性的活动，同一个主旨，不同的场合，不同的对象，说不同的话，很常见的。中国曾把美国列为死敌，坚决不和它建立外交关系，司徒雷登为此赖在南京不走也没用。但后来呢，“乒乓外交”，“穿梭访华”，“中美公报”，双方热得不亦乐乎，谁还会死抠对方说过的狠话呢？

我这里绝非为希拉里辩护，政治家不是圣贤，就算是圣贤，言行也很难一致。孔夫子算得上是古今嘉言德行的楷模了吧，但他时而说“富而可求也，虽执鞭之士，吾亦为之。如不可求，从吾所好。”意思是，若能致富，做人随从跟班也可以。时而又说“不义而富且贵，于我如浮云”。又说：“一箪食，一瓢饮，人也不堪其忧，回也不改其乐。”意思都是，道义高于富贵，为此我宁可贫穷。

那，我们应该信他哪一句？

他老人家还说：君子食无求饱，居无求安，敏于事而慎于言，就有道而正焉，可谓好学也已。

但又说：食不厌精，脍不厌细……色恶不食；恶臭不食；失饪不食；割不正不食；不得其酱不食。意思是饮食的用料和加工应该特别洁净讲究，肉丝要切割得尽可能细些，颜色不正不能吃，气味不正常了不能吃，食物烹饪得夹生了或过熟了均不吃；没有配置应有的酱物，比如豆瓣酱、甜面酱就不吃……

你看，一会儿是君子为了道义饿肚子也行，一会儿是食物越精细越好，您老人家到底要我们咋地？难道我们因此而认为他也是“骗子”吗？

我倒是觉得希拉里说话太“直接”了、太坦率了，说话的地方、对象都不对，给了大家误解，恰恰是她的智慧还不够。

特朗普更口无遮拦，他的“疯言疯语”很大程度地抵消了希拉里的负面影响。因此，今年很多选民如果把这一票投给希拉里·克林顿，与其说他们是支持希拉里，倒不如说是因为他们更反感特朗普，两害相权取其轻。这也就能解释，为什么支持希拉里的人，都是温吞水式的支持，并不是很热烈的拥戴。但是反对希拉里的人却是非常坚定的，非常明确地表示对她的不喜欢。她的不受欢迎程度，在过去一年多时间里的多次民调当中，甚至要高于她的受欢迎程度。所以美国人民今天确实感到很无奈，面对这两个不受欢迎程度这么高的人，他们究竟应该怎么办。还是那句话，两害相权取其轻。

再说到疯子特朗普，我想大家可能也都注意到，他这个疯子讲了很多话，但是在他的共和党党内初选的时候，不论他讲了多少疯话，他毕竟成功地击败了16位强有力的共和党大佬。其中包括“中国人民的老朋友”、老布什总统的二儿子杰布·布什。大家还记得吗？两年前，我相信你们都观察到媒体的报道，说今年的选举应该是布什家族跟克林顿家族的重新对决。但是布什却在预选赛中被淘汰出局了。按照特朗普讲，这是一个没有精力的人，是一个萎靡不振的人，这个人早已经消失了。除了杰布·布什以外，他还击败了其他十几位非常强有力的共和党领袖级的人物，现在反过来想一想，被他击败的任何一个共和党的党内人士，现在如果他们是共和党的候选人的话，他们都将可能成为美国的总统。因为美国人太不喜欢希拉里·克林顿了。

被他击败的对手当中，有一个来自得克萨斯州的参议员叫克鲁兹，是一个古巴裔的参议员。他在快要败给特朗普的时候曾说过：“各位共和党的同仁，你们有没有意识到？你们今天让特朗普出线，也许让你们心头的这口恶气得到了发泄，因为你们觉得共和党的体制内这么多年实际上都是说一套做一套。但是你们有没有想过，你们让特朗普出线，意味着你们事实上是让希拉里·克林顿当上了总统？”

当时没有人相信他的话，都觉得他是酸葡萄心理。但是现在大家知道，关于特朗普的种种丑闻，这些性丑闻也好，包括他的视频也罢，统统都不是昨天发生的，有的最早可以追溯到30年、20年以前，这些资料为什么在共和党的初选当中没有出来？难道真的是这些人不知道这些事吗？显然不是，那时没有出来的很大原因是：第一，共和党在很大程度上忽略了这个问题。共和党原来的这些体制内的大佬，他们觉得特朗普不太可能当选，就是出来闹腾一下，像前几次一样，为了自己的品牌争得一些名誉，那也就算了。等到他们发现事实并非如他们所想的时候，事情的发展已经不受他们控制。当时为了维护党内团结，维护自己的候选人，就只能把这些丑闻压下来。

胡展奋：我注意到，我们今天多次谈到"丑闻"，而且是"性丑闻"；我也看过不少报道，大选期间"性丑闻"的种类和"特色"非常多，特别是"性丑闻"，美国前总统似乎是"高危人群"。比如 1920 年当选总统的沃伦·哈定，他的夫人弗洛伦斯和两位主要情妇娜恩·布里顿和卡丽·菲利普斯，是他给美国新闻界的最大"贡献"，有报道称这位共和党总统甚至在椭圆形办公室隔壁著名的"小房间"里与人偷情，并有了私生子。1960 年当选美国总统的约翰·肯尼迪在性丑闻方面也是"硕果累累"。他被曝曾与数十名各种肤色的女人有过敦伦史。很多人认为，电影明星玛丽莲·梦露 1962 年的自杀，也是肯尼迪家族的人造成的。肯尼迪的继任，林登·约翰逊也丑闻不断。媒体称在约翰逊当上总统的 26 年前就认识的得克萨斯州金发女郎艾丽斯·格拉斯，与其保持数年不同寻常的关系，直到艾丽斯因为不能原谅约翰逊发动越南战争而断然撕毁他们之间所有的来往信件。因水门事件而下台的尼克松和玛丽安娜·刘的风流韵事是 18 年后在《纽约时报》上公之于众的。报道称尼克松是 1958 年在香港附近的一座庙宇中与这位中国血统的酒吧女工相识的。两人曾在香港、西贡和美国多次幽会。

人们甚至猜测，在恢复同中国的外交关系方面，玛丽安娜·刘是对这位共和党总统影响最大的人物。

以前总是认为中国人对性的话题过于敏感，津津乐道于男女床帏之事，谁和谁"轧姘头"了，谁和谁"私奔"了，谁又是"小三"上位了，传你个昏天黑地；现在看来，至少在"性丑闻传播"这一点上，美国人民同样兴趣盎然。中外一体，概莫能外。

历届美国大选曝出性丑闻

张　军：美国先贤富兰克林有过一句对政治家说的名言："让大家都知道你，但不太了解你。"如果您以为每次爆出的性丑闻只是"性丑闻"的话，您就太不了解美国大选了，哪里是什么"性丑闻"啊，实在地说，都是政治斗争的投影和竞选搏斗的调料而已，只不过人类社会有这样一个共性：靠性丑闻更能使一个人（无论男女）声誉扫地而已。

先看离当下比较近的一场性丑闻。

为了争取在2008年11月的"超级星期二"中胜出，当时的共和、民主两党的总统候选人个个马不停蹄，他们一方面要奔波各地同大财团、大机构见面、商谈、拉献金，一方面还要不停演讲、辩论、展示自己、争取支持率、拉潜在选票。

2008年的美国大选有相当多的看点，比如，美国可能产生历史上第一位女总统，同时还创造夫妻先后担任美国总统的历史；也可能产生美国历史上第一位黑人总统。再比如，以前总统候选人筹款个个都要拜访福特汽车公司，而目前这个位置已经让给了Google互联网科技公司，在四年前还没有出现的视频共享网站Youtobe 2008年也将成为很多人观看总统候选人辩论的重要阵地。还有，本次大选的很多候选人都建立了自己的博客，这也是以前的总统选举很少发生的事。

先看看希拉里和爱德华兹是如何被性丑闻算计的。

占据报纸杂志版面最多的还是总统候选人层出不穷的各种各样的丑闻，特别是性丑闻。需要强调的是，绯闻和性丑闻有显著的区别，美国人民所强烈排斥的，不是绯闻，而是性丑闻，而这几乎成了美国总统大选的一大特征：几乎个个竞选者都要闯过"性丑闻"这一关，即使作为女性参选人也无法例外。当时胜出呼声最高的候选人之一、前总统克林顿的夫人希拉里·克林顿在"最不该的时候"，被媒体报道称她具有同性恋倾向。据说，其竞选班子里年轻貌美的胡玛·阿贝丁常伴希拉里左右，并且“行为暧昧”。此前一个月，美国知名网站Pajamasmedia.com引述一则宣称“华府所有传媒人都知道的”消息，指《洛杉矶时报》掌握了一名总统参选人的性丑闻，但却陷入两难决定不报。报道立即引起揣测，有博客认为性丑闻主角正是希拉里，而这则性丑闻一度成为互联网上点击率最高的新闻之一。虽然美国主流媒体对这条性新闻视而不见，但民主党的大佬们仍出面澄清说，这显然是竞争对手试图给在选战中领跑的希拉里抹黑。

希拉里在民主党的竞争对手、前参议员约翰·爱德华兹并没有因前第一夫人遭抹黑而高兴起来，因为他本人也惨遭性丑闻的“毒手”。《国民问询者》称，爱德华兹与他的竞选助手日久生情，擦出“爱情火花”；而与此同时，他身患癌症的妻子伊丽莎白却在外地为了他的竞选而四处奔波。爱德华兹怒斥《国民问询者》的报道“毫无根据，荒谬而可笑”，并称这家小报拿不出相关证据，“因为报道是虚构的”。

如今在美国，那些受到媒体精英鄙夷的“堕落新闻标准”，已被他们的广大同胞视为“真实反映华府生活”的写照，这些人对卧室绯闻这类敏感话题更感兴趣。在这方面比希拉里与爱德华兹更头痛的是共和党候选人，前纽约市长鲁道夫·朱利亚尼。他动用公款包二奶的性丑闻当时成为很多人的热烈谈资，报道煞有介事地称，为了方便同当时的情妇鬼混，朱利亚尼滥用安全保护的开销。偏偏这则消息出现在两位共和党总统候选人一场重要的电视辩论的间隙，这让朱利亚尼大为震怒，怒斥这是“政治对手对他的打击”。曝光这则消息的是一家影响力日增的网站Politico.com，曝光的证据中甚至还包括用于掩盖朱利亚尼包二奶费用的账目凭证。

尽管事后调查朱利安尼并未有任何的违法之举，但这则性丑闻却有损他在保守选民中的号召力。而且这个插曲还让外界再次对他多彩的私生活关注起来。他的私生活也确实有故事。朱利亚尼曾是纽约市长，因在处理“9·11”事件时表现出色而被《时代》周刊评为年度风云人物，并被誉为“美国市长”。他52岁的妻子朱迪丝是一名专业护士。他们相爱时，朱利亚尼还未与第二任妻子汉诺威离婚。当时朱利亚尼患前列腺癌，朱迪丝为他提供护理。

一直以来，人们都认为朱利亚尼是朱迪丝的第二任丈夫，但她在今年 4 月份承认，朱利亚尼实际上是她的第三任丈夫。除了婚姻史被曝光外，朱迪丝还被曝出曾在一家医疗设备供应公司当过推销员。据报道，该公司用狗做实验品，朱迪丝因此被媒体怒斥为“小狗杀手”。这些私生活被曝光后，朱利亚尼 4 月份在共和党内的支持率一度由 35％暴跌到 26％。

事实上，有关“性丑闻”的困扰，历届美国总统都很难幸免。

美国总统大选就是一个曝丑闻大拆台的过程，以致于 2004 年有公司推出了以互相拆台为主要内容的总统竞选游戏。揭露性丑闻似乎变成了大选中的“家常便饭”，几乎没有哪个总统候选人没有经历过这样的“考验”，比如 2004 年的那一届大选，看上去颇为“老实”的民主党候选人克里居然未能幸免。

当时的《德拉吉报道》新闻网站爆出了一条新闻，称在民主党候选人提名战中一路领先的参议员克里曾因私人原因要求一名女子离开美国。紧接着，英国《泰晤士报》和《先驱报》的头版都发表了相关文章。

据媒体公布的消息，“神秘女子”与克里的地下情开始于 2001 年春天，维持了两年，而迫于克里的压力，她离开了美国，前往非洲某个国家。一时间，美国各大媒体都将该“神秘女人”列为头号“捕捉对象”。

不久，《波士顿先驱报》的专栏转载了美国小报《国家问询者》对克里的调查。《国家问询者》的报道声称克里承认自己曾吸过毒，而且还对一些好莱坞女明星感兴趣。报道还说，有人发现一名 22 岁的金发女子深夜时分出现在克里的家中，而克里夫人当时不在家。显然，这段叙述给了美国人民大量的想象空间。

再往上推，就是美国连任两届总统的克林顿，他的故事大家已经耳熟能详。几乎将克林顿推向辞职边缘的莱温斯基事件，最初就是由上面提到的《德拉吉报道》首先曝光的，那时它还只是一个不太有名的博客，正因为抢先并持续跟踪报道莱温斯基和克林顿之间的性丑闻而名声大振，而当时的美国大报正在为如何核实事实而头疼。不过夫人希拉里在对待丈夫这件事情的态度上为自己加了分，也许那时她就已经在为参加 2008 年总统大选做准备了。

事实上，克林顿卸任之后仍有丑闻爆出。赌城拉斯维加斯一所网球学校的 36 岁女教练，曾暗中开办一家大规模的“名人伴护公司”，专门派遣应召女郎为高官显贵秘密提供性服务。被警方卧底抓获后，她声称她的客户名单中包括 60 岁的前总统克林顿。这则消息在华盛顿引发轩然大波。不过，希拉里仍然对之置若罔闻。

翻开美国总统竞选历史，“床运”的例子比比皆是。1913 年出任美国总统的伍德罗·威尔逊，作为民主党总统竞选人参选时，在百慕大度假期间认识的一个女人玛丽·佩克，被报道与威尔逊有无数次的幽会，大量的淫秽细节几乎到了街谈巷议的程度。不过在担任总统两年后，妻子去世的威尔逊娶的却是另一位珠宝商的遗孀高尔特。可怜的佩克最后以在街头出售百科全书结束了自己的一生。因为推行“新政”而从“大萧条”中挽救了美国的前总统罗斯福受到人们广泛的称颂和纪念，不过他被曝光的私生活却是一塌糊涂。当时还是海军副部长的罗斯福与他的女秘书露西·默瑟的暧昧关系曾被报章大肆披露。这段关系中断了 23 年，在一直陪伴罗斯福总统的另一个情妇“米西”去世后，罗斯福与露西再次续缘。

事实证明，这些性丑闻的本身，经过时间的推移，被证明有真有假或真假参半。然而，总统竞选人之间以性丑闻做武器互相攻击却是始终不变的事实。甚至只要是沾上总统竞选边的，也就是有可能参与竞选的，其私生活就要被揭出来“暴晒”。进入 2007 年 12 月，美国小报《国家问询报》刊登了一篇文章《谁是同性恋》，矛头直指美国国务卿赖斯，称她和一名女电影制作人共同拥有一幢房屋，甚至她在斯坦福大学任教务长的时候就有很多人知道她是“不折不扣的同性恋”。赖斯曾一度被认为可能作为共和党候选人参加 2008 年总统竞选。不过一个名为安妮·洛伊菲斯的网民提醒《华盛顿邮报》说:“众所周知,美国有发达的同性恋圈,在同性恋圈内,赖斯被普遍认为是个女同性恋者,这也许是她不参选的主要原因。”

另一位为此烦恼的是纽约市长布隆博格,自从传出布隆博格有意角逐 2008 年总统大选的消息后,一桩早在 2000 年他花掉 1 500 万美元“摆平”了的性丑闻不但重新找上门来,而且还被挖掘出很多新的“猛料”。报道称布隆博格曾用多种卑鄙的手段致使多名女职员怀孕,在性丑闻女方当事人告诉布隆博格她已经怀孕之后,后者得意扬扬地对她说:“太棒了! 这是第 16 个!”

这也许算得上是美国总统大选之怪现状。当年曾亲眼目睹 1884 年美国总统大选的清朝驻美国旧金山总领事黄遵宪曾撰写《纪事》一文,我们不妨打开手提当场欣赏:“党魁乃下流。少作无赖贼,曾闻盗人牛。人闻挟某妓,好作狭邪游。聚赌叶子戏,巧术妙窃钩。面目如鬼蜮,衣冠如沐猴。隐匿数不尽,汝众能知不? 是谁承余窍,竟欲粪佛头。颜甲十重铁,亦恐难遮羞。此党讦彼党,众口同一咻。”

黄遵宪这一段文字描述了美国共和、民主两党互相攻击、互相揭底、竭力丑化对方的现场,说对方候选人有偷牛和聚赌前科,又有嫖娼的传闻等。这种言论开放的场面令这位大清精英摇头叹息不已,认为这种选举要不得。

不过,时空移转到现在,虽然竞选人之间以互挖丑闻作为竞争手段,但竞选当局者也许并没有想到,以攻击对方私生活,拿性丑闻作为“武器”的威力正在锐减。人们似乎对此类消息更加宽容,当成茶余饭后的谈资更多,支持率方面的影响正在减少。2007 年 8 月,美国《基督教科学箴言报》调查发现,对一个在其他方面都吸引人的候选人来说,美国选民愿意忽视他的家庭丑闻。前总统克林顿是一个很好的例子,虽然莱温斯基事件让他差点遭到弹劾,不过他不但成功连任两届总统,而且他的妻子还参与竞选了下一届美国总统。皮尤进行的一项民意测验显示,一位总统候选人最令人讨厌的事情是信奉无神论或是缺乏政治经验,并不是他发生了多少次性丑闻。历史有同样的显示,1828 年,尽管有针对安德鲁·杰克逊妻子的恶毒诽谤,而且事实证明在嫁给他时妻子并未与前夫离婚,但他还是在选举中击败了在任总统。

此外,19 世纪末期的美国总统克利夫兰有个私生子,他也并不否认这件事,可美国人还是两次选他做了总统。罗斯福呢,和情妇公开在白宫生活也没有影响人们对他的肯定与爱戴。问题是,美国人民可以宽容到这种程度,那么,为什么大选年临近,还有那么多竞选人之间的性丑闻爆出来?

我觉得这首先符合了两党互相攻击的特性,内容无所不包,攻击私生活是全球定律。更重要的是,这样的题材正中了正在变得更加纷繁多样的新闻媒体的下怀。近年来,一些总统竞选人所谓的“性丑闻”首次报道的都是网站、博客等大众媒体。这些新闻也遵循了类似的规律:大报首先获得线索,但苦于无法核实或者出于政治或新闻标准考虑,决定暂时不报,然后网站或者博客可不顾什么“新闻专业主义”,抢先发出,收获巨大。大众媒体的出现和崛起给了“性丑闻”传播更多的空间。当年面对莱温斯基事件,在大报犹豫不决的时候德拉吉博客就抢先报道出来,结果大报们悔得肠子都青了。目前 Youtobe、Google 这些称得上是网络媒体的崛起者已经造就了一个新的“晒时代”。原来充斥严肃话题的“大报空间”被挤兑得更为狭小了。

面对各种小报和网站不断制造出的与性相关的“猛料”,美国主流媒体的编辑们感到非常头疼。近年来,他们面临着发行量下跌和互联网竞争的两重压力,正不可避免地在坚守传统新闻操守还是努力吸引眼球之间摇摆,并正在向后者倾斜。2007 年初,有“美国媒体精英主义堡垒”之称的《哥伦比亚新闻评论》杂志专门召开了一次由资深编辑参加的讨论会,探讨是否应该呼吁政府介入,作为有价值的公共服务而扶持“严肃媒体”。这样看来,总统竞选者之间的竞争几乎可以称为主流大报和小报之间竞争的缩影。如果你够强,性丑闻只能是竞选者参选过程中的一个花絮和点缀,收获最大的反而是那些小报和标准更为宽泛的大众媒体。应该说，经过足够长的时间考验后，崛起的大众媒体将使人们面对的资讯更加趋近事实，这也许是美国总统竞选人拉票筹款都要去 Google 的重要原因之一。

“美 国 故 事”

胡展奋：特朗普竞选团队对性丑闻的“冷冻处理”，虽然令特朗普在党内初选当中侥幸出线，但也必须看到，当时希拉里·克林顿尚在坐山观虎斗，还没正式出手。问题是，特朗普的这些性丑闻为什么是在我们谈话之前的 20 天当中发生，而不是在更早些时候，比如 3 个月、5 个月、8 个月之前发生？

张　军：这就是攻击者的“攻击艺术”了，原因就是大家知道的，“攻其不备”，乘他没有还手之力之际下手，让他来不及。这 10 个女性或许遭到过他的性骚扰，或许她们一个也没被骚扰过，但问题是现在大众来不及做这个判断和深究，特朗普已经给人“不是个好东西”的印象了。丑闻的推陈出新的速度使当时的舆情态势客观上对希拉里的选情非常有利。

在共和党内部一年多的初选当中，共和党人恰恰忽略了这一点，使他们付出非常惨重的代价。再说，对于这一次选举，支持特朗普的选民又会是一群什么样的人呢？他们并不是共和党传统的支持者，纵观美国 240 多年的历史，你就会发现美国的民众比较喜欢两个党轮番当选，一个党做久了，就愿意换另外一个党来做，这是美国人普遍的想法，民主党做太久了，我们就换个党做做看，也许能带来一些新鲜的理念。

所以从风水轮流转的角度说，今年确实应该是共和党当选年，但是因为出现了特朗普，大家就觉得很为难。原因是共和党的传统理念，在美国是被很多人广为接受的，这种传统理念也很简单，即：他们注重家庭观念，也就是所谓的保守主义。小布什曾经提出“有爱心的保守主义”。以前保守派一直被认为没有爱心，所以小布什当时提出“有爱心的保守主义”的观念。

而保守主义首先重视家庭观念，其次是有比较强的宗教信仰。说到宗教，虽然美国是一个政教分离的国家，但是他们认为宗教对美国人民的价值观的培养起到了非常大的积极作用。当然还有一些传统的因素，比如说他们一贯强调的要低税收，就是不要让政府扮演太多的角色，而是依靠市场的自由竞争机制来解决问题。传统的共和党人一般都认为，在财务上的国家财政分配方面，要保守一些，不要什么事情都由政府来管。因此他们非常坚定地反对所谓的奥巴马全民健保案，认为奥巴马的全民健保案就是破坏了自由的市场竞争体系，而“自由的市场竞争体系”，正是美国200多年以来之所以能够强大的原因。他们认为全民健保案在向民众宣传这样一种“腐朽而霉变”的价值观：你竞争不竞争、工作不工作，都可以拿到保险。众所周知，它势必会助长一部分懒人的诞生，整个社会的上进机制会被破坏。

同时，在共和党的传统理念中，还要建立强大的国防。正因如此，他们在过去的8年里一直批评奥巴马。奥巴马上台没几天就拿到了诺贝尔和平奖，以致于后来有人说，在美国当总统获得诺贝尔和平奖的标准是，只要你不发动战争，你就可以获得诺贝尔和平奖。而奥巴马拿了奖以后，不知道是不是受获奖的影响，或者是他自己本身就秉持着和平理念，总之在他的两届任期中，确实没有发动战争，包括像ISIS对美国和西方社会形成如此强烈的威胁，他也没有发动成建制、成规模的地面战争。但保守派认为，美国要维持自己在世界的强权地位，就要有非常强大的国防。“千条理，万条理，不如大炮射程10英里”，因此在他们看来奥巴马是一个软弱的总统。

同时，共和党的理念还在其他方面跟民主党有着泾渭分明的区别，其中一项就是关于女性的堕胎问题。人工流产是被共和党内部的大部分人所反对的，他们认为这是扼杀生命。但民主党不认同这个说法，他们认为这是女性自己选择自己身体的权利。还有关于同性恋的问题，共和党反对同性恋法案，但民主党人认为关于同性恋，现在美国的最高法院也做出了判决，所以同性恋婚姻在美国是合法的。

顺便说一下，11 月 8 日以后，我们加利福尼亚州要选举，全美国都要选举。选举结束之后，如果你们到洛杉矶来，我可以请你们去抽大麻(笑)。因为 11 月 8 日以后加利福尼亚州要发动全民公决，让"资深毒品"大麻合法化。

胡展奋：是不是因为我写过《疯狂的海洛因》，您才请我品尝毒品？其实，26 年前，为了采访这个题材，我尝过一口海洛因。老实说，第一次没有什么难忘的感觉，事后头有点晕，没有一点点"飘"的感觉。但是武警朋友告诉我，一般再抽一次就上瘾了，很快。所以吸毒要有一个环境，一个稳定的毒品存在环境，一个吸毒的人群，没有这些"可持续"要素而偶尔尝一口是没事的。

张　军：你说奇怪吧，很多不知道您姓名的美国人，却知道这部作品。可想而知，因为《南方周末》长达两个月的连载，当年它传播得有多广泛。记得当年《星岛日报》《世界日报》也连载过，其他的转载简直不计其数。我当年在读博士，记得非常著名的德国的《明镜周刊》也连载过，原因我想大概是，中国从 1950 年代初就向全世界宣布"再无毒品"，是"无毒之国"，全世界都知道治理国家做到这一点非常不容易，西方国家认为"彻底禁毒"是不可能的，但是新中国当年确实做到了，问题是事隔 40 年后妖雾重来，通过《南方周末》这张"大嘴巴"突然地、事先没有任何征兆地向全世界宣布：海洛因在中国卷土重来，云南毒焰如炽。这可非同小可！"中国也有毒品泛滥?!"当时简直是旷世大新闻，而你又是播报这则新闻的第一人，光这一点就够上新闻史的了。不过呢，阁下虽然是"共和国报道海洛因死灰复燃第一人"，但对美国毒品泛滥的情况还是有所不知。大概在 50 年以前，也就是 20 世纪 60 年代，被国际社会视作标准毒品的大麻在美国还是合法的，那时候如果一个美国教授请人去家里做客，聊天之余顺便问客人要不要抽支大麻，那就叫"款待"，没人会为此大惊小怪。后来法律发生了变化，规定种植、销售和吸食大麻都是非法的。但是关于大麻应该合法化的呼声一直没有停止，尤其在加利福尼亚州，1996 年起，种植及贩售药用大麻就已经又恢复合法了。2010 年又有一次关于表决是否准许 21 岁以上成年人合法吸食、种植及交易大麻的公投。但据哥伦比亚广播公司 11 月 3 日报道，选民投票的结果显示，约 56.5%的投票者反对该提案，而支持者仅为 43.5%，所以当时这项提案未获通过。

但在荷兰，从 1976 年起，就放宽了对吸食大麻的限制，政府允许持有合法执照的 Coffee Shop 向成年人出售小剂量的大麻。荷兰本国人可以合法在 Coffee Shop 或者私人住所吸食大麻。虽然荷兰大麻合法化的政策自出台开始，就遭受到了国际舆论的非议，甚至是来自邻国的抗议，但是事实证明，荷兰人的硬毒品成瘾比例较欧盟平均水平低 40%。而且一直到今天，荷兰也是吸毒成瘾者和吸毒死亡案例数量最低的欧洲国家之一。荷兰因出售或使用毒品而被判刑的人数比其他国家要少得多，原因是在大麻咖啡馆里使用和出售软性毒品的非刑事化。另外，在荷兰每 100 万居民中仅有 2.4 宗与毒品相关的死亡案例，这在欧洲是最低的。

前两天我碰到一个朋友，医生对他说，你喉咙不好，你不要抽烟了，下回我们到洛杉矶，我们请你抽大麻就行了。他说这挺好。至少推动抽大麻合法化的专家们认为，大麻对人体的伤害，可能还要小于香烟对人体的伤害。

我听说这件事情后跟他说，你这不挺好的，就不要抽香烟了，医生都跟你说了抽烟对喉咙不好。

他说：这个我也想过，但是我担心到时候到加利福尼亚州抽大麻上瘾以后，回到中国抽那是违法的，那就比较麻烦。

说了这些，我其实是想说，诸如同性恋婚姻、大麻等，这些都是共和党人所反对的。

共和党人的很多理念，其实都跟中国人很接近。以我本人为例，我想您也经历过中国以前计划经济、吃大锅饭的年代，这个大锅饭注定是不能让社会有更多的进步。当然它也要在一定范围里维持，因为我们也要照顾穷人、残疾人等。但是当这个国家按照前总统候选人罗姆尼讲的，有47%以上的人都拿某种政府资助的时候，这已经不是少部分人的社会福利问题了，而变成了一个福利国的问题了，几乎堪比西北欧的社会主义。

从我的角度来说，很多人可能都认同我的观点，那就是你如果通过自己的努力挣到钱了，你确实应该是很骄傲、很光荣的。但是如果你不努力，你光吃政府的福利，那为什么要让别人缴纳高高的税收来“养你”，来弥补你不工作、不努力的部分？

但问题是，特朗普出来以后，这些共和党的传统理念全部都被颠覆了。第一，他有一个我想大家永远会记住的特朗普的经典语言就是“建墙”，英文叫 build the wall，就是要把墙建起来，因为他要在美国的南方，即美墨边境上建一个类似中国万里长城一样的墙。其原因是美墨边境常年疏于监管，造成大量非法移民入境。就算美国是一个如此强大的国家，但是在美墨边境上，每天都有着成群结队的墨西哥人越境过来，这其中既有毒品贩子，也有普通的妇女带着孩子。他们长途跋涉穿越沙漠，有的被冻死，有的被热死。然而就是这样的一群人，里根总统在80年代专门搞过一次大赦，所谓大赦就是非法移民来得太多了，把他们统统赶回去也不现实，上千万人你怎么赶回去？所以以一个大赦令，让已经在美国的非法移民合法化，最终成为美国公民，没有来的就不要再进来了。

大家当时是有全民共识的，觉得这是一个典型的美国人道主义的做法，既然来了上千万人，你也送不回去。试想，如果要送回去，一千万非法移民，两个警察押一个，得两千万警察。这个国家将会成什么样？这显然不可能。但是问题是那一次的大赦，不但没有起到当时里根总统所预想的结果，认为这可以彻底解决非法移民的问题，相反却带来了更加多的非法移民。在中南美洲有这样一个说法，美国差不多十年一次大赦，大家觉得反正咱们只要过去，人在阵地在就行了。所以造成的现状是，美国目前保守估计，国内大概有一千两百万的非法移民，不保守的估计大概有三千万，既然是"非法移民"，也就没办法科学地统计他们到底有多少。

洛杉矶前市长维拉构沙与骆家辉大使

但是这一群人在里根大赦以后，到现在的几十年间，在美国成为非常强大的政治声音。有些人可能不解，非法移民怎么会有这么大的影响力？因为这些非法移民在经历了几十年的时间里，通过大赦、结婚等，都逐渐地获得了美国身份，从而也就有了投票权。要知道美国的选举，钞票、选票是两大决定因素。尽管他们中的多数来到美国后，依然生活在社会底层，可能没有钞票，但是他们有选票。

正是由于他们手中握有选票，在过去的几十年当中，他们成了民主党人一直在觊觎，并试图拉拢的一个庞大群体。所以你去听希拉里·克林顿的历次演讲，她都会在辩论的时候，在观众席里面放几个很可怜的非法移民的未成年子女。意思就是，你们看看，如果把这样的人给递解了,这会是人道主义的表现吗?这么可怜的孩子,自己在美国出生,是美国公民,却要把他们的爸爸妈妈递解出去?

这听上去也是很好的美国故事,但问题是“美国故事”中更核心的是法制,美国是法制国家,美国的灵魂是法制。孩子的爸爸妈妈非法进入美国,这是很显然的违法问题,但是由于一些社会舆论刻意歪曲的“政治正确”以及在道德方面的巧妙绑架,这一部分原本正义的反对非法移民的声音在美国反而变得越来越微弱了,以致于民主党人明目张胆地通过“人道”的包装,拉拢这一大群人的选票。然而石破天惊,就在此时,特朗普大胆跳出来说:“不!”“不行!!”

他之所以敢这么说,是因为他经过科学的统计,发现有很多美国人表面上说要同情这些非法移民,但骨子里对这些非法移民是非常、非常排斥的。

这一群人大概是什么样的一群呢?就是特朗普的死忠粉,这群死忠的人大概有40%的美国人,主要是美国的男性白种人,而且是受教育程度不高、多数是大学以下的蓝领工人群体,他们对特朗普的拥护非常坚定。用特朗普自己的话讲,他说我也不知道为什么这群人坚定地支持我。在一些媒体的评论中,这群人被称作“愤怒的但是没有话语权”的一群人。

在过去很多年当中,他们由于自身受教育程度比较低,从而在政治上声音极其微弱;另外,由于他们大部分是产业工人,在过去的二三十年中,他们的境遇是非常不好的。这主要因为美国的产业,尤其是制造业,基本上都流动到了外国。虽然奥巴马的回流政策还算比较成功,可能会潜在地影响到各位在美国的投资,但是这群产业工人在以前一直没有声音,普遍不参与美国的政治运作,也就是他们不投票。但是特朗普出来以后,每一次的造势大会都是上万人甚至是数万人涌向现场,这个是美国历史上很少见的情况。每次开会主要喊两个口号,一个就是“build the wall!”要建墙!把这个墙建起来!还有一个口号叫“lock her up”,把她关起来,就是他们要把希拉里·克林顿关起来,认为她是一个罪犯。这一群人坚定地支持特朗普。

刚才，我为什么说共和党自己党内对特朗普的反对有投鼠忌器之顾虑，原因是：第一，他们肯定不喜欢特朗普，但是如果打掉特朗普，就等于把这个从来不参与美国政治生活的40%的白种人男性群体舍弃了。共和党人认为，如果能把这群人争取过来，很有可能帮共和党人赢得未来的其他一些选举。所以特朗普已经不再是特朗普本人，而是一个运动的象征，代表着一群愤怒的没有话语权的白人男性。共和党想把这样一个群体纳入到自己的支持者中，就像民主党成功地把非法移民的这个群体纳入到自己的支持者之中一样。

跟这一群人完全对立的一个人，就是希拉里·克林顿当时在党内的对手——桑德斯。这也是个老头，一头的白发，七十多岁。桑德斯代表着跟特朗普恰恰相反的一股势力——自由派，美国民众对希拉里·克林顿的支持是温吞水式的支持，但是支持桑德斯的这一群人，则是非常激动、非常坚定地支持他。这群人大部分是美国的年轻人，很多大概是新世纪之交的一群年轻人，很多是大学生，很难想象一群大学生在坚定地支持一个七十多岁的白发老头。

原因是这群人认为美国这个社会太有利于富人，什么事情都是照顾了富人，因此他们觉得，美国应该出一个总统能照顾99%的美国人的利益。桑德斯不失时机地提出自己的竞选理念，他说美国的教育很重要，如果年轻人上大学，他承诺上大学的学费应该全免。这当然让年轻人很喜欢。问题是这个全免的学费从哪里来？

所以我有时候在想，这次桑德斯幸亏是没有胜出，如果他胜出了，后果将很可怕。支持桑德斯的这个群体，大概有个百分之三四十。他们希望不要通过努力就可以获得免费的上大学或者其他社会福利。这群人如果是五六十岁的人也许还能理解，他们在逐渐老去，但这群人是二十多岁的，如果他们现在就有这样不劳而获的想法，那以后美国社会的走向将会是什么？支持特朗普的蓝领，支持桑德斯的年轻人，仿佛一个站在最左边、一个站在最右边的两群人，想的事情虽然看似完全南辕北辙,但其实对美国日后的发展都会带来破坏性的结果。

胡展奋: 说实话,我对桑德斯所率领的一群人非常反感,至少在美国,你仇富仇得没有一点道理。要知道,一般来说在美国致富要么异常地勤奋,要么异常地智慧,机遇当然也重要,但毕竟不是决定性的,没有人能够随随便便致富,而且致富后的税赋相当高,也就是对社会的贡献至少在"税"的层面更高,因此靠权力致富的可能性几乎微乎其微,有什么"羡慕嫉妒恨"的?那么喜欢"大锅饭"、喜欢"平均主义",何不到朝鲜去呢?

张　军: 除建墙之外,特朗普还有一个观点,即美国不但要把墙建起来,还要建立一个所谓专门递解非法移民的武装部队,要把在美国国内的这一千多万非法移民尽快地消化掉。当然,很多专家说这不现实,即便要用火车成车皮、成车皮地装,这一千多万人也要运很多年。从可行性层面上说,这确实不是一个特别现实的办法,但是他提出这个观点,在支持他的蓝领白人们看来,至少是一种非常解气的发泄。

特朗普的韬略

胡展奋: 都说特朗普"粗中有细",其实是蛮有韬略的,比如,虽然开始的时候他对黑人有很多不敬的言论,但是后来他提出来,看一看民主党在过去的30年给你们承诺了这么多,请问你们的境遇有发生任何的改变吗?既然没有发生任何的改变,你们为什么不愿意给我4年让我试试另外的办法呢?什么?更坏的结局?噢,最坏的结局不就是不成功嘛,不成功也就是维持原状,不会比现在更差,而你们已经30多年维持原状啦!

这番话显示了他的卓越的智慧。

张　军: 只要想一想他能从"最没希望的候选人",变成现在"最有希望的候选人",就可知道他实力非凡。

这里顺便介绍一下特朗普说这些的社会背景。美国黑人的境遇是这样的一些情况：第一,失业率,在美国,黑人的失业率是美国所有种族里面最高的,有相当高的失业率。犯罪率,也是美国所有种族里面最高的。所以就不难想象会出现白人警察和黑人之间的枪击等,这些社会矛盾非常严重。

大概有一半以上的黑人孩子,从一出生就不知道自己的父亲是谁,是被自己的外公外婆带大的。在资源贫困的社区里除了成为帮派分子,几乎没有别的选择。因为你的周边的孩子全是帮派的,不是生活在我们传统意义上的正常家庭,街上充斥着毒品等。就像我们看的电影里《City of God》那样。这时候特朗普对他们说,既然民主党在过去这么多年给你们的完全就是输血,单纯地多给你们些钱,进一步的增加福利,但事实证明这样做是不成功的,按照中国的说法,授人以鱼不如授人以渔。但是显然在这个问题上,他还是没有说服黑人群体,我相信黑人这次会以压倒性的多数继续支持希拉里·克林顿的选举。

同时特朗普对女性的诸多不敬言论,大家都有所了解,我觉得这个对他的伤害是致命的。在美国的民主政治,就是钞票和选票,掌握选票的最大的一个选举群体就是女人。女人很喜欢投票,所以争取选票不能得罪女人,也不能得罪老人,因为老人也喜欢投票。而年轻人,大部分时候不投票。虽然奥巴马用 Twitter 和网络激发了美国的年轻人出来投票,但是年轻人的投票是不稳定的。所以很多传统的政客是不太愿意花很多时间去争取年轻人的选票。但是女人、老人是不能得罪的。女人在美国人口当中,是略多于男人的比例的,为什么特朗普要得罪这一群人？他的策略是什么？当然他可以巩固我刚才讲的那 40%的蓝领工人对他的支持,但是并不需要得罪女人和其他的一些比如少数族裔,黑人,尤其是讲西班牙语的来自拉丁美洲的这些群体。

还有一个正在新兴的特别喜欢投票的群体,就是我刚才讲的来自拉丁美洲的这群人。虽然他们依然贫穷,钞票不是他们的强项,但是由于人口的增加,选票渐渐成为他们的一大武器。

加利福尼亚州是美国唯一的一个少数族裔总数加起来超过白人的州,这样一个政治生态的变化是任何一个政治群体、政治人物所不能忽视的。那么这一群人他们现在为什么厉害?主要是他们在政治上愿意发出自己的声音。而且他们有这个总数,这个量很大,十分之一左右,十分之一的选民是绝对可以影响美国选举的。

相比较之下,我们华裔对美国选举的影响就非常有限。也许我们在钞票上有一些优势,但是选票上,一方面人口严重不足,大概也就四五百万人。华人在过去的一百多年的时间里面,也确实走过了非常漫长的和不容易的道路,但是到了今年,政治上的影响力依然不够。虽然我们出现了像骆家辉、赵小兰等这些人,但是毕竟影响力还是有限。不够的原因有很多,人口是一个重要的原因。

当然,如何使用自己的软实力,使得较小的族群群体能够在美国国内政治当中发挥更大的作用,这一点上犹太人相对来说做得比较好。犹太人比中国人多一些,大概有八百万左右,但是他们对美国政治的影响力,那是远超八百万人的。犹太人对美国政治的影响力那是远超我刚才讲的,比如拉丁裔,比如黑人,比如其他任何一个族裔。原因就是他们的自身素养、个体魅力与整体效应对美国在政治、经济、文化、娱乐、新闻方面的影响力,非常巨大。

因此,很难想象希拉里·克林顿或者是特朗普,会花大量的时间和精力,来争取华人社区或者是亚裔社区对他们的支持。坦率地说,华裔在很多的选举当中是被边缘化的。而且美国的选举,跟英国、法国,其他的西方的所谓民主国家的选举制度不一样,那些国家的选举制度很多大部分是一天的选举,美国可能现在是两年的选举。所谓一天的选举,最典型的就是英国的脱欧。政客们一煽动,我们马上就投票,决定脱欧还是不脱欧。这是非常民粹主义的民意,也就是我们所谓的希腊式的民主。

我们今天开个城镇大会,大家一投票,就这么做了。但是罗马式的民主,多少跟我讲的希腊式的民主不太一样,它是一个代议制的民主。

联邦众议院多数党领袖 Kevin Mc Carthy 的名言：下届国会议长一定来自加州。

代议制的民主就有点像美国的民主。你试想一下，如果在希腊民主或者在罗马民主的时代，那时人们没有手机，如果当时有的话，那就更容易行使自己所谓的直接民主的权利。

美国今天决定任何一件国家大事，我们就把手机上的 app 按一个按钮就可以了。但为什么美国到现在没有选择这个制度？我个人认为当然是有原因的，就是不能让太多不理智的人决定美国的政治走向，如果什么事情都按一个 app，那听上去很爽，绝对是绝对的民主，但是后果如何可以想象。幸亏美国没有这么做。

比如在加利福尼亚州推动大麻合法化，老百姓一高兴就按同意或不同意，明天就变成了这个州的法律。那这个事究竟是好还是不好，政治学者可以去辩论，可以去讨论各种各样的东西。我不是说间接民主就全好，它也有很多不足的地方。但是相对来说，它毕竟有一个缓冲，就是老百姓发出了声音以后，自己不能决策，要通过自己选出来的议员或者选出来的其他人，以代议的方式，代表你议政来最后决定这个民主的议案。

所以它的好处，我觉得显而易见，就防止一些民粹主义的头脑发热。但是它的不好就是政府的施政，推动起来有的时候非常难，可能面临政府的执行力和推动力不够。比如说，美国经常发生的，每年的10月债务上限的提高，美国政府的预算，美国政府要不要关门等这些东西，都会在美国出现。相对来说，在其他的一些所谓希腊式民主的国家里面，这种机会，不是说没有，但会少一些。不好的地方，我觉得最不好的就是"脱欧"，就是英国的政客推动的时候，未必真想着要脱欧，他们只是用这个来实现本党的一些政治目的。但是你说出去，做了，老百姓一高兴，投了，那后悔就来不及了，就脱了。

我觉得英国的脱欧事件，绝对不仅仅是影响了英国或者影响了欧洲，它对世界的政治和经济格局的影响是非常大的，阁下有没有觉得？正是因为这个脱欧，美国的特朗普现象才变得非常普遍，原因是特朗普说我首先要立刻取消希拉里·克林顿跟奥巴马为主设计的TPP。还有就是北美自由贸易圈协定，加拿大、美国、墨西哥，自由贸易圈协定，特朗普也扬言要把它去掉。否决美国奥巴马政府跟伊朗签的核谈判的协定，并指责希拉里是主要帮凶。基本上他就是跟欧洲的脱欧情况差不多，他觉得美国不应该更多地卷入世界，相反美国应该往回收。

所以特朗普产生的连带影响是非常大的。奥巴马在G20峰会的时候，跟习主席和其他的领导人进一步再次强调区域的整合、取消贸易的壁垒，是对世界经济很大的帮助。老百姓不愿意让自己国家的很多经济政策变成由某一个区域组织或者一个世界性经济组织，由他们来决定而不是由老百姓来决定。这个在美国老百姓当中非常有市场，所以特朗普提出来这个观点。如果不是因为脱欧，大家可能还没有看出来这个问题。

他的反移民政策，毫无疑问也是因为欧洲的移民政策让美国的老百姓看到移民不好的一面。德国大家已经知道，吸纳了大量来自叙利亚和中东的难民，结果发生了那么频繁的恐怖主义事件。所以每当欧洲，或者英国、德国发生这样的事件后，特朗普就会说，你看，我就是要禁止所有的穆斯林进入美国，这是多么的英明。

当然,希拉里跟奥巴马绝不会这么说,他们不说的原因是他们怕得罪穆斯林的这一群,有投票权的这样一群人。

所以欧洲、世界发生的事,对美国国内的政治有非常大的影响,更不要说中国发生的事,对美国当然有更大的影响。特朗普经常讲,他说奥巴马有什么值得吹牛的?我们的经济成长率才这么点,和中国GDP的成长率相比都不好意思出门了,如果今年是7%,明年就算是6%也是美国高不可企的。美国的老百姓很天真,没有时间分析这些东西,只是告诉你说,我们的政客说美国经济增长率1%很牛了,可中国7%还觉得很差。而拥戴特朗普的40%的蓝领白人,由于普遍缺乏自己的判断力,所以很容易被这样的言论煽动。

特朗普的目标人群是非常明确的,这40%是他必须要抓住的。而这40%,我顺便也提一下,是非常有讽刺意味的一群人,就像奥巴马一直在讽刺特朗普,说特朗普这个人大家觉得很奇怪,现在曾几何时他怎么成了美国工人阶级的代表了?受教育程度不高、文化程度很低,蓝领的制造业的工人,特朗普先生也太搞了,他怎么成了工人阶级的代表?这个老兄他在一生当中都试图说服全世界的所有人说他就是一个精英,他是一个有钱人,他富得不能再富了,他非常有钱,他怎么成了老百姓的代言人?但奇怪的是这群老百姓,现在精英和富人不支持他,偏偏是那一群蓝领支持他。是不是太悖论了?

然后特朗普假设这一次他的选举失败——现在看起来失败的可能性是比较小的——那特朗普品牌将会受到重挫。就是因为他不出来选,大家一直觉得他很有钱,出来选了以后,大家发现他可能没那么有钱。有几个证据,比如他一直违背美国在过去这么多年的一个传统,就是所有的总统候选人必须要无保留地公布你每一年交税的税单。希拉里很骄傲,说我自己已经公布了40年,我跟我先生40年的税单大家随便看。

而特朗普呢,一年也没公布!

希拉里·克林顿说:特朗普从来就不公布税单,他说他很有钱,我个人认为他没钱，他就是吹的。有一年的税单，他是被《纽约时报》黑的，说是敝报收到一封匿名信，里面寄了特朗普的整一年的税单。那个税单是在那一年，他有一个十亿美元的亏损，而且是“开赌场亏损”。所以希拉里据此攻击他说，特朗普说他很有钱，确实他很有钱，再有钱再会做生意，你一年能把十亿美元给亏了，而且是开赌场亏的，这个可能不能算是很懂经济的人所为。

所以现在我觉得特朗普如果败选，对他的品牌可能会产生的影响包括，原本去他的那些豪华的酒店、高尔夫球场、拉斯维加斯的特朗普大厦消费的那些有钱人，显然这次不喜欢他的政治观点，以后可能不会再去消费，那他的品牌他的股票都会下降，而支持他的人肯定是没有钱去消费的。所以其实特朗普如果不参选或者说一直蓄势而发，扬言威胁要参选但一直不参选，可能对自己品牌的价值还可高一点。但是经历这次选举以后，他的品牌可能会下降很多。

而且这么些丑闻爆出来以后，特朗普的选情依然被看好，与其说让人对特朗普帝国经济丧失了很多的信心，还不如说美国的蓝领更支持他了，和他“反对非法移民”、反对“不劳而获的大锅饭主义”相比，区区“性骚扰”算什么瑕疵呢？

美国的政客很专业吗？

胡展奋：承认吧，您对美国的政治、对美国的大选有如此深切的研究，和您的兴趣、您的专业背景甚至您的社会活动有着太深的关系吧？

如果我没有记错，您除了您的“本职工作”——美国联邦最高法院的出庭律师，加利福尼亚州最高法院出庭律师，美国联邦第九巡回上诉法院出庭律师，美国移民法院出庭律师——还是 CCTV、凤凰卫视、上海电视台、辽宁卫视、深圳卫视、浙江卫视、《人民日报》、《新民周刊》、《参考消息》的特邀嘉宾，同时您还是大洛杉矶郡警局华人委员会的会长，还曾经担任过加利福尼亚州圣安东尼大学公民监察委员会主席……

不管现任还是“曾任”，您都担任了、参与了很多的社会工作，您能够结合您的经历谈谈对美国政治的观察吗？

张　军：您这么说，我觉得已经都特别不好意思了，不过您说得对，我对美国的政治非常感兴趣，应该和我的个人经历、学历以及融入美国社会后的感受有密切关系。我到美国30年了，80年代去的留学生，我是在美国从本科开始留学的，先学的就是国际政治，然后学的法律，法律是在BYU，就是杨百翰大学的法学院毕业的。我们学校两个著名的校友，一个就是前总统候选人罗姆尼，还有一个是前美国驻华大使洪博培。犹他州是一个保守主义的州，在过去的几十年当中，没有民主党人当过参议员或者当过州长。但是这一次，竟然希拉里·克林顿的民调，跟特朗普的民调，在一些时段里是超出的。就说明特朗普在共和党体制内是多么不受欢迎，才会出现这样一个情况。所以这次共和党党内特别担心，由于特朗普选得不好，会导致在州长、在参议员、在众议员，整个的选举当中，使得共和党人失去很多原来的席位。

我准备过几天带您去洛杉矶一个叫约巴林达的地方去参观参观，尼克松博物馆，或者叫尼克松图书馆在那里，那是尼克松的诞生地，就离我家大概20多分钟的车程。它有过一个新馆的落成仪式，也就是尼克松博物馆的落成仪式，来了很多共和党的大佬，其中包括中美关系当中很重要的灵魂性的人物基辛格博士。中国驻美国大使崔天凯也去了，我那天也去了，坐在洛德的边上，他是80年代美国驻华大使。他的夫人叫包柏漪，是一个华裔美国人。当时她在北京的时候跟很多文化界的人士都有交往，她是一个作家，她的一本书叫做《春月》，英文叫《Spring Moon》。中国当时的文化部副部长是英若诚，就是英达的父亲。

当时我看来了一个老头子到处找座位，后来一看这不是洛德吗？后来午餐的时候，我的那一桌是我们洛杉矶隔壁的一个郡，叫做Orange County的人，包括橙郡的共和党委员会的主席。他说我们今年在橙郡的选举遇到了很多问题，最大的问题就是：按常理来说，共和党人这次

尼克松图书馆

如果有一个强有力的共和党总统候选人，我们当然愿意跟他的名字连在一起，因为他好我们大家都好，但是今年有了一个特朗普，我们在地方选举就遭遇了非常大的麻烦。因为地方上的这些共和党人不愿意把自己的名字跟特朗普放在一块儿。

和他放在一块儿以后，大家都觉得会影响到自己的选情。事实上由于特朗普的出现，美国今年共和党很多的地方选举都受到了巨大的影响，所以这一点，研究美国要研究很多东西。

至于说我本人，我基本上的经历就是这样，快 30 年前去的美国，后来就在美国当律师当了 20 年，号称是中国大陆的留学生在美国，不敢说第一个，但肯定是第一批当律师的。因为我的那个年代，是叫学好数理化，走遍天下都不怕的年代，我的那些同学们、同龄人去美国，没有学律师的，大部分都是学数理化的。有很多也在各自的领域里面成了非常厉害的人物。

我出国之前，是学英语的。在那个时候，在中国的高考是分班的，我们几乎到了高中就已经不太学数理化了，当年是有理科班，有文科班，有文艺类的班，还有外语班。如果我当年不是学英语的，可能对国际政治不会产生那么强烈的兴趣，也没有能力去深究国际政治，英语是我培养兴趣的本钱。

等到我们高中毕业的时候，我们的数理化跟理科班的数理化去竞争是不现实的。所以我想，我成为电脑专家、工程师的几率不太高。再说我本人对政治也相当有兴趣，所以我就去读美国的国际政治和法律。在美国学法律的人，大部分是来自学政治学的人，奇怪的就是美国的议会、美国的政治人物里面，有相当高的比例的人是学法律背景的。比如说像希拉里，她就是耶鲁大学法学院毕业的，她的先生比尔·克林顿也是耶鲁大学法学院毕业的。奥巴马是哈佛大学法学院毕业的，奥巴马在哈佛大学上百年的历史上是《法学评论》的第一个黑人主席。在法学院里面读书，只有优秀的学生，才能成为《法学评论》的编辑，editor。如果你要成为它的编委会的主席，那你应该是最优秀的学生。所以奥巴马，据说他是哈佛大学历史上《法学评论》的第一个黑人主席。所以说明他在这一块还是比较厉害的。

人们耳熟能详的其他一些政治人物，可能相当高的比例都是学法律背景的，比如骆家辉也是学法律的，还有很多美国的州长、参议员也是学法律的。我觉得这一点跟美国的体制有关，我刚才说过，美国的灵魂就是法制。

最近有一次重要的演讲要我讲美国的体制，题目就是“美国的政治制度和选举制度生病了吗？”

由于美国的体制是这么一个比较成功的设计，所以就形成了法律和法制在美国的体系里面扮演了相对比较重要角色的这样一个结构。

说实话，100 名参议员、435 名众议员，美国总共有 535 名的议员，他们的参政议政的能力是非常强的。绝大部分的参议员和众议员都有专业背景，都是本领域里的专家。比如说，参议院有一个司法委员会，组成司法委员会的参议员对法律是非常精通的。最高法院的大法官出现空缺了，通过总统提名，到司法委员会去听证，接受所有司法委员会的参议员对他进行专业质询，他只有先过得了这一关，才能拿到院会里面进行表决。

但，这一关要求的专业水准相当高，“混”过去的可能绝对没有。

比如说这个例子，就是在罗姆尼的时代，您知道罗姆尼吗？上一次跟奥巴马来选总统，他有一个选举的副手叫做瑞安，Paul Ryan。他是一个典型的高富帅，是一个白人，长得非常高大，颜值高。想当年，如果罗姆尼选上，这个70后将成为美国的副总统。他是现在美国国会的众议院的议长。为什么罗姆尼当时要选Paul Ryan作他的副总统呢？原因是多样的，但是肯定不是因为罗姆尼爱瑞安，肯定不是。在美国，总统选副总统一定不是出于爱，而是出于这个副总统能够给自己带来什么样的选票、什么样的利益。

就像现在的特朗普，他肯定不是多么喜欢彭斯，而是因为彭斯是一个保守派的代表，特朗普一直被保守派批评他不保守，所以他必须要选一个人来平衡一下。当年罗姆尼也遇到了同样的情况。他选的时候，很多人认为就是他骨子里是一个不保守的人，是一个中间甚至要偏左的人，因为他当时担任马萨诸塞州的州长的时候，推动了一个缩小版的奥巴马的全民健保案。奥巴马今天的全民健保案，很大程度上是借鉴了罗姆尼在马萨诸塞州的全民健保案。所以当年他们两个人的辩论会开得很有意思。罗姆尼上来就说，我向各位承诺，如果我当上总统，我第一时间先否掉奥巴马的全民健保案。奥巴马说这个我是跟你学的，我是套用了你们州里面的法案，你否定我不是否定自己吗？他说那不对，我认为我们州里面的州情是适合做这个，但是全美国要做就不行。大概是这么一个意思。

而且我之前提到，共和党人基本上是反堕胎、反人工流产的。但是大家一直觉得，他是尊重妇女权利、主张妇女决定自己身体权利的这么一个人。就是他表面上说他是反堕胎，但是他骨子里可能不是。所以罗姆尼为了平复保守派对他的不支持或者对他的怀疑，他就选出来一

在尼克松图书馆

个保守派的瑞安作他的竞选的副手。

我刚才讲到，奥巴马上台以后，他推动了全民健保案，失去了很多政治资本，所以在两年的时候中期选举以后，他失去了众议院的多数。一旦你在议会里面这个党没有多数，议会的专门委员会的主席的席次就不是你的了，就变成是反对党的。瑞安就当上了税收与预算委员会的主席。

美国总统很可怜的，每年政府的预算，他自己是说了不算的，他要拿出个预算方案，要先交到众议院的预算委员会里面进行讨论。预算委员会如果不把它排上议程，连讨论的机会都没有，更不用说表决的机会了。所以瑞安当了这个众议院的预算委员会的主席，每一年他都成功地阻击奥巴马的所谓的政府预算。原因就是他说这个预算，第一进一步扩大了政府的赤字，第二进一步扩大政府的税收，他说这个是不能接受的，美国现在已经债台高筑，我们不能寅吃卯粮，让子孙后代为我们买单。

所以在奥巴马眼里，瑞安是一个“敌人”，让他的施政屡屡推动不了。全世界最大的一个经济体，在过去这么多年当中竟然没有一年政府是拿到完整预算的，一般都是两三个月来谈一次，我给你点钱你给我让点步，就是来回来回弄这个东西。所以瑞安在跟奥巴马政府的历次抗争中表现卓越，因而在共和党人的心目当中威信很高，认为是一个共和党保守派的代表，是一个党性很强的共和党人。

所以当年罗姆尼就把他给选出来，当了自己副总统的候选人。毫无疑问，瑞安是对自己的税务方面是相当专业、相当精通的，他是律师也是会计师，他二十岁出头已经做了众议员。虽然他是70后，四十来岁，当众议员当了二十多年。当共和党赢得了众议院的多数以后，共和党在过去的几年确实经历了一些不平凡的经历，这一点证明了他们的不平凡。

我觉得确实有很多可以总结的地方。您还记得美国在若干年前有这样一个运动，叫做茶党运动。占领华尔街和茶党运动是相对的。占领华尔街的运动就是，他们认为他们代表了99%的美国人的利益，他们觉得华尔街人全部都是欺诈老百姓的。基于这样的说辞，2011年9月17日，上千名示威者聚集在美国纽约曼哈顿，试图占领华尔街。有人甚至带了帐篷，扬言要长期坚持下去。他们通过互联网组织起来，要把华尔街变成埃及的开罗解放广场。示威组织者称，他们的意图是要反对美国政治的权钱交易、两党政争以及社会不公。到了2011年10月8日，这个运动愈演愈烈，千余名示威者在首都华盛顿游行。结果纽约警方迫于无奈，在11月15日凌晨发起行动，对抗议者在祖科蒂公园搭建的营地实施强制清场。美国奥克兰警方于10月25日向示威人群使用警棍清场，事件最后演变为流血冲突。

再说茶党的运动，这群人主要是为了制衡当时的日益兴起的占领华尔街运动。阁下应该知道美国的独立战争是源于波士顿倾茶事件，大概的历史背景就是，当年美国是英国的殖民地，殖民地要向英国皇室交税，但是英国皇室什么也不给殖民地，简单讲就是有义务无权利。当时美国的这些茶商们非常不高兴，就说我们也不要再跟英国我们所谓的宗主国进行贸易，我们宁愿把茶倒进波士顿河里。结果就引发了波士顿倾茶事件。事件发生之后，英国殖民当局当然不高兴，就派军队来打，然后就是美国独立战争，然后就产生了美利坚合众国。这个茶党运动就是以当年的波士顿倾茶事件来命名。茶党的基本概念就是，政府干预老百姓太多，税收太高，我们希望政府远离老百姓的钱袋，就是你政府什么都要来管，这样不好。

如果说他们反对的是政府干预太多的话，全民健保案毫无疑问是干涉老百姓生活最多的，要求强制每个人都买保险。所以随着奥巴马的全民健保案的推行，茶党的势力也越做越大，就形成了共和党的党内分派，分成有传统的共和党人，也有极右的或者极保守的茶党的一群。这茶党的一群在美国的众议院里面占到了 30 多票，不是特别大，因为共和党有 200 多票，要多数的话，435 席里面要超过多数。但是共和党里面的 200 多票减去茶党的 30 多票，他们将输给民主党，就是不再有多数。所以这 30 多票变成了可以有很大分量的一群，因为他们很团结，一旦他们不支持一个法案，共和党的领袖就推动不了自己在众议院的施政。所以 Paul Ryan 的前任叫博纳的议长被迫下台，因为他觉得身心俱疲，他说，我跟民主党斗是很容易的一件事，但是跟党内的同仁斗，他特别的痛苦。

好像世界其他的政党也有类似的情况，就是自己党内内讧，他说实在是玩不转，他们太难搞。博纳下台以后，没有一个人愿意当议长，原因是这 30 多个茶党很难搞定。那最后怎么办？就是大家说，我们妥协一下，我们还是让瑞安出来。前副总统候选人瑞安，那个时候很拽的，不愿意出山，也就是“我不想做”。你想众议院议长是不得了的地位，他是美国宪法第二顺位的总统继任人，就是总统跟副总统不能主事的时候，他将自动成为美国的总统。

因为茶党也搞不定，传统的共和党也搞不定，最后大家联名，说求求你，你就当议长，要不然我们怎么弄？他说那也行，如果要我当议长，必须是本党同志全票通过，投票让我当。如果只是大部分人投我，少部分不投，那我就不当。因为他知道那少部分人的厉害。最后他几乎是以全票当上的议长。当上议长以后，这次跟特朗普体制内的抗争，主要就是他跟特朗普之间的抗争。所以这个就像《纸牌屋》。你们听我讲就越像听讲评书一样，但是事实上这是美国真实发生的政坛故事。

综上所述，每一个议员在自己的领域里面的专长，都是非常专业的。我现在讲的还是社会科学，有的是医疗委员会，有的是环保委员会，有的是金融财经委员会，他们在自身的专业方面都有非常专业的精深的知识，所以一般人到那边去"求过关"，是很难过关的。

再举个例子：希拉里·克林顿的邮件门，在国会的听证当中被问了11个小时，您还记得那一次吗？她一个人就可以对付。那一场辩论，很多人改变了对希拉里的看法，就觉得这个女的，不论是喜欢她还是不喜欢她，针对长达11个小时不眠不休的听证，她能够非常从容地顶到最后，兵来将挡、水来土掩。虽然我很不喜欢她，但是只有这一点上，我觉得她确实是有过人之处，那就是她的受教育程度非常出色，她的相关专业背景非常了不得！这个女人能到今天这一步，偶然的因素是有，但是必然的因素是比较多的。她确实是一个非常优秀、非常有能力的人。公众一致认为，在美国，如果必须要产生一个女总统，那她应该是首选，她的出现也确实不是一个偶然的现象。

然而她的竞选总统之路却是如此地艰难和漫长，同理，瑞安这样的杰出人才更有问鼎总统宝座的能力，然而都处于不尽如人意的状态。由此联想，就是美国的体制是否生病了？

美国的体制

胡展奋：记得奥地利的自由市场学派伟大的经济学家米塞斯曾经说过：美国体制将是人类最终理想的社会制度。

然而，根据我们的所见所闻，和您刚才的深入分析，美国的国家体制还是有不少毛病的，比如联邦最高法院的"大法官制度"，九个大法官居然是终身制的。这不合理。人总会衰老的，衰老之后人体的各种机能包括思考能力都是要退化的，这是不可抗的自然规律，但是美国许多国家大事、政法大事最终又必须由他们裁决，不能不让人担忧。如果他们活到九十多，甚至更老，他们还能正常工作吗？这样的老迈思考、老迈决策符合美国精神吗？诸如此类的疑问还有很多，希望得到您的解释。

张　军：您的想法很有道理。美国，我们要知道它生没生病，首先要透彻地了解美国的体制，然后您就会得出一个结论，它究竟是生病了还是没生病。

美国的体制是跟中国的体制完全不一样，它是一个联邦制的国家。联邦制的国家什么概念？如果大家有兴趣，第一你们可以读习近平主席喜欢读的一本书，刚才您提到 2012 年由我主持了他的欢迎晚宴，那是在洛杉矶。他那次访问第一站是去了西雅图，在西雅图他发表了对美国人民表达友好感情的一篇演讲，其中他就提到他喜欢的美国的书和美国的作家，像马克·吐温等。其中有一本书是我喜欢的，叫做《联邦党人文集》，这个在中国都有卖，英文叫《The Federalist Papers》。《联邦党人文集》有 80 多篇文章，打个不恰当的比方，相当于美国的建国纲领。就是当年，比如说像美国今天的宪法的设计者们，像汉密尔顿、华盛顿、杰弗逊、麦迪逊等这些人，为美国独立战争以后究竟建立什么样的政体有很多的辩论，产生了 80 多篇文章。这个后来一直被美国制定宪法所借鉴，您提到我是最高法院出庭律师，最高法院主要就是研讨和践行美国的宪法。而同时，美国又是判例法国家，在过去这么多年，这 80 多篇文章作为判例被奉行，基本上是等同于《圣经》的。

这 80 多篇文章大意是什么？当时在建国的时候，美国国内确实有方方面面的争议。其中一个争论就是究竟建立什么样的国体政体。有人说我们要建立中央集权制；有人说我们刚刚从英国的皇权里独立出来，那不还是换汤不换药？所以大部分人不喜欢中央集权制。又有人说，我们当时只有东北部的 13 个州，俗称叫新英格兰地区，那么我们就组成一个松散的邦联。基本上就是相当于一个协会，类似于大家有事就在一块儿议议，没事也不一定非要搞在一起。

这个想法到后来，又经过这些所谓的先贤们的一些辩论，最后找到一个折中的方案，就是形成了今天的美利坚合众国这样一个国体，是一个联邦制的国家。联邦制的国家遇到的各种各样的问题，有的可能是联邦政府管的，有的是州政府管的。所以找错了地方，那也得不到你想要得到的效果。

联邦制的国家,我总结它基本上有这样一些特点:第一,中央政府或者联邦政府的权力是有限的,大部分权利下放到地方政府,就是州政府、县政府、市政府以及基层政府。第二,在联邦政府的层面,在中央政府的层面,总统的行政权力必须要与美国的其他两个分支,就是国会和联邦最高法院来分享。这个分享是平等的分享,就是这三个权力里面没有哪一个权力高于另一个权力。相反,这三个权力时常有所谓英文叫 check and balance。Check 是抑制,Balance 是平衡。就是经常会有这种制衡的关系。所以你去看,美国的总统大家觉得走到世界各地都很有权势,觉得他权力很大,但事实上他在美国国内,他的权力是很小的。什么意思呢? 比如像奥巴马在任上 8 年,每有一个校园枪击案发生,他就要出来,追悼、开会,再强调控枪的作用有多大,一定要做这个事。但是他做不成关于控枪的任何一件他想做的事。很多人觉得,美国有一个宪法第二修正案,就是主张美国的老百姓有拥枪自由的权利,但是这个拥枪自由的权利,毕竟是一二百年以前提出来的,那个时候主要是美国要从英国的殖民地中独立出来,自己没有良好的军队,因此,依赖老百姓自备枪支参加民兵,和英国人抗争。因此,《独立宣言》宣布,人民有持有武器的权利。另外,是担心美国当时成立的政府会变成欺压老百姓的政府,因此才说,如果政府太欺压你们,你们可以组成民兵,英文叫 Militia,组成民兵来抗争。这是在那样一个环境下出现的法律。

而当时的枪,我想您也了解,那毕竟也不是像现在这样是可以连发的,当时的枪要拉栓,一般人还弄不转这个枪。今天的枪,火力是非常强大的。所以你到一些美国普通民众家里面,从手枪到机关枪,那真是琳琅满目。美国有一个长枪党——美国国家步枪协会,长枪党在过去花了大量的时间和金钱不断地宣称拥枪自由的权利。所以很多老百姓觉得这是自己与生俱来的权利。就好像我,我虽然不喜欢抽烟,我讨厌抽烟,但是我也要捍卫自己可以抽烟的权利,如果政府公布一个法律说从现在开始张律师你不能抽烟了，那我肯定坚决反对。我抽不抽烟是我的自由，政府你今天管我抽烟，明天就有可能管我穿什么衣服，后天就管我盖什么房子。老百姓的价值观里面，对自由的需求是很强烈的。所以我觉得长枪党在过去这么多年成功的灌输，造成了政府今天只敢说要控枪，还不敢说要禁枪，因为那就是政治自杀，不可能再有任何人选你。我这是实话实说。

现在谈的不是禁枪而是控枪。控枪什么意思？就是限制火力大的枪。你说你是个枪支爱好者，你有必要装 20 发子弹，抠一下出去 20 发，有这个必要吗？所以要对弹夹进行控制，就是不能装很多子弹，然后不能让它连发。这才叫所谓的控枪，不是要禁枪。

即使是这样温和的控枪措施，奥巴马也没能实现。所以更多的时候他是一个啦啦队长，意思是我来呼吁一下老百姓，你可以呼吁国会的议员们说，不要再让枪支泛滥。

所以美国的政治的架构就是一个联邦制的架构，州的部分，我们稍微晚一些聊。老百姓的国计民生，比如生孩子、判刑、救护车、医院，这都跟联邦政府没什么关系，是跟州政府有关系。但是州长的权力不来自总统，所以州长不是必须听从总统。因为州长是州里面的选民选出来的，所以总统是没有赦免权的。相反的，州长对总统进行抗争，反而有利于他在州里面的选情。

我们现在所在的州，叫亚利桑那州，您知道，沙漠和仙人掌之州。亚利桑那州有一个老太太州长，她之所以出名，不是因为她的政绩，而是因为她敢于跟奥巴马叫板。因为亚利桑那州跟墨西哥也有共同的边界，所以这些非法的移民进来，第一站先到她这个州里面。她觉得应付这些人花去了纳税人的很多资源，而管控移民不是州的权力，宪法里面明确表明，管控移民是联邦政府的权力。联邦政府有这个权力，它又不给钱，所以就不管。州政府想管，又没有这个权力管，所以这个女州长就非常不高兴。有一次奥巴马到亚利桑那州去访问，女州长就突然出现在他的机场，见了奥巴马，对总统指着鼻子就开始指责他。她当然很快就成为共和党的英雄。所以州政府、地方政府很多时候是不买总统的账的。

您有没有发现,每年的 10 月,当美国政府关门的时候,美国的老百姓的生活没有受到什么影响?上学的上学,上班的上班,啥事都没有。相反,由于政府的关闭,受到影响的是游客,因为国家公园是联邦政府管的,所以政府关门,公园也就没有办法去了。政府关门,于民无损,相反是外国旅游者受到影响,大部分美国人的普通生活没有受到影响,这是美国政治体制成功之处。每次发生政府关闭,最长的一次在去年还是前年,关闭了 20 多天。老百姓觉得没有影响我什么。

那么在联邦政府的这个层级——我花点时间聊,总统大选跟国内政治、中美关系这个部分重要一点——就是主要有三个部门,一个是行政当局,行政当局的代表当然是总统,总统以下的所有行政当局的内阁成员,包括一些行政法体系里面的这些专门的委员会,基本上都是总统的行政权力下面的,所以我提总统的时候,其实是指总统所代表的行政当局,其中就包括"外国人投资安全委员会"。我提三一重工、中兴电子、华为,他们在那里遇到的种种问题,主要是总统下属的外国人投资安全委员会给他们造成的。

另外一个就是国会,美国的国会是立法当局,但是它又不完全是立法,除了立法的功能以外,更多的时候是监督和制衡政府的行政权力。说好听叫制衡,说不好听就是阻挠政府的执政。政府的很多施政很难推动,不同的人对这个事情有不同的看法。

当这两个分支互不同意时,他们第三个办公室,也就是联邦的最高法院要介入,看究竟是国会做的违反美国宪法,还是总统做的违反美国宪法。所以这三个权力在一块儿 Check and Balance,抑制与平衡。240 年以来基本上都是这么一个情况。这个体制的毛病总的来说是"制衡"大于"集权",因此,全国整体来说,推动施政难,耗散了太多的社会资源,耽误了太多的事,结论是:美国的体制也并不是人类社会最终最理想的社会制度,也许,地球上永远只有更好的体制,而没有"人类社会最终最理想的社会制度”。

这使我想起拿破仑的临终遗言:“我曾经统领百万雄师,现在却空无一人;我曾经横扫三大洲,如今却无立足之地。耶稣远胜于我,他没有一兵一卒,未占领过寸尺之地,他的国却建立在万人心中。世间有两种武器:精神和剑。从长远看,精神必将打败利剑。”

“人类社会最终最理想的社会制度”也许将永远地探索下去呢。

独特的选举人团制

——特朗普为什么竞选成功

美国开国迄今共有45位总统，但已故总统中能够归葬自己故居的只有两位：富兰克林·罗斯福与理查德·米尔豪斯·尼克松。因此，如同去纽约而不去海德公园罗斯福故居看看一样可惜，到加利福尼亚州而不去约巴林达(Yorba Linda)看看尼克松图书馆，我以为也是一大遗憾。

事实上，洛杉矶地区的旅游宣传品中，往往都有尼克松总统图书馆的专页，但我相信国内组织的赴美旅游团就知道洛杉矶的好莱坞、迪士尼，而很少会把尼克松图书馆列入游程，来此自由行的旅客估计也无暇专程去光临。另一方面恐怕也因为尼克松图书馆所在的城市约巴林达知名度不高，许多人不清楚它具体的位置。

好在张军律师熟悉这个地方，那天特地启动了他那辆“大宾利”带我们前往参观，也因此我们在约巴林达的谈话从尼克松的故居到他的从政经历，一直谈到了美国选举制度所特有的“选举人团制度”。

我们谈话的草坪，百花盛开，远处是流金溢彩的喷泉。

美国特有的选举方式

胡展奋：尼克松一生的传奇其实从他早期的选举就开始了，在1952年11月4日的大选中，艾森豪威尔和尼克松取得的优势令人咋舌，他们夺取了除南方以外的所有州份，以 3 400 万票和 442 张选举人票大败民主党伊利诺伊州州长阿德莱·史蒂文森。作为艾森豪威尔的竞选伙伴，尼克松当选为美国副总统。1956 年他再度当选为美国副总统。但在 1959 年的竞选总统中以微弱票差被约翰·肯尼迪击败。1968 年他重返政坛，并击败民主党人汉弗莱和独立竞选人华莱士，当选为美国第 46 届(第 37 任)总统。同样一个人，时而高票狂胜而出，时而微弱票差败北，美国的大选还真是波谲云诡的。

张　军：事实上，他的竞选历程还不算太诡谲的呢，一般人对选举的认识大都是“少数服从多数”，但是美国历史上却数次发生“总统由少数人选出”的怪事，一些总统候选人虽然在大选中获得的选民票少于对手，却因得到足够的选举人票而荣登宝座。根据统计，类似的“选举人为王”的现象，美国历史上曾于 1876 年、1888 年、2000 年、2016 年发生过 4 次。

胡展奋：200 多年只发生了 4 次，概率是极低的，但也不能说是“极其偶然”吧。作为一名国际时政学者，您长期思考美国的选举现象，一定有自己的深度分析，和大家分享分享吧？

张　军：好啊，深度分析可不敢当，轻松聊聊还是可以的。我们都知道民主选举有多种形式，至少要分古代的民主制和近现代的民主制，古希腊的民主形式是一种直选式的民主，在举起的手臂中，多数否定少数，人称“多数决”。而近代西方是代议制的间接民主。至于选民，古希腊的民主局限于城邦公民，近代西方民主则扩大到各个社会阶层，通常都指普选权制度，即授予所有成年公民选举的权利，而不受种族、性别或财产规模的限制。因此，美国总统的选举方式并不是希腊式的民主，至少不完全是，而更是接近罗马式的民主，是代议制的民主。大多数美国老百姓在投票的时候并不清楚，他投的这张选票实际上并不是在选一位总统，而是在选代替他们去选总统的代表。

那么，选举人团制的基本概念是什么呢？

总统选举人团制度是美国特有的一种选举方式，也就是50个州都有自己的选举人团代表。选举人团的总人数是这样设定的：100个参议员分配到50个州，每个州两名参议员，这是一样的，为了体现公平，大州和小州都一样。而众议员有435名，每10年大概美国进行一次人口普查，这个人口普查的总人数除以一成不变的435，就是一名众议员所代表的人数。参议员代表的是一个州的选民，这个州可能是100万人，像阿拉斯加州是70万人，加州有3 000多万人；而众议员，每三万人选出的众议员人数不得超过一名，但每州至少须有一名众议员。参议员和众议员的人数加在一起是州的选举人团总数。由于加利福尼亚州的总人口多，所以代表加利福尼亚州人群的众议员有53名，53名众议员加上2名参议员，加利福尼亚州选举人团的代表是55名。

这样，50个州就有了535票选举人团票，华盛顿特区还有3票，所以总数是538票。任何人在任何时候只要获得这一半以上的票数，他就能当上美国总统。这就是选举人团制度。

胡展奋：我可不可以这样理解，所谓的选举人团，在人数上不过就是议员人数的投影，如同我们所谓的“额度”，本州选举人团的人数等于参议员和众议员的人数之和。大选之日，美国老百姓其实有两票，一票普选，是投给自己拥护的总统的(总统候选人)，另一票是投给选举人团的选举人的。所以投票的当天，美国选民与其说在选总统，倒不如说在选代表自己选总统的选举人团代表，相对于全国选民来说，选举人团当然是少数，但决定总统候选人成败的，常常就是这些少数人。当然，根据“赢者通吃”的规则，少数人的意志，大多数的时候能与普选意志吻合，比如奥巴马的选举结果、克林顿的选举结果，但有时候也与普选意志相错位，比如这次的特朗普，论全国普选票，希拉里还比特朗普多出200多万票呢！但是他在选举人票上面占了上风，结果胜出。

张　军：您的理解基本正确。事实上，历届美国总统最后当上总统，关键在于他获得了多少选举人团的票，也就是任何一位总统候选人在任何时间获得超过 270 张选举人团的票(全美选举人团票为 535 票),即获胜成为美国总统了。

胡展奋: 与法国、英国等欧洲国家的普选截然不同,美国为什么会产生“选举人团”制度呢? 可否介绍一下它的历史以及利弊所在?

张　军: 说历史,这一制度于 1787 年第一次实行,现已经历了 230 年左右的发展与演变。在当年的制宪会议上,最具争议的就是总统选举制度。摆在当时美国人面前的有两种方式,一是由国会选举总统,另一种是由全国人民直选总统。由于普通民众对政府不信任,害怕国会选出的总统会为特定的利益集团服务,而不是为了全体民众的福祉,所以国会选举总统的方式被否决;另一方面,政府也担心民众投票时不理性,可能会被别有用心的人利用,再加上当时条件限制,全民普选总统的方式也没能够获得通过。最后,在大家的妥协之下,对政府和民众都有所制衡的选举人团制度最终得以实施。

胡展奋: 另一种说法是,1776 年 7 月美国刚建国时,美国的先贤就设计了“选举人”制度,据说主要目的是为了防止政客向选民虚假承诺,骗取选票,由“选举人”间接选总统,可以避免类似的弊端。还有一种说法是,有一部分制宪者对民主抱有忧惧的心态,认为民众易被煽动蛊惑,所以应该把挑选总统的权力交给更靠得住的精英。是这样吗?

张　军: 是的。不过对大众民主的防范还只是选举人团制度入宪的次要动力,其更根本的成因在于大州与小州、北方自由州与南方蓄奴州之间的妥协。

除却双方选票一直稳定的大州——“红州”(共和党基本盘)和“蓝州”(民主党基本盘)外,人口稀少的州担心一旦实行直选,自己将在总统人选上完全失去话语权。而南方蓄奴州既不愿赋予黑奴投票权,又不想“浪费”掉庞大的黑奴人口,于是极力鼓吹按人口分配选举人票的办法,作为加入联邦的前提之一。而北方州则以每名黑奴只能换算成

3/5人口,作为接受选举人团制度的条件。这一制度自诞生起便饱受争议。在其支持者看来,它是美国宪法最伟大的成就之一,既维护了美国的联邦制体系、保障了小州的利益,又充分利用了选举人的个体能动性,比如能够及时甄别不合格的候选人,或者在当选者意外身亡时迅速做出反应,决定适合的替代者。还有人觉得,各州普选票分开统计,有助于把涉及票数差距的争议“隔离”在各州内部,避免引起全国性的纠纷。最后,一些支持者认为选举人团制度造就了美国两党轮替的格局,为政策连续与政治稳定提供了基础,抵御了大众民主中潜在的多数暴政与民粹主义风险。

胡展奋: 就方法论而言,永远只有更好的,没有最好的。有一种说法,就美国的国情和社会来说,选举人团制度尽管缺陷多多,却还是目前比较适合美国选举环境的好方法。在更好的方式被发现前,当下就是最好的,您也这样认为吗?

张　军: 如果按照“存在即合理”的老话,它的确比较适合美国国情,虽然在反对者眼中,赞成选举人团的理由还不够令人信服。

首先,反对者看来,选举人团制度非但没有保障小州的利益,反而让摇摆州——尤其是摇摆州中的大州——的利益挟持了国家政策。为了获得连任,现任总统往往会在选前一两年就开始给予摇摆州大量的政策倾斜与优惠,而红州与蓝州的许多需求却遭到忽视。其次,被地方党组织推举为选举人的,往往是缺乏实际政治事务经验的基层志愿者。这些人对候选人能力与品格的判断显然不如大范围的民众直选结果靠谱,遑论历史上选举人曾经闹出各种笑话。此外,2000年大选中,佛罗里达某些郡在投票机与选票设计上的失误所引发的一连串纠纷也表明,以州为单位的计票模式非但无法消弭争议,反而会大大加剧管理混乱、计票误差、选举舞弊等地方性问题,可能对全国大选结果造成影响。至于两党轮替格局与政策的连贯性,许多研究已经指出这是单选区议会选举等投票机制与社会政治潮流共同作用的结果,与选举人团制度关系不大。除了实践中的种种弊端外，选举人团这种设计最根本的问题仍然出在缺乏民主合法性上：无论是各州在大选中权重的显著差异，还是赢者通吃的模式下，“红州”民主党支持者和“蓝州”共和党支持者手中总统选票意义的大为丧失；无论是选举人屡见不鲜的“背叛誓言”，还是历史上曾经 4 次(1824、1876、1888、2000 年)出现过的、总统候选人赢得全国普选却输掉选举人票的情况，都与现代民主政治中一人一票、人人平等的基本价值观背道而驰。

胡展奋：已经宣过誓，还“背叛誓言”？这可是从哪儿说起？都是体面而且很要荣誉感的选民代表，他们干嘛这样呢？

张　军：我们前面说过，选举人是每个州的选民投票选出来的，当选的选举人必须宣誓，在选举人团投票时把票投给在该州获胜的候选人。

一般而言，当选的选举人会宣誓效忠民意，将自己的一票投给本州选民青睐的候选人。但 1960 年大选中，阿拉巴马与密西西比两州的民主党组织因为支持种族隔离、抵制该党候选人肯尼迪主张的种族平等，而提名了许多拒绝向肯尼迪宣誓的选举人名单。民主党在这两个州获胜后，两州 19 名选举人里只有 5 名在最后填票时选择了肯尼迪，其余则投给了支持种族隔离的民主党参议员哈里·伯德。

这种因为地方党组织与党内候选人立场相左而导致选举人拒绝宣誓的情况，在历史上较为罕见。相反，选举人宣誓后因为各种原因“背叛誓言”——“失信”的事件却层出不穷，迄今已有 158 人次之多。其中有的是出于预谋，比如 1836 年弗吉尼亚州 23 名选举人，因为不满民主党副总统候选人理查德·约翰逊与女黑奴同居生子一事而集体叛变，导致约翰逊票数不足，最终通过参议院投票才得以当选副总统；有的是迫于无奈，比如 1872 年候选人贺拉斯·格瑞里在选举人填票前意外去世，他麾下的许多选举人也临时改投他人；还有的纯粹只是一时糊涂，比如 1988 年西弗吉尼亚州一名选举人填反了总统候选人和副总统候选人的名字，而 2004 年明尼苏达州一名选举人则把本该属于民主党总

亚利桑那州州长杜希

统候选人约翰·克里的一票投给了子虚乌有的“约翰·爱华兹”(很可能是副总统候选人“约翰·爱德华兹”的笔误)——这场笑话也让明尼苏达州制定了一项新法律:该州选举人必须严格按民意投票,否则其选票将被视为无效,当场加以更换。

与明尼苏达州有相同规定的只有密歇根州。此外有24个州的法律对背叛誓言的选举人有所处罚,但其力度往往非常轻微,并不足以起到实际的震慑效果。

然而对美国人民来说,就像某类婚姻,不是很理想,但还能凑合过(笑声),所以选举人团,迄今还是选举人团。

拿下一个州很重要

胡展奋: 选举人团制度是为美国所独有,也是被误读最深者,故而今天不妨谈谈透。您刚才谈了它的有争议的地方,也就是它的弊端,那么，历经230年的风雨，这个制度仍然没有被废黜，也一定有它的顽强的生命力吧？就此很想听听您的分析。

张　军：没错。一门学问也罢，一种学说也罢，一项制度也罢，其存留自然应该实践说了算，历史说了算。选举人团制度，即使有弊，目前看还是“利”更多。先说它“保护小州利益”，美国的《联邦党人文集》里面提到，选举人团制度建立的目的是鼓励每一个想当美国总统的人，尽最大的努力到各个州去选举。

在美国，各个州的发展水平是不平衡的。例如加利福尼亚州是美国最大的一个州，拥有三千多万人口，GDP全美第一，在很长一段时间，一个州创造的GDP超过13亿中国人创造的GDP。加利福尼亚州的GDP可在世界排名第六，随着近几年中国、印度等国的崛起，目前大概排名第八、第九。这样一个重量级的大州，对美国政治经济的影响力是巨大的，但奇怪的是，它对美国总统选举的影响却是很小的，并不与人口容量和经济实力相匹配。

胡展奋：是的。我们也注意到了，在美国的大选中，如同寒门未必不出贵子，小州也未必无足轻重，听说有时候还严重影响大选结果，所以常常有学生问我：为什么美国总统候选人在竞选期间经常要去人口少的州，而人口多的州反而去得少？有没有这种现象？

张　军：有！如果一个竞选准备周期是两年，那么一个总统选举人一般会去加利福尼亚州几次，累计大约两三个礼拜；而一个小州，例如爱荷华州，它是一个只有三百万人的州，但总统选举人大概要去几十次。

这一些都和“选举人团”制度有关。

如果没有选举人团制度，我们的选举只需把另一大州——纽约州的三千多万人口加进来，只要搞定这两个大州的选票就可以了，根本不用去人烟稀少、路途遥遥的阿拉斯加州、夏威夷州这些地方。但正是因为有了选举人团制度，每一个总统候选人必须要去到美国的每一个州，哪怕它远在天边。

《独立宣言》讲所有的人生来都是平等的。那么我觉得,美国所有的选民其实生来是不平等的,至少加利福尼亚州的选民和爱荷华州的选民就是不平等的。一个美国总统候选人在一个选举周期里,要花很多时间去爱荷华州取悦那里的两三百万选民,这个做法肯定是有原因的:首先,他认为这个州对自己的选举很重要;其次,如果当选,他日后必须要去那里兑现他当初承诺的政策,否则,等到 4 年以后就会出现问题,如果半年以后还是不兑现,那里本党的下一任候选人将会遇到信任问题。例如,希拉里·克林顿这次在俄亥俄州的选举就出现了问题,原因在于在过去的几年里,俄亥俄州失去了大量制造业的工作机会,虽然作为民主党人的领袖奥巴马努力了,但是制造业依然存在回流问题。这个州的选民就会认为,民主党的政策对于俄亥俄州是不利的,选希拉里上台无非是延续奥巴马的政策。所以,不是所有的选民生来是平等的,恰恰相反,在美国,选民生来是不平等的,就是因为有了这个选举人团制。

胡展奋: 美国《独立宣言》中最为著名的一句话就是"人是生而平等的",您现在强调在美国,"选民是生而不平等的",不仅观点新鲜,而且好像政治也不太正确(笑),请问要怎么理解您这句话呢?

张　军: 我曾经说过,加利福尼亚州这么一个重量级的大州,它的 GDP 在全世界都可以排在第六位!对美国贡献之大还用怀疑吗?但是,一个总统候选人对它的态度是不公平的,而且是"历史的不平等",加利福尼亚州的选民和爱荷华州的选民一向就是不平等的。您看,几乎每一个美国总统候选人在一个选举周期里,都要花很多时间去爱荷华州取悦那里的三百万的选民,而对加利福尼亚州三千万选民却不够重视,这是有问题的:首先,他认为爱荷华州对自己的选举很重要,重要到有时候会一整年泡在那里;其次,如果当选,他日后也必须要去那里兑现他当初承诺的政策,就像中国人要去庙里"还愿",因为当初向菩萨许过愿——否则,你就等着 4 年以后付出代价吧,不兑现承诺就难以获得下一次的投票！换句话说，你加利福尼亚州人口再多，也只有 2 票（参议员），我爱荷华州再小，也是 2 票（参议员），秤砣虽小压千斤呀。

胡展奋：因为向小州的利益倾斜，听说美国的选举制度优先安排小州的总统初选？那样的“优先”，是如何影响选举的？若说给候选人带来某种优势，那优势又何在？

张　军：我们中国的文化传统推崇“后发制人”，美国不行，美国的选举极其讲究“先发制人”，先发制人，后发制于人。前不久，特朗普宣称美国的选举制度是一个被篡改和被盗窃的选举制度，这个说法我认为是非常不准确的，而且事实上他正是得益于这个选举制度的。

要知道，美国的选举并不是联邦政府举行的，而是每个州自己举行的，而且小州优先初选也是公认公允的。所以，作为特朗普可以指控每一个州欺负他特朗普，要窃取他的选举结果，但是他不应该谴责中央政府，因为中央政府完全介入不了这场选举。

在加利福尼亚州，如果 11 月 8 日希拉里·克林顿在加利福尼亚州获得了五百万零一张的票，以一票之差击败了特朗普，那么她就获得了加利福尼亚州全部 55 票的选举人团票，她在加利福尼亚州的选举获得了胜利。也就是说选举人团的代表本身没有意志，是加利福尼亚州所有选民的选择促使选举人代表加利福尼亚州投希拉里 55 票。这叫赢者通吃。

也正是因为有了这个选举人团制，造成美国政治现象与西方其他国家有所不同，有时会出现普选票数更少的候选人成为美国总统，这在历史上曾多次出现。最新的一个例子就是小布什与戈尔的那次选举，在佛罗里达州发生的事情。佛罗里达州有 29 票的选举人团票，这也是一个重要的州。因为当时佛罗里达州使用的选票机器比较老旧，是打孔式的，填好以后需要压一下，在候选人名字部位穿孔。由于机器太过老旧，有些选票的穿孔不完全，导致一共有 537 张选票不能确定结果，于是，这个官司一路打到了联邦最高法院。

当时，联邦最高法院的9名大法官有5人支持小布什，表决结果不用重新计票，这537票都归小布什。正是因为有了这537票，小布什拿下了佛罗里达州的胜利，最终赢得总统宝座。后来有政治学者统计了当年全体美国人的投票情况，按一人一张选票计算的话，戈尔一共比小布什多了五十万选票。就是说在那一次选举中，更多的美国人是投了戈尔的选票，但是因为选举人团制度，戈尔是输掉了选举人团的票。于是有人质疑，这还是不是民主的真谛？民主不是多数人说了算吗？这是希腊式的民主还是罗马式的民主？难道佛罗里达州那537名退休老人一定比加利福尼亚州的律师聪明？他们的票为什么那么重要？

选举人团制是美国总统选举制度中一个重要组成部分，对于这个制度，目前还是有争议的。这个制度诞生之初，美国只有13个州。当时的制度订立者并没有预测到如今会发展到50个州，今后这个数字可能还会有变化。但是当时大家还是有共识，就是美国国土会继续向西南扩大。考虑到州的数量会扩大，那么为了公平，每个州都设置2名参议员，无论人口多寡。同时，在未来的联邦体制里面体现州的影响力。这个州的影响力不一定是人群的影响力，因为州有大小，选举制度需要考虑人口数量、经济影响力，但是这个影响力并不是绝对指标，对于人口少、经济影响力也小的州的影响力，反而要提升。

还是举加利福尼亚州和阿拉斯加州的例子，加利福尼亚州有三千多万人，GDP很长时间超过整个中国；而阿拉斯加州靠近北极圈，经济影响力在美国可以忽略不计，人口只有七十多万，常年冰天雪地。如果比较这两个州的实力，差距是非常大的。如果没有选举人团制度，就是人口数量的巨大差距。现在有了选举人团制，那么两个州各有2名参议员和至少一名以上众议员。55票对3票，与三千万人对七十万人比起来，比例已经缩小了差不多一半，因为有了选举人团制，阿拉斯加这个小州的影响力得到了提升。同时由于选举人团制，当选美国总统只需赢得超过270票的选票，这样一来，3票的分量变得非常重要。就是以这样一个方式，一个实力弱小的州的影响力扩大了。

另外，之所以说特朗普指责联邦政府要盗窃他选举结果的指控是有问题的，原因还在于美国总统选举的主办者并不是中央政府，而是每个州。为了让实力相对弱小的州进一步提升他们对总统大选的影响力，美国有一条法律：允许每个州自行决定党内初选的日期。事实上，这个日期的安排非常重要。50 个州的初选日期不能安排在同一天，爱荷华州是一个农业为主的州，每一次的总统初选日期定在 1 月份，而加利福尼亚州的初选日期定在 6 月份。对于每一位总统候选人来说，首次亮相即能表明自己的竞选纲领，孙子兵法讲首战必胜就是这个意思。初选的几个州的选情直接关系到选民们对候选人的信心。

拿下一个州很重要，靠的是什么？就是选票和钞票。但是跟很多媒体报道的不一样，竞选的经费并不是你想花多少都可以，事实上，美国人给候选人的捐款是有限制的，一个候选人从一个募捐者那里取得的经费是有上限的，这个上限为 2 700 美元。因此，在竞选过程中候选人还需要通过各种活动来为自己筹集竞选经费。

我给很多中国官员上课时，他们问财富对于选举的影响力，是不是富人和大企业会影响到选举结果？不可否认，财富的影响肯定是有的，一般人没有能力募集几十个亿的美元参加竞选的。

2012 年，我有幸参加了习近平主席访美时唯一一场华人华侨欢迎晚宴，我坐在距离他很近的位子，当天他胃口很好，一直把甜点吃完才走。晚宴结束，习主席还专门来跟我握了个手，说张律师你辛苦了，今天主持得非常好。

当然这是我个人的荣耀。那次习主席访美一共去了三个地方，第一站是华盛顿，第二站去的地方就是我提到的爱荷华州。当时是 2012 年的冬天，那里正好是冰天雪地。当时很多中国媒体说，习主席之所以要去访问爱荷华州，是因为多年前他在河北正定担任县委书记时，曾跟随一个中国农业代表团去过这个州，与曾经访问过的当地农民结下了深厚的友谊，这次去想要看看他们。我认为这是一个很好的公共外交策略。而更为重要的是，当时爱荷华州刚刚完成民主党和共和党的党内初选。当时奥巴马有一个政治伦理，就是如果在任总统要连选，党内不会竞争参选，所以，当时奥巴马在党内是没有对手的，除非他有重大丑闻曝光。而作为在野党的共和党来说，当时有一二十人跃跃欲试，最后罗姆尼胜出。

刚完成初选时结果尚未出来，但是这第一站对于两党来说都至关重要。对于当今的美国政治体系来讲，已经没有远见卓识的政治家，代替他们的是电脑、统计学家、高端技术人士。所以，现在的美国选举已经是高度的技术化，运用的是数学模式，每一个选举人的一举一动、说的每一句话都有大数据来分析，在我看来现今的美国大选是由一批技术员在操作，这些技术人士会告诉你，对什么人群该说什么话、使用什么动作。而这些技术人员很多时候会出错，准确率并不高。

另外，爱荷华州的选民何德何能，他们做的决定有多大的正确性？所以，所有的选民生来是不平等的，这是一个残酷的事实。

有人统计过共和党在爱荷华州的初选，一个候选人如果能获得一万张爱荷华州农民投你的普选票，基本就能进入第一梯队，一旦进入第一梯队，你就有可能最后拿下候选人的宝座，就有可能成为有争议的大半个世界的总统。但是你只需说服一万左右的爱荷华州的选民，而不是三四千万加利福尼亚州人或者纽约人。农民是有智慧的，这个我们不能否认，但是智慧高到一定程度吗？一定比洛杉矶的张律师智慧高吗？不一定。

所以，我在书里写到，美国的白领也好，蓝领工人也好，他不怕当官的，因为一个想要当上美国总统的候选人，他在成功之前必须花好多个月与每个人沟通，取得他们的信任，因为他想要他们的选票。他在爱荷华州要争取的选票并不多，只需一万左右，这是什么概念？就是这个候选人要在爱荷华州摄氏零下十度的天气中，一家一家去拜票，因为如果你不做，其他 20 个如狼似虎的候选人，他们会做。作为一名爱荷华州的选民，人家都上你家来拜票了，你是不是更愿意投他一票？

而在加利福尼亚州的情况不同，想象一下，要跟三千万人每人握个

向安纳伯格庄园(习奥会会址)赠书

手要花多少时间？而在爱荷华州，你必须这么做。所以，每到一个四年的选举周期的时候，在爱荷华州就会出现一个奇景：一群二三十个甚至四五十个人，其中一名可能会是下一届美国总统，拿着一个热气腾腾的咖啡壶，一家家去上门拜票，去拥抱妇女、亲吻孩子，接受农民老大爷的指点：如果你当上了总统，我认为你应该怎么怎么做。是的，你讲得特别对，我一定按照你的方法去做。候选人往往这么回答。所以到最后，老百姓谁也不怕总统，而是等着总统候选人上门，去指导他将来的工作。

因此，别的国家的领导人到了美国想竞选总统还真不一定行，不是政治智慧不够，而是身体不行。在美国，竞选总统是一个体力活。

希拉里·克林顿、特朗普都七十岁的人了，在竞选周期的两年时间中，每天马不停蹄，每天只睡三四个钟头，一站到一站，大概一天也吃不上一顿囫囵饭。虽然交通有飞机有车，但是试想一下，每天这样高强度的行程要坚持两年，三四十岁的中年人都未必能撑下来，所以，竞选美国总统，没有一定的意志还真是不行。再加上竞选成功的概率是50%，很有可能这两年都白干了。

第一站爱荷华州选完，下一站就是新罕布什尔州或者宾夕法尼亚州，等你到那里会发现，相当一部分人刚结束爱荷华州的战役就被淘汰了，其中相当多的人是得了重感冒，试想一下，在那么冷的地方，每天在外面晃，握一万多双手，拥抱一万多个人，能不生病吗？

所以特朗普一再挑战说，希拉里·克林顿的身体不行，身体素质确实是对美国总统候选人的要求。但是事实证明，经过三场辩论以后，大家普遍发现反而是特朗普身体不行，作为一名女性，希拉里三场都把他搞成这样。按理说，希拉里也是上了年纪，照理身体没有那么好，她为什么这么精力旺盛？我建议她接受药物检查，检测下是不是服用了兴奋剂。

总而言之，就选民来讲，小州和大州的选民是不同的，也不是所有的美国人是生而平等的，美国的选民生来是不平等的。起码在加利福尼亚州的选民地位一定不如爱荷华州的选民，决定一位美国总统当选的选票，很多时候不是来自加利福尼亚州，或者纽约州这样大州的选票，而是来自选举的摇摆州。

摇摆州的概念是什么？就是你到加利福尼亚州去，共和党人去一万次也可能改变不了加利福尼亚州人不投共和党人选票的事实。而在摇摆州，如果你这位候选人来得多，跟选民承诺得多，更多地向选民宣传，选民就有可能投你的票。这就是所谓的在两党之间摇摆的选民。

观察近几十年的历次美国总统选举，你就会发现，美国是一个高度分裂的社会，无论是民主党还是共和党都有一群死忠的人，不管你说什么，他都不会改变想法。一个人胜选的决定因素来自中间选民，而这个群体的数字是逐年减少的。在30年前，大概有10%多的人是中间选民，也被称作钟摆。这群人的数字目前已经减少到3%的样子。所以美国社会是一个高度分化的社会，一位美国总统上任，他获得的是差不多一半选民的选票，还有另一半人是不喜欢你的，所以，在制定并推动施政时就要面对这样一个现实。综上所述，美国先贤对制度的设计，重点是强调地方分权，而不是中央集权，其宪政理念是把权力下放到各州，并保证大州、小州在联邦层次上权利平等。例如，美国参议院权力比众议院更大，但参议员的产生，和州的大小、人口多寡毫无关系，而是硬性分配，每州2名。加利福尼亚州人口是罗得岛州的60倍以上，但这最大和最小两个州的联邦参议员人数完全一样。美国建国之初那些小州同意加入联邦，条件之一就是保证它们和大州有平等权利，并实行"选举人"制度。"选举人"制度符合一人一票、多数当选的民主原则，只不过不是以全国人数为"单位"，而是以"州"为选举单位。这个多数，不是全国范围的"多数"，而是每一个州的选民多数，这样更能保护小州的权益。这种制度迫使总统候选人不能只看重几个大州，而是看重每一个州，在每一个州获得多数选票。而如果实行全国按人头计票方法，那么几个人口众多的大州联合起来，就有可能操纵选情。例如，美国最大的7个州(加利福尼亚州、纽约州、得克萨斯州、宾夕法尼亚州、佛罗里达州、伊利诺州、俄亥俄州)人口加起来，相当美国总人口的一半。如果实行全国普选票制度，那么总统候选人只需在这几个大州拉票，不必再光顾像罗德岛、阿拉斯加那样的小州了。全美只有3张选举人票的小州有7个，4张的有6个；如果不硬性每州分配2名参议员以及实行"选举人"制度，这些小州的权益一定被大州吞没。罗得岛州人口虽只是加利福尼亚州人口的60分之一，但选举人票却是加利福尼亚州的18分之一，这样就在某种意义上保护了罗得岛州的权益。因此"选举人"制度不仅符合美国的联邦制国情，更体现民主的原则：服从多数，尊重少数。这种"选举人票"制度有点像NBA篮球赛，它不是按各场赢球总积分(相当于全国按人头计票)，而是以赢得的场次多少(相当选举人票的每个州)来决出胜负。也就是说，NBA一个赛季打下来，总共82场，它不是累积计算每一场赢的分数，而是以每"场"为计算单位，赢得最多场的，就是赛区冠军。这样计算更体现这个球队的真正总体实力。

胡展奋：选举人团制度的作用如果仅仅是保护了小州的利益，似乎还不足以说服人。有人说，它更多的时候有“摆设”和仪式之嫌，您怎么看？

张　军：它当然还有其他积极作用。所以我不认可“摆设”的说法。

我们刚才谈论了它的第一个作用是“保护小州利益”，“选举人票”制度的第二个好处是，可以通过赢者通吃的方式，一次到位产生总统，而不会像其他国家那样，第一轮总统选票没过半，再第二轮选举。因为只要有第二轮选举，就容易有政治分肥和交易，会扭曲选民意向，被迫把选票投给其他候选人。美国实行“选举人”制度200多年来，一次由于两位候选人的全国选举人票相等，另一次是三名候选人平分票源，没人过半，而由众议院投票在候选人中选出总统。按照美国宪法，众议院投票做这种仲裁时，并不是435名众议员全部投票，而是以州为单位，每州一票，过半获得26州的票才能当选总统。这种规定再次显示对小州权益的保护和重视。美国200多年来只有两次由众议院票决，意外率不到1%，证明“选举人”制度相当有效。

选举人团制度还有一个好处是，可以立即产生总统，而避免全国人头计算选票，清点到每一个村镇的每一张选票，使总统长时间无法产生。上次美国总统大选时，佛罗里达州的几个郡重新点票，就要几个星期，如果普选票数相当接近，必须重新清点全国的选票，一直到每个村落，那么全美50州都这样计票，总统恐怕要几个月才会产生。而总统产生的时间越长，越容易出现政治不稳定，因为那些政治家就会动脑筋钻这个时间差的空子。

说选举人制度是“摆设”无非是指它“赢者通吃”的规则，认为只要谁赢了一个州的普选，所有的选举人票便跟随赢者，也就是“通吃”，殊不知这样的“通吃”是有前提的，也就是必须先赢得该州多数选民的拥护啊！

持“摆设”论者恰恰没有看到更重要的一招是：实行“选举人”制度，赢者通吃，会在选举当天立即产生总统，败者承认落选，赢者发表当选感言，选举就算结束。中国老话常说“夜长梦多”，这种投票之后马上计票，连夜计算选举结果的方式，可以避免由于“夜长梦多”而可能带来的政治纠纷。根据哈德维教授的研究，美国实行“选举人”制度这200多年来，“几乎每次都是立即产生总统，小布什与戈尔的那次选举纠纷是历史上少有的例外。”而且在实行这个制度的200多年中，只有4次(包括戈尔那次)出现候选人在全国普选票中领先，但由于输了选举人票而落选的情况；等于两个世纪才出现4次，频率极小。

在我看来，选举人团制度的第三个优点是“大树底下小树少”，是“头胎为大”的古老法则的现代演绎，因此使这个国家不会产生众多小党，也使宪政制度比较稳定。美国建国200多年来，一直是两大政党轮流执政，而不是像其他民主国家那样有很多小党，这和美国一直实行“选举人”制度有直接关系。由于选举人制度是以“州”为“计票单位”，而且又是实行“赢者通吃”的游戏规则，赢者囊括所有选票，因此，使得票第二多、第三多的候选人毫无所获。每个州的选举结果只有一个赢家，没有第二、第三，这样就不会产生小党，更无法产生政党比例制的多党制。

胡展奋：政党过多，尤其是实行政党比例制的多党制，两个小党就可以联合起来对抗一个没有过半数的大党，或者多党联合执政，结果容易导致内阁不稳定，选举频繁。我看材料，发现被称为“世界上最大民主国家”的印度，也是由于政党比例制而小党“丛生”，目前国会有席位的政党就有30多个。1998年4月印度人民党在全国大选获胜，由于席位没有过半，只好联合其他多个小党组阁，但执政仅375天，就因其中一个仅有18席的小党内讧而被不信任票投垮，导致印度不得不提前大选，印度人民党靠联合24个小党才在国会席位中过半得以再次组阁。

张　军：就是啊，美国实行“选举人”制度，就使小党没有多大存活空间了，两大政党轮流执政，不存在多个小党联合起来投不信任票而结束内阁的现象。总统因触犯法律遭弹劾，副总统则继任，不存在必须解散内阁、提前全国大选之事，从而使政局稳定。任何一种选举制度都有它的不足之处，但从“选举人”制度实行 200 多年的历史，以及它的特点来看，它虽有缺点，但更符合美国联邦制的国情，更体现民主原则。因而对那些嚷嚷着废除“选举人”制度的美国人，哈德维教授感叹地说，“这一制度在过去 200 年里一直很奏效，美国人都被惯坏了。”

所谓的“摆设”论、仪式论倒常常也让我想起一个典故，春秋时期，孔子的弟子子贡原是卫国的商人，姓端木名赐。有一次他问孔子怎么看自己，孔子说他是个器。他问孔子自己是什么器，孔子说是瑚琏之器。虽非全才，但也是可重用的专才。那么，瑚琏是什么？一种祭器，也就是重要“摆设”，但请不要看轻这“摆设”，它是宗庙用来盛放黍稷即小米、黄米而供奉大礼的，绝非一般的盛食器，而是上至周王、诸侯，下至卿大夫，置于大堂之上、宗庙之中、黄泉之下，极为尊贵、超绝华美、实有大用，因而可以和大鼎相配而且同用的，只是尊贵稍次，是国家世代享有、须臾不离并永远流传的大宝礼器。

对美国来说，选举人团制度就是国之重器啊！

胡展奋：没错，说到子贡，孔子人生所遇最大的危机、最大的考验莫过于陈、蔡之间的被围，孔子和弟子们穷困至极，不但无法行动，更严重的是断粮了，跟随的弟子或饿得起不来或是病倒了。为此，连子路都发脾气，子贡也脸色难看，别的弟子就更是满怀怨恨。于是，孔子派子贡到楚国去寻找出路。好一个子贡竟不辱使命，凭他三寸不烂之舌，成功地说服了楚昭王，楚王旋即派兵去迎孔子，终于挽狂澜于既倒。按《史记·货殖列传》的记述，孔子死后，子贡在外交上又取得了更加辉煌的成就，他的敏捷的才思、滔滔的辩才再加上雄厚的财力，所到之国，诸侯无不待之上宾。今天总算把“选举人团制度”谈透了，如果我们回到“小州”的议题，您刚才提到习近平主席当年访美期间专程去了偏僻的爱荷华州，难道此举也和美国的选举有关吗？

张　军：那当然没有直接的关系，但是也间接体现了对奥巴马政府的支持，因此而与中美关系有关。

因为大多数的人概念是，例如加利福尼亚州、纽约州这些大州，人口多、GDP 数字大，那么他们对于美国政治的影响力也是同等重要；而那些人口稀少、经济欠发达的小州则是人微言轻。而事实上并不是如此。

习近平主席访美期间为何去了偏僻的爱荷华州？我个人觉得看望他当年的老朋友固然是一个重要原因，但作为一名大国的领导人，这肯定不是最重要的原因。

就中美关系来讲，有一块重要的压舱石，那就是六千亿的贸易量，这个贸易量使得中美形成了你中有我、我中有你的格局。虽然在中美贸易关系中有着矛盾和问题——人民币问题、贸易赤字问题、双反问题等，但是中美的农业贸易却一直是美国享受顺差的一个重要部分。这个顺差来自哪里？就是包括爱荷华州在内的美国中西部的农业州。因此，习主席去了那里，除了签订了一系列中美农业的协作协定外，还邀请了爱荷华州的州长和他的那些人民去北京和其他省份访问呢。

您看，爱荷华州的农民们很重要吧，美国中西部那些地理位置偏远、人口稀少、GDP 又不发达的小州真的很重要。全世界的人民都看着他们，他们要是胡乱投票，胡乱搅局，美国就有可能倒霉。

总统竞选的经费从哪里来？

胡展奋：您觉得美国的选举人团制跟英国的选举制度有什么区别？

张　军：美国的选举人团制是所谓罗马式的民主，英国的选举制是希腊式的民主。什么叫希腊式的民主？当时希腊有很多城市国家，要决定一个事情，就在广场上开会，然后少数服从多数，这是希腊式的民主。而罗马式的民主，是代议制的，选民选出社会精英，精英组团管理国家，是谓“代议制”。在美国，选举投票的结果是选出代表，由代表再去投票选总统。因此，在美国很难产生如欧洲国家脱欧这样的事情，因为每一个政治决定并不是老百姓直接投票产生的，而是经过了一层缓冲和过滤。否则的话，现在科技这么发达，大家装一个app，每个人按一下就能决定国家大事了。那样的话，就容易变成实际上的无政府主义。

因此，欧洲国家的历史和文化跟美国的不太一样，美国既考虑到每一个州的发言权和利益，同时也考虑每一群人的发言权和利益，但同时又对普通的选民表现出一定程度的“理性戒备”，需要一层过滤网（选举人团制度）来筛选，由社会精英再来做重大决策。

胡展奋： 不过我，包括很多国人都一直感到好奇的是，美国总统竞选的经费究竟从哪里来？主要花在什么地方？

张　军： 这话说来稍微有点长。美国总统竞选的经费花去了哪里是显而易见的，那就是竞选广告，要购买电视的时段、报纸的版面，记得

在居民家中的筹款会

当年奥巴马和罗姆尼对决,双方阵营在竞争最激烈的佛罗里达、俄亥俄、科罗拉多等州,分别投放了 3 900 万、2 800 万、1 500 万美元的电视广告,排山倒海、铺天盖地的轰炸式宣传让科罗拉多一名 4 岁的小女孩哭着说自己真正是受够了选举;另外,要在 50 个州建立竞选基层机构,在社区建立支部。所有的工作人员要支付工资,这些都需要花钱。目的是让更多的人喜欢你,实际上是让更多的人不喜欢你的对手。所以,广告的内容大多为竞选对手的丑闻和阴暗面。从这个方面来说,美国民主的真谛是什么?是以贪婪制约贪婪,我想让你不好,你也想让我不好,最后咱们俩都不敢不好。是这样一个体系。

至于竞选经费的来源,有几个方面。首先前文所述选民募款的上限是 2 700 美元,这是其一,这个钱可以直接用于竞选行为;另外就是给民主党和共和党的两个机器捐款,这部分是没有上限的,但是这部分经费候选人无法掌控,而是由党主席来分配使用。打个比方,如果现在选举大势已定,希拉里当选无疑,而选举还没有结束,那么,共和党主席就要规划这笔经费不要再浪费在特朗普身上了,还是要支持党内其他候选人能进入希拉里当政的国会,以便未来能制约希拉里,这是第二部分。

第三部分的来源就比较复杂,在美国联邦最高法院有一个判决。美国有一个民间组织,名字叫 Citizens United,公民联合,它上诉美国的企业和美国的组织应该享受所谓宪法第一修正案言论自由的权力,也就是这些企业的捐款或者是称作超级政治行动委员会的捐款不应该受到上限的影响。最高法院做出判决:大公司、大企业和超级政治行动委员会的捐款和用款是没有上限的,但是有一条,这些行动委员会不能跟总统候选人之间协调立场发生直接关系,否则就会变成选举人自己的选举机器了。

所以,选举经费来源有三大块,有人估计今年的选举可能要花掉 50 亿—100 亿美元左右,换做人民币大约是 300 亿—600 亿的人民币。

胡展奋: 每次总统候选人竞选时所做的承诺,到最后会以什么样的方式去兑现？

张　军：兑现这些承诺的方式我认为有这样几种：一个就是彻底的兑现，比如说奥巴马上台前承诺要实行全民健保，他说美国这样富裕的国家还有几千万人没有全民健保，这样不行，后来他做到了，而且是极大地兑现了。也有没有兑现的承诺，例如移民政策，他的理由是国会作对，因此胎死腹中，而我是做了很多努力来推动的。有些是彻底兑现不了，例如他承诺要关掉在古巴的关塔那摩基地，就是虐囚的基地，他说对美国的形象不好，到现在也没有实施，这个事他是彻底没有兑现。

所以无非是这样几种方式，美国老百姓也习惯了这样一个政治体系，如果你努力了，兑现了承诺，很好；你努力了没有成功，责任也不在你。在竞选时所做的承诺更多的意义是赢得人心。

胡展奋：一直想知道，在整个选举的过程中，有没有军队的影子？美国的军队在这个后面有没有起到微妙的作用？若有，则是多大的作用？

张　军：美国军队的作用是：零。

美国的宪法明确规定，美国的武装力量不能在美国国内使用。这个规定也一直引发很大的争议。美国号称自己有强大的武装和国防，而在美墨边境，面对手无寸铁的非法移民，谁也没有办法阻挠他们进入美国。美国的军队不能用于美国的移民管控，不能用于任何国内事务，它必须只能用于对外作战和保护国家安全。所以美国的军队永远是国家的军队，对于两党的战争，军队不能有任何态度，支持谁或者不支持谁，这一点非常明确。至于在美国国内，有一些武装力量，被称为国民兵——比如国民兵的成员平时是上班的，一般在周末或月底的时候去参加活动，相当于民兵，遇到灾害，诸如地震、抢险，国民兵会发挥作用，但是作为武装力量，他们也是不能参与到政治中的。军队的成员可以投票，但那是他个人的行为，军队长官不能发令让士兵今年都投票给希拉里，那是不可能的。

美国的选举制度有没有生病?

胡展奋: 有人说这次特朗普与希拉里的选战,是骗子和疯子间的竞争,美国的选举制度有没有生病?

张　军: 美国的选举制度究竟有没有生病,这个问题我们也讨论了很多年。

对于选举人团制度而言,有人认为它是顺应美国国情的,有人认为它有点矫枉过正,结果是农民的利益得到了更多保障,而普通律师的利益反而被忽视。至于这次的选举,我认为选举结束以后,尤其是共和党需要检讨,否则这个党很可能被边缘化,将来永远也夺不回白宫。

至于美国的选举制度是否需要改革,大家也呼吁了很久,很多政治学者觉得这个改革势在必行,但是目前遇到的障碍也不小。现行的两党体制,自身的惯性非常大,就是这两党平时斗得不可开交,但是一旦有第三势力要挑战两党势力的时候,他们立刻结成统一战线,把第三势力灭掉。特朗普这次出来参选,表面上他是以共和党候选人的名义,更多的人宁愿相信他是独立的,因为他的理念既非共和党又不是民主党,更多的人认为他是一个真实意义上的独立候选人。所以将来大家会看到,他将面临的不仅是来自希拉里的民主党阵营的攻击,更多的是来自本党体制内对他的掣肘。

所以最终还是会由选民来决定采用何种政治体制。而这个体系是如此庞大,改变它可能需要很长一段时间。比如在很长一段时间里,美国人认为自己自由民主的权利很强大,而在 9·11 爆发后,美国老百姓意识到,必须要牺牲部分人权来换取安全保障,加强机场、安检、监控、监听等措施,这就是在人权和国家利益之间不断地寻找平衡点。至于此次美国总统选举是否是史上最糟糕的,我认为还需要观察,历史上美国有 40 多位总统,里面有好有坏,有的是非常糟糕,比如“中国人民的老朋友”尼克松,很多美国人就认为他是一个非常糟糕的总统。

本次选举中还有一个敏感问题：能源。两党的能源政策基本都是传统政策：共和党主张石油开采，他们觉得美国应该更多地开采国内的石油资源，减少对中东石油的依赖；而民主党的政策是清洁能源，石油被认为是一个不环保的能源，民主党甚至认为现在页岩气的开发事实上增加了石油的产量，对环境造成很大的影响。所以相比较而言，可能还是共和党的政策更有利于石油产业发展。

胡展奋： 刚刚我们讨论了美国大选是否是病态的话题，看来，"病"是有的，但还能"带病延年"。不过，如果要进行选举制度的改革，您认为改革的前景会如何呢？

张　军： 选举改革的前景嘛，可不是一件容易的事。据《华盛顿邮报》与哈佛大学 2007 年的联合调查，72%的美国选民认为选举人团制度已经过时，希望将总统大选改为直接选举。但政界对制度改革的热情则远没有这么高昂。在主张维持现状的人中，一部分是因为前述的种种理由，不过更多人还是出于利益上的考虑：摇摆州议员自然巴不得本州获得尽可能多的政治资源，但一部分非摇摆州的议员则不希望本党在州里的绝对优势因为制度变更而遭到削弱；一些民主党议员担心，由于美国选民整体上偏向保守，总统直选将对保守派的共和党更为有利；而一些共和党议员则担心，少数族裔人口的迅速增长，会让更受少数族裔青睐的民主党在直选制中势不可挡。各自有不同的想法，难以达成一致，事情也就推动不起来啦！

由于"选举人"这一制度是明确写在宪法里的，而修宪的门槛又实在太高，需要在参众两院分别获得三分之二多数通过，因此历史上多次修宪废除选举人团制度的动议，都仅仅因为少数议员的抵制便胎死腹中。其中最接近成功的一次是 1969～1970 年，修宪动议在众议院以 339∶70 的绝对多数得到通过，并获得总统尼克松的背书，但在参议院却遭到了 36 名参议员的集体阻挠议事，最终未能交付表决。这些参议员主要来自支持种族隔离的南方各州，本来就对当时民权运动席卷全国之势深为不满，自然担心若实施直选，南方州在大选中的权重会被大大蚕食。

修宪之路难如登天，主张改革者只得另辟蹊径。2001 年，美国西北大学法学院教授罗伯特·贝内特提出了一种新的思路：既然宪法允许各州自行决定如何产生选举人，那么改革派完全不必触动宪法，而可以通过一个“全国普选票州际协议”来改变各州选举人票的分配方式，让这一制度名存实亡：一旦加入这一协议的各州选举人票达到 270 张，该协议就会启动生效，把所有这些选举人票全部给予全国普选得票最高的候选人。这样一来，候选人只要在普选中获胜，就能自动获得全国半数以上选举人票，从而当选总统。

这个协议看似简单，却在法律效力上存在两个可能的障碍。首先，1965 年《选举权法案》规定，对于某些存在长期种族歧视历史的州、郡，其选举方法上的任何改变都要事先得到司法部的核准、确定不会侵害少数族裔的投票权之后，方能生效。

其次，根据宪法相关规定以及最高法院的司法解释，若一项州际协议扩大了州权、削弱了联邦政府的权力，则必须由国会投票批准后方能施行。“全国普选票州际协议”是否属于这一类，是一个有争议的问题。多数人认为，选举人票如何分配本来就属于各州权力范围内的事务，因此这一协议并没有扩大州权；但也有人认为，既然这个协议肯定会深刻改变联邦政府的政治生态，就理应在生效前得到国会的批准。不过话说回来，就算后一种意见最终占了上风，由于批准协议只需要简单多数票即可，比三分之二票的修宪门槛低得多，因此到时候该协议获得国会批准是有望的。

自“全国普选票州际协议”的思路提出以来，已有 11 个州连同首都、共 172 张选举人票加入了该协议，纽约州(29 票)与宾夕法尼亚州(20 票)的议会目前也在对此加以考虑。但是美国毕竟有 50 个州，乐观估计的话，或许再过二三十年，“摇摆州”等美国大选特有的概念，会渐渐成为历史名词的。

不过蛋在没有孵成鸡之前，是算不得鸡的。

移民，移民，移民

——特朗普的移民新政

移民，移民，移民。“移民”两字是火山，是炸药，特朗普一提“重整移民政策”，媒体就炸锅，鸣镝所向，各个族裔都为之惶惶不安。

早就想好，这个话题是非和张律师聊聊不可的。为什么？为什么世界各地的人都要背井离乡，殚精竭虑地奔向美国？美国真是天堂？如果不是，那又为什么把不是天堂当作天堂？是为了先辈的梦还是自己心造的一个梦？

梦醒的潮水一样退出，织梦的仍然汹汹而来。夏秋之交，与张军夫妇乘坐列车共游著名的“太浩湖”，通往太浩湖的正是数万华工用生命铸就的“美洲大陆铁路”。车轮滚滚，抚今追昔，窗外美景如画，我们的对话在内华达州的雪山与森林间进行。

华人移民血泪史

胡展奋：移民话题如此热爆。一直想知道，最早到达美国的中国移民是些什么人？什么时候？

张　军：（语态沉重）华人移民美国的历史已快200年。美国建国也只有240年时间，可见华人移民之早。19世纪初期，数以千计的美国人，越过阿帕拉契山向西移动，有些开拓者移居到美国的边界，甚至深入属于墨西哥的领地，以及位于阿拉斯加与加利福尼亚之间的俄勒冈。

开拓者勇敢、勤奋地向西寻求更好的生活时，也涌现了华人的身影，但那时人数非常少。

胡展奋：只知道1620年“五月花号”大帆船上的102名乘客是第一批移民，那份象征着“殖民地自治体”诞生的《“五月花号”公约》使他们成为现代意义的移民。有一句话是怎么说的？通过这艘船，你可以了解美国；你想了解美国，必须通过这艘船；如果你不了解这艘船，那么你还不了解美国。

张　军：没错。谈美国移民与美国精神，不能不谈到当年的这艘三桅杆货船。不过这还不是成熟的美国，虽然这份公约成为美国日后无数自治公约中的首例。事实上，美国以移民立国，自此以后的150年中，陆续涌来了无数的殖民者，定居于海岸地区，其中大部分来自英国，也有一部分来自法国、德国、荷兰、爱尔兰和其他国家。直到18世纪中叶，13个英国殖民地才逐渐形成，这是早期的美国移民史，而华人的移民，历史上有两次大浪潮。

第一波从1820年代到1880年代，直到联邦法律限制中国移民才停止。

这段历史恰好是满清政权由虚弱而急剧地向衰弱下坠的过程，鸦片侵害国体如火如荼，鸦片战争一败涂地，太平天国横扫江南，内忧外患，使当时的国民把避难的眼光第一次投向海外。记录显示，这期间近30万名中国移民进入美国，尽管历史学家估计其中约有一半的华人最终还是回到了中国。

如果换作你，一方面是美国西海岸在加利福尼亚州疯狂的淘金潮中惊天崛起；一方面却是频繁的杀戮与战乱天天在身边发生，你若有机会当作何选择呢？许多讲广东台山话和广州话(即标准粤语)的贫困华人便从珠三角移民来到美国，当时的生计主要就是修建铁路。对他们来说，家乡不仅是“贫困”二字，而且是无处不在的兵祸与虐杀，相比之下，他们情愿为预付金签下往美国长期劳动的合同。1868年美国和大

北美铁路最后一棵道钉处

清政府签订《中美天津条约续增条约》(又称《蒲安臣条约》),其第五条款规定华人愿常住美国或入籍,皆须听其自由不得禁阻。此条约为美国来华招揽大量华工开方便之门。

胡展奋:但华工在美国的生计同样很艰难,建造这条铁路死了大量的华工。不是有种说法吗,“每根枕木下面,都有一具华工的尸骨”?

张　军:华工为这条铁路付出的代价的确非常巨大,但在美国铁路史上却默默无闻,因而被叫做“沉默的道钉”。没有华工,确实就没有美洲大陆铁路!

胡展奋:“沉默的道钉”的说法非常有名。愿闻其详。

张　军:我们都知道,穿越北美大陆,全长 3 000 多公里的美洲大陆铁路(又名太平洋铁路)是世界第一条跨州铁路,也是世界七大工业奇迹之一。

我们现在难以想象，在铁路修建设之前，一个美国人从纽约到旧金山居然需要乘船绕道南美洲，最短也要6个月。

我研究过华人移民史，在美国移民当局的正式记录中，1820年是第一个中国人到达美国的年份。从1820年到1840年的20年间，居然只有10多个中国人到达美国。而在19世纪60年代短短几年间，竟有近十万人涌入美国。究竟是什么原因在短时间内，让那么多的中国人不远万里移民美国呢?

显然，你想进入而别人不开门是无法进入的。

事情显然和1862年美国总统林肯签署了《太平洋铁路法》有关，该法案授权联合太平洋铁路公司和中央太平洋铁路公司修建一条横贯美洲大陆的铁路干线，东起内布拉斯加，西迄加利福尼亚西海岸。

两家铁路公司都想加快建设速度以获得更多的利益。当时，铁路的建设速度，在相当程度上取决于能否找到吃苦耐劳而高效的筑路大军。联合太平洋铁路公司运气很好，承建的东段工程多为平原地区，而且有密西西比河作为运输动脉，工程进展相当顺利。但是，中央太平洋铁路公司承包的西段工程所经过的加利福尼亚州塞拉岭和内华达州一带，高山峻岭绵亘，地形复杂，气候恶劣，塞拉山区冬季常有暴风雪，沙漠地带夏季干燥炎热，施工条件异常艰难，不少白人工人应聘后经受不了恶劣的条件而纷纷离去。开工两年后，中央太平洋铁路铺轨尚不足50英里。于是他们想到了华工。

胡展奋: 开工两年才铺设了50英里？当年美国铁道工程的效率之差真是难以想象。美国是世界铁路规模第一的国家，这个国家的铁路总里程最高峰时为41万公里。1916年后进入拆铁路阶段。目前拆剩23万公里，仍然遥居世界各国铁路网规模第一。

当然，中国现在也不差，近年来大建铁路，目前总里程近12万公里，跑到了世界第二。值得关注的是它拥有2.2万公里高速铁路，基本上是客运专线，实现了东部、中部、西部和东北部四大板块的高铁互联互通，长三角、珠三角、环渤海等城市群高铁已经联网成片，现在的高铁里程占了世界的60%，也就是说，不仅稳居第一，而且比第二名及以后所有国家之和还要多。至少这个高铁，把美国远远地甩到了后面。回看当年，1869年的中国是什么模样？1860年英法联军刚刚烧了圆明园，两年后就有几万名华工去了内华达造铁路？我们现在的列车不正好行进在内华达州吗？

张　军：就是啊！就是这条铁轨。如今我们坐在全透明的观光车厢，喝喝饮料，赏赏风景，远处是连绵不绝的壮丽的雪山，近处是无边无际的温带大森林，但在当时的施工者眼里，此地是人间地狱。在公司眼看陷入绝境时，中央太平洋铁路公司四巨头之一的查尔斯・克劳克提出了一个大胆的建议——雇用华工。

但克劳克的建议却遭到了当时的加利福尼亚州州长、中央太平洋铁路公司董事长利兰・斯坦福（利兰・斯坦福后来创立了举世闻名的斯坦福大学）的拒绝，理由是“他们个子矮小，看起来体力不行。”总监工斯特罗布里奇也斩钉截铁地说：“我可不能对华工干的活负责，我不认为他们能够修建铁路。”

华工的能力显然被低估了，在克劳克的一再坚持下，斯特罗布里奇答应先雇佣50名华工试试看。结果华工们刻苦勤劳、坚定聪慧的表现令所有人大吃一惊，中央太平洋铁路公司毫不犹豫地雇用了3 000名华工。

克劳克于1865年10月10日向当时的约翰逊总统报告说：“为了解决内华达山工程停滞的问题，我们雇用了一批中国工人……他们沉着而安静，他们非常勤劳，热爱和平，耐力也比其他民族强得多……虽然目前我们已雇用了千名以上的华工，但是我们仍打算以最优厚的条件，通过中介的协助，再增加华工的人数。这是不同于奴隶制的雇用组织。”“没有他们（中国人），要在国会法案所要求的期限内完成这个伟大的国家工程的西段是不可能的。”

1865年，铁路华工们在太平洋铁路建设中做出了卓越的成绩，但此

访问美国海关与边境保护局

时美国国内的华工数量已经不能满足铁路公司的需求，铁路公司决定大规模招募华工。铁路承包商甚至派人专门到中国广东省雇佣劳工，并与轮船公司协商好以优惠的船票把中国劳工运到美国来；同时，铁路公司上层纷纷向美国政府进言，甚至游说中美双方的外交人员，争取为华工移民美国创造便利的条件。

1865 年，美国政府通过《鼓励外来移民法》，迅速建立起同中国之间的海邮汽船服务事宜。1868 年 7 月 28 日，受清政府委托分管中国同欧美合作的前美国驻华公使蒲安臣擅自越权，在华盛顿与美国国务卿W.H. 西华德签订《中美续增条约》(即《蒲安臣条约》)，其中“两国人民可随时自由往来、游历、贸易或久居”。一项规定为美国在中国扩大招募华工提供了合法根据。

《蒲安臣条约》通过后，前往美国的华工激增。其中，1869 年横贯大陆铁路的完工时，记录显示，华工的比例最终高达 95%，约 1.2 万人(也有说 1.6 万人的)。在美洲大陆铁路修筑期间，前往美国的华工总数有 10 万人之多，这也是中国人第一次大规模登陆北美。然而在美洲大陆铁路的通车仪式上，却看不到一个华人！也就是没有一个华人代表！

胡展奋：“沉默的道钉”啊！这就是被历史反复谴责的歧视，赤裸裸的种族歧视，也是美国历史非常对不起华人的地方，反过来也证明了当时的中国人非常弱势，国际上毫无地位。他们语言不通，生活习惯在外人看来也十分怪异，既不善于自我表达，又不善于公关社交。华工多来自广东和福建的农村，一点不知道国际劳工市场行情，因此当美国承包商开出工资低廉、条件苛刻的雇佣协议时，华工居然会接受，可见当时清廷腐败、民不聊生，国外残酷的劳动环境对穷苦农民来说，仍不失为一条出路。

华工不但要忍受夏天气温高达 50℃的内华达大沙漠，还要承受冬天长达 5 个月的暴风雪。1866 年寒冬，华工们挑战塞拉岭通道，一个垂直 90°、深达 1 000 英尺的峭壁。从 1866 到 1868 年，至少有 2 000 名华工摔死。

张　军：我这里有记录显示，一批批中国劳工踏上了漂洋过海的船只，走上为时一百多天条件恶劣的非常凶险的旅程，死亡率很高。史料记载当年运载华工的船只，成百上千名华工像沙丁鱼一样挤缩在船舱，忍受着风浪颠簸，“日则并肩叠膝而坐，夜则交股架足而眠”。许多人因此死亡。根据记载，当年运载华工去美国的船只，曾有 4 船共载 2 523 人、途中死亡 1 620 人的纪录，死亡率高达 64.21%。这些装载华工出国的轮船就被称为“浮动地狱”，而那个旅程被称为“地狱之旅”。

登陆美洲大陆后，白人的种族歧视主要表现在工资上、征税上及一波波的排华浪潮上。您刚才提及的“工资低廉”，据记载，当时华人的每月工资是 26 美元(只及白人工资的一半)，随后逐步增加到 35 美元，但不包括食宿；相比之下白人的工资则为 50 美元，而且食宿免费。换句话说，公司对白人员工既提供三顿膳食，又提供住宿设施；相形之下，华人的食宿必须自己出钱，因为有特殊的饮食习惯，华人宁可自己人聚在一起煮东西，也不肯吃白人的伙食。

胡展奋：探讨早年的华工史时，一直会有一种疑惑，如此艰难的施工环境，如此苛刻的筑路进度，为什么白人、黑人甚至印第安人都顶不住、扛不下，唯独华人能够顶过去而且还表现非常出色呢？

张　军：关于这个问题我还真和专家探讨过。一般说来，当时的美国人因为部分华工吸食鸦片、好赌博而对他们印象不好，并且普遍认为中国人的行为与饮食习惯不太让人接受，除了以讹传讹的“吃猴脑、老鼠、蛇、青蛙和各种昆虫”外，中国人还非常喜欢热饮，几乎什么都吃热的，福建人、广东人尤其喜欢煲汤，放很多中药材，几乎顿顿要煲汤。专家指出，也许正是这种“喜热”的饮食习惯拯救了无数的华工。

内华达州的自然环境非常严酷，典型的沙漠性极端气候，夏天的白天温度可达 50℃、甚至 60℃以上，关于华工“天天在石头上烙饼”的传说并非虚妄，而冬季晚间温度可达零下 40 多度。白人员工与黑人员工在这样极端的气候下仍然保持他们喜欢“冷饮”的习惯，什么都爱喝冷的、常温的，这就导致他们的消化系统崩溃，成批地倒下。华工相反，什么都要加热，甚至夏天也爱喝热茶，还有随身带来的传统白酒、生姜与“午时茶”等许多中成药助力，尤其是生姜，他们不但常常拿来熬汤驱寒，而且什么菜都放姜，就连炒青菜也放姜。有鉴于此，华工不但没有“崩溃”，相反表现出色地存活了下来，这是当初谁都想象不到的奇迹。这方面，我听说您采访过体质研究专家，您怎么看？

胡展奋：不错。我采访过中国著名的人类体质学家匡调元。民族的体质确有差异，他认为西方人体质偏热，中国人体质偏寒。据统计，即使在冬天，美国冰激凌供应商的利润额也仅比夏天低三成，也就是说，美国人一年四季都会吃大量冷食。对此，中医认为，西方人的体质偏热，冬天吃冷饮，是一种平衡阴阳的方法，但在零下 40 多度的严寒保持冷饮习惯就超出了人体承受的极限；而对于中国人来说，白酒伴温热食物能相当有效地升高体温，强化能量，增强免疫力，使气血运行顺畅，度过内华达之冬。

当然这只是一家之言，但无论如何，中国人的体质与欧美人明显不同已是不争的事实，并且与中西饮食结构不同不无关系。欧美人从小摄入牛肉和牛奶，高蛋白营养物的摄入量远大于中国人，阳气偏盛，有更充足的热性驱逐寒气，所以不太怕寒邪侵入。而中国有着数千年的农耕文明，人们从小吃谷类、蔬菜更多，热量偏少，阳气偏弱，这就造成当前的中国人，不管大江南北，大都是偏寒性体质。对付偏寒体质，除了长期保持热饮外，白酒的功效很大。记载显示，当时的筑路华工，冬天时几乎个个喝白酒，这种从中国带来的白酒和西方的烈酒酿制方法截然不同。2013 年，江南大学白酒研究专家徐岩教授在《酿酒科技》发表了《科学认识中国白酒中的生物活性成分》的研究报告，首次向外界公布了近 7 年的研究成果，证明中国传统白酒富含的健康因子含量最高。该报告明确指出，研究团队围绕酱香型、浓香型等白酒进行科学分析，发现白酒中含有 54 种萜烯类化合物，萜烯类化合物是我国传统白酒研究中最新发现的一类化合物，广泛存在于植物中，中药材内就含有大量的萜烯类化合物。而国外已有相关文献报道，这类化合物具有抗癌症、抗病毒，以及增能量、抗氧化等活性功效。

至于这种健康物质究竟从何而来，徐岩教授指出，这主要归结于中国传统白酒独特的多菌系自然堆积固态方式制曲、多维微生物固态发酵和高温蒸馏工艺。

张　军：我要补充的是，尽管华工的饮食结构对他们的存活有利，但劳动强度与生态环境实在太恶劣，以至于很多华工死亡。中暑、塌方、泥石流、垮顶、爆破导致的飞石崩落以及种种工程事故，到铁路通车，约有 40%的华工殉职！值得人深思的是，尽管华工的死亡率这么高，而且工资也不及白人，但与中国国内农民的生活状态相比还是很可观的，很多闽粤籍的农民仍然愿意漂洋过海来此生死一搏，因为同一时期，中国国内富庶地区的农民一个月也只有 0.5 美元甚至更少的收入。当时加利福尼亚州报纸报道华工们每月可以省下 13～15 美元；如果运气好，2 年左右华人就可以攒下 400～500 美元，以当时 5 美元＝1 两银子计算，约等于 80～100 两银子。晚清时银子很值钱，1 斤猪肉只要 20 文钱，一亩良田只要六七两银子或者十一二个银元。十两银子、几十两银子是大钱了，有百把两银子就是今日的殷实人家，能够买上十几亩良田了。所以 80 两银子足可以回中国做富农,或拿着这些钱去开店做买卖了。

1869 年美洲大陆铁路修建完成的次年,也就是 1870 年,华人在美人数增加至 63 200 人,并随着铁路移居美国各地,华人也逐渐学着融入美国社会,许多华工甚至将名字改成了洋名。逐渐地,华人开始表达他们平等、尊严的诉求。

1867 年 6 月,美洲大陆铁路的 2 000 名隧道华工举行罢工,要求工资平等、工时平等以及人格平等:工资增为每月 40 美元,隧道内实行 8 小时工作制,禁止工头打人。他们的呼声通过蹩脚的英语喊出来,呼声震天。虽然华工的第一次罢工失败了,但有了这个先例,以后华工遇到工资偏低等压迫,也会利用罢工来作为反抗的工具。

胡展奋:华工后来的命运怎么样?

张　军:都知道美洲大陆铁路是华工"用生命铺成"的,但是美国政府却没有善待他们。开始时,美国政府用"移民"作为诱饵来鼓动华工赴美筑路,但再给予身份时却搞什么"身份甄别""诚信甄别",办理速度极慢,其实内心是不想让华工取得合法身份。1877 年美国加利福尼亚州经济转入低迷,一些人居然把经济的不景气迁怒到华人身上,于是出现第一次排华浪潮,很多华工已经取得的合法居留身份被取消。1880 年美国与清廷签订《北京条约》,其中第一条款即限制华人到美的人数和年限。过了两年的 1882 年,美国便通过了臭名昭著的《排华法案》,直接禁止中国移民。许多西部州也开始生效了一些有种族歧视的法律,使得中国和日本移民都很难拥有自己的土地或者找到合法的工作。这些法律直到 1950 年代民权运动开始时才被废止。

在舆论和民意的压力下,加利福尼亚州议会于 2009 年、美国参议院于 2011 年,正式向美国华人为历史的排华法案道歉。广受华人拥戴的加利福尼亚州众议员赵美心博士,在推动道歉法案上具有不可磨灭的重大贡献。

张　军：说起美国华人的移民史，真是一把辛酸泪。美国华人广义指具有华人血统的美国籍公民、永久居民或住民。他们的人数统计到 2015 年约为 494 万人，目前约为 480 余万，占亚裔美国人口的 23.3％，美国总人口的 1.2％，高于其他亚裔在美国所占的比例，其中自称“台湾人”的为 17 万。他们大多数居住在大都会地区。

我们刚才聊的是华人第一次移民浪潮。第二波移民潮是从 1950 年代末到现在。美国移民法解禁之后，大量台湾留学生到美国求学，其中一部分毕业后留在当地工作而成为移民，成为中国台湾裔美国人。自 1965 年起，美国移民局对华裔移民分别予以中国大陆、英属香港和中国台湾出生不同的配额。1970 年代，中国台湾经济渐趋发达，故台湾裔美国人于 1970 年代末开始减少。1977 年中国大陆开始送学生往美国，此类“求学”移民在 1980 年代越来越多，他们倾向集中在市郊地区，并且远离市区的唐人街，他们说普通话和家乡的方言。这段时间中国移民总数量约为 290 万，在墨西哥和印度移民之后排第三位，其中约 60％的人已经加入美国国籍，近期这一入籍的比例下降到 50％左右。2016 年中国移民数为 15 万，为最多来源国。

胡展奋：记录显示，第一波移民潮的总人数少得多，近 40 年才是华人移民美国的最高峰。从这 40 年来美国华人及美国华人社区发展来看，美国华人在各个领域都取得了进展，在政治领域也渐渐觉醒，华裔政治家赵小兰、赵美心等在美国都有广泛的影响。但是当年的华工呢，还有人记得他们吗？

张　军：华工以血汗甚至生命为代价，终于出色地完成了筑路任务。可是，在庆祝铁路贯通的仪式上，却没有任何一个华工代表。“沉默的道钉”的说法，就是这样来的！在被忽视了、埋没了一个多世纪以后，直到 2014 年 5 月，筑路华工作为一个整体才得到官方承认。

2014 年 5 月 9 日，联邦劳工部把建设美洲大陆铁路的华工列入荣誉纪念堂，表彰和纪念他们对美国的卓越贡献。筑路华工成了进入该纪念堂的首批亚裔群体。

此外，在2017年5月8日，加利福尼亚州众议会全票通过了一项决议案，决定把5月10日定为“加利福尼亚州华裔铁路工人纪念日”，用以表彰19世纪参与建设美国跨大陆铁路的华裔劳工。

抚今追昔话“新政”

在奥克兰通往芝加哥的列车上，我和张军的对话，不知不觉地就向“人类大迁徙”这一类的话题靠拢。人类为什么要迁徙？它本质上就像“角马为什么要迁徙”一样，骨子里是一种“趋利避害”的本能，数百万年前，从东非大裂谷向北非、向西亚、向东欧、向东亚……人类的迁徙史就是一部移民史，但“目标很灿烂，现实很骨感”，背井离乡的迁徙的结果一定有过得更好的，也一定有过得更差的，华人的迁徙也不外乎如此。

论移民，张军夫妇自然属于“第二波”的移民大潮，经过30年的奋斗，他们固然在北美事业有成，生活稳定，但是对“移民”话题——尤其对特朗普的“移民新政”仍然有着非常敏锐的关注，甚至是一种专业的逼视。

关于“移民”，正是特朗普的言论最突出之处，“造墙说”“搜捕说”“驱赶说”“截堵说”……反正狠话已经说够，美国境内的非法移民的数字并没有明显减少，特朗普所憎恶的人群仍然越过沙漠、越过海洋、越过天空地潺潺注入，所以现在是张军作为时事评论家对特朗普的移民新政讲一讲的时间了。

胡展奋：不知特朗普年轻时是否受过中国长城文化影响，竟然想得出在3 218公里长的美墨边境造长城，这是什么代价?！中国民间一直有“孟姜女哭倒长城、哭垮大秦”的传说，史家也认为修建长城与阿房宫等大型工程是拖垮秦帝国的原因之一，以美国当下的国力，几百亿美元的造墙费虽不至于动摇国本，但也不是小数字，所以很显然，他成功

中国驻洛杉矶总领事张平大使

地迎合了美国民众要求“收缩国力，管好家务”的民意，操纵了民心，“Build the wall(建立美墨边境墙)”就像一面选战大纛，作为特朗普在竞选时造势大会上最重要的口号之一，得到了成千上万美国人的支持，几乎在决定性的意义上帮助了他的当选。一个几乎玩笑般的说法，竟然当了真？敢问阁下，特朗普政府真会这么干吗？美墨边境墙究竟会建成什么样？

张　军：您的提问让我想起了 20 世纪 80 年代哥伦比亚作家加西亚·马尔克斯的很著名的一篇小说《一件事先张扬的杀人案》，大家都不当真的事，甚至被认为非常疯狂的事，居然会越说越成了真。

如果大家有印象的话，特朗普其实对非法移民问题一直啧有烦言，早在 2016 年 8 月，特朗普的竞选团队就已对移民政策做出重要竞选承诺，其中在“美墨边境建混凝土高墙并由墨西哥买单”这一条，更是得到美国相当大一部分国民的支持。正如特朗普本人所言：“这些从美国边境通过非法方式进入美国的移民占用了美国大量资源，是美国政府财政的一项重要的负担。”有一句谚语叫做“及时缝一针,可以省九针”,建造边境墙的支出,和“美国大量的财政资源”长期被几千万人消耗相比无疑只是小巫见大巫,长远地看,暂时的投入可以换取更多、更高的社会效益,当然是划算的。

然而,上台半年,特朗普的建墙之说相比初竞选时的强硬,已经有所软化。

你不能说他“程咬金三板斧”,因为治理国家同样面临这样一个说法:“钱不是万能的,但没有钱是万万不能的!”

经费拮据是特朗普无法按照最初意愿建墙的最重要原因。

墨西哥政府对于特朗普修建隔离墙一直持强烈反对的态度,对于特朗普提出的隔离墙让墨西哥承担费用的想法更是感到荒谬。早在2016年8月特朗普竞选期间访墨时,墨西哥总统培尼亚·涅托及其政府高级官员就已经明确向他表示,墨西哥愿意与新一届美国政府保持良好的关系,但绝不会为边境墙埋单。

2017年4月,特朗普表示愿意将建墙计划推迟到9月份,以避免美国政府因经费之争而关门大吉。

胡展奋: 我看特朗普还确实需要关注这个问题,奥巴马政府因为经费问题不是没有关过门,在美国,什么事都有可能发生的。有大量的人支持你,也就有可观的人反对你,那墙,如果容易建造的话,他的前任早就给造起来啦!

张　军: 可不是嘛,此前据路透社得知美国国土安全部的内部报告中,对于修建美墨边境墙这一工程的评估,可能最多耗资216亿美元,耗时至少3年,这个数字相比竞选时承诺的80亿～120亿美元多出了100亿左右。经费落差如此之大,特朗普当然需要谨慎一些。

特朗普最初建议用墙隔开整个2 000英里(3 218公里)的边界,后来则说这堵墙可以覆盖大约一半的边界,与山脉和其他天然屏障一起防止移民穿越边境。然而早在2006年,布什总统就已签署授权建立美墨隔离墙法案，现在，在特朗普设想的建立区已有 653 英里的围栏，围栏的开销为 23 亿美元。但特朗普想要的是一堵墙，一堵无法穿透的实体墙，那么对厚度的要求更高；并还要摧毁地下隧道，打击贩毒，阻止挖地道，那么地基必须比普通建筑物更深。混凝土、钢铁、人工费、地上地下传感器、瞭望塔……如果说墨西哥为建墙买单的想法是 100％不可能，那么区区 80 亿～120 亿美元就想搞定隔离墙的想法就更不可能了。

在美国，政府的财政支出需要参议院投票通过，通过的票数是 60 票，但是现今共和党在参议院只有 52 个席位，而且民主党的成员对于特朗普的财政支出大多数都表示反对，其中最受争议的议案就是修建美墨边境墙。美国国会众院少数党领袖佩洛西表示，只要不向边境筑墙拨款，民主党愿意考虑为其他边境安全方面的项目再拨出部分资金。

特朗普顾问康威(Kellyanne Conway)在接受美国媒体采访时表示，建造边境墙和要求国会对此给予拨款一直是特朗普的工作重点，“不过我们都知道接下来的半年和明年将会发生什么，在此期间，一些高科技资源也会被用于保护边境安全。”

胡展奋：康威的说辞是个暗示？他当然预知而且参与特朗普的计划。

张　军：是呀！果然到了 6 月，预算案四处碰壁的特朗普又有新提议。而且是“高科技含量”的新提议——他 6 月 6 日与国会共和党议员开会时，提出在边界墙上安装太阳能电池板的建议。根据参加会议的知情人士称，特朗普提出这个建议，但没有明确说明如何由边界墙太阳能电池板来解决造墙的费用。

有人表示可能特朗普这个提议是指销售太阳能电池板产生的能源所得的收入支付筑墙成本。

究竟最终边境墙会以实体墙还是高科技的形式建造暂待观望，但这并不是最重要的，我的理解，特朗普建墙的关键目的是让美国的边境变得安全、坚固。维护自己的主权不受非法入侵是任何国家都应该做的事。他的出发点是正当的,也是符合美国民意的。

胡展奋: 除了“要墨西哥买单”不太靠谱,我是理解特朗普对非法移民的态度的,每个国家都有自己的切身利益,没有一个国家会无节制地容忍邻国居民潮水一样地持续地涌入,任何国家的资源都是有限的。只是媒体常常渲染“特朗普将毫不手软地对待非法移民”显得可疑,“非移大潮”真有那么严重吗?又有什么迹象显示他的“毫不手软”呢?

张　军: 非法移民大潮的确是相当严重的。发展下去,甚至有可能动摇国本。

美国移民研究中心(Center for Immigration Studies)通过严谨地分析人口普查数据发现,截至 2015 年 12 月,有 6 100 万移民和他们未成年的子女居住在美国,占总移民四分之一的 1 570 万人口为非法移民和他们的子女,每 20 个美国人里就有一个非法移民。幸好美国人口的基数还不大,换做中国大陆的人口比例,那就是 7 500 万人!注意,你必须和他们分享各种资源,医疗资源、教育资源、食品资源、土地资源、生态资源……如此庞大的数字足够让人重视。

所以与奥巴马时代对待非法移民的政策相比,特朗普上台后的一系列移民政策明显更为严厉和坚定,而且必须“更为严厉和坚定”。

他的矛头首先指向“犯罪分子”,那没有法律风险与道义风险。早在 2016 年 8 月特朗普竞选时曾说:“根据联邦数据,至少有 200 万非法移民罪犯在境内。我们会从上台后的第一天开始,和当地州(政府)、联邦法律执行机关采取多方位合作。那 200 万的非法移民罪犯,这些人的日子要到头了。他们会滚蛋!很快滚蛋!”今年 2 月,美国国土安全部发布了关于边境安全和遣返非法移民的大量新规,旨在更大范围地拘留并遣返非法移民,加快他们离境的速度。

在奥巴马政府时期,优先遣返的是那些被判犯有重罪的非法移民。而根据如今的“特朗普新规”,除了被判或被指控“有任何刑事犯罪行为”的非法移民要被遣返外,那些并未被定罪的非法移民,只要被移民官认定对公共安全构成风险都将被纳入优先遣返之列。

胡展奋：您能详细列出那些“优先遣返”的对象吗？很多人正慌着呢！

张　军：作为一名律师，尤其是擅长办理各类移民事务的律师，我应该对新政十分敏感，而且不能不熟记它们。优先遣返的有 7 类非法移民：(1) 已被定罪的刑事犯；(2) 已被控刑事罪，但尚未判决者；(3) 犯下可能被控刑事罪者；(4) 欺诈或有意误导政府官员者；(5) 滥用政府福利者；(6) 未遵行强制离境命令者；(7) 根据移民执法官员裁量，对公共及国家安全构成威胁者。

新规还加强了边境执法人员的权力，他们可以不经法庭审理就立即遣返非法移民。过去在奥巴马执政期间，被遣返者适用于那些抵达美国不到 14 天，并在离边境不到 100 英里的非法移民。如今的新规规定，移民官可以对任何不能证明自己已经在美国居住两年的非法移民进行驱逐，且适用于任何地域。

除了对非法移民罪犯的零容忍，新政还计划结束“捉了又放”——中国人戏称“捉放曹”——的现状，任何非法穿越边境的人都会被拘留，直到他们被驱逐出国境。

美国宪法明确规定美国的武装部队不能用于边界保卫，所以边境执法人员只能来自 ICE(美国移民和海关执法局)或 CBP(美国海关和边境保护局)。

特朗普在竞选演讲中说过：“我们将把 ICE 的驱逐官员数目增加至原来的三倍。在 ICE 中，我会建立一个新的特别驱逐任务组，他们会专注于识别并快速驱逐最危险的逃过法律制裁的非法移民罪犯。”他还宣布过，本次新规计划新增 5 000 名边境巡逻人员、1 万名移民执法人员。

也许对长达 3 千多公里的边境来说，5 000 名边境巡逻人员，1 万名移民执法人员只是杯水车薪，但是毕竟是一种姿态、一份决心、一个威慑，非法越境者最近持观望态度的大大增多了。

胡展奋：怎么理解特朗普的“禁穆令”与“庇护城市”？

张　军：特朗普的新规既是对奥巴马时期有关政策的颠覆，也是在为当时即将出台的改订版“禁穆令”造势。历史地看，也是“9·11”——16年前那场袭击美国的劫难的余波。2017年1月27日，特朗普签署了一份名为“阻止外国恐怖分子进入美国的国家保护计划”的行政命令。这份行政令要求，未来90天内，禁止伊拉克、叙利亚、伊朗、苏丹、索马里、也门和利比亚7国公民入境美国。因为所涉7国均以穆斯林为主要人口的国家，因此这份行政命令也被媒体和民间团体称为“禁穆令”。

早在竞选期间，特朗普就已透露出“禁穆令”的一些口风：“我们必须停止这种进口极端主义，无意义的移民政策，我们不知道这些人的来源是哪里，有没有文件文书可查，什么也没有。我们必须要聪明，我们必须保持警觉，为了重新评估而暂停移民，将帮助我们防止下一次圣杯纳迪诺枪击案，或者坦白地说，更糟糕的事件——9·11事件。”

此令一出立即引发国际社会广泛关注与批评。除法国、德国、加拿大等西方盟国提出质疑之外，伊朗等涉事国家迅速出台反制手段。美国国内在1月28日出现多地抗议，民主党及民权团体强烈抵制。而遭列入“禁穆令”的中东国家则强硬应对。伊拉克议员贾努称，伊政府将采取报复措施，拒绝美国公民进入伊拉克。这将影响到美国士兵、外交官及公司进入该国，两国现有合作将遭到冲击。

3月6日，特朗普签署针对叙利亚、苏丹、索马里、利比亚、伊朗和也门6个穆斯林国家的90天新版旅行禁令。这份“禁穆令”于6月29日由美国最高法院决定部分生效。说明“反恐”不可动摇，仍然是美国的基本需求与基本国策。

6月28日，两名伊拉克难民因为来不及在特朗普签署行政命令前通关，而被扣留在纽约肯尼迪国际机场。伊拉克一名人权女活动家这次也无法来到美国领“人权”大奖。

在官员任命上，国土安全部部长和移民局局长由谁担任是洞察未来特朗普移民改革动态趋势的很重要的节点。司法部虽然担任着执法的角色，但特朗普任命的司法部部长塞申斯，一位来自阿拉巴马州在参议员，也是公认的管控非法移民、控制合法移民的能手，是参议院最保守的成员之一，以其对移民执法的强硬立场，以及很早就支持特朗普著称。

钢琴家理查德·克莱德曼

塞申斯的主张曾被抨击为“排斥主义”，另据英国《独立报》报道，塞申斯在此前曾多次发表过一些“不正确”的言论，他曾称美国“全国有色人种协进会”和“美国公民自由联盟”很“不美国”，甚至还暗示一位白人民权律师是“种族叛徒”。

3 月末，塞申斯在白宫记者会警告移民“庇护”城市，若不同移民官员配合，可能断绝其资金来源。没有严格定义的“庇护城市”是指拒绝同移民和海关执法局(ICE)官员合作拘留非法移民的城市。根据联邦法律，他们在拘留非法移民之后即使后者没有被定罪，也应当通知联邦当局。包括纽约、芝加哥和洛杉矶在内的大城市和几十个或上百个中小城市都曾经拒绝通知 ICE 前去拘留非法移民。

胡展奋：美国以移民立国，后来也因移民而强国，现在因移民而“扰国”，何尝不是一种“还债”现象呢？从美国现状来看，移民改革势在必行，但是切忌“宽时太宽，窄时太窄”，特别是国民心态若能调整好的话，相信舆论导向会理性很多。

张　军：如您所说，论“因果”，从 20 世纪 80 年代开始，移民问题就一直困扰着美国,共和党和民主党对于综合移民改革在历史上已有多次讨论,里根总统时期,《1986 年移民改革与控制法》出台,实行大赦条款,给予居于美国境内的非法移民永久居留权,意在大幅减少美国境内的非法移民数量。但事情非但没有解决,非法移民的数字反而更加失去控制。历史的车滚滚轮向前,关于"非法移民合法化"的问题,在特朗普时代有了新的转变,美国国土安全部 2 月份移民新政中,划定优先遣返范围不针对守法的非法移民,但即便非法移民并未被列入"优先"遣返目标,也免不了迟早被驱逐出境的可能,国土安全部将逐个案例考虑是否给予豁免。

美国移民研究中心 2016 年人口普查数据显示:美国移民人口增长速率是整体人口增长的 6 倍,4 个移民中就有一个非法移民。然而,要深究下去的话,"合法移民管道不畅通"才是非法移民数量庞大的主要原因。

奥巴马政府期间,设定了大量的移民方面的繁文缛节,但有时即使制定了很好的移民法,到移民官具体掌握时,由于法律的相对性,没法对每个人的事情恰当定义,很多移民官都有自己的标准,成为主观性很强的移民官自己的人为立法。

胡展奋: 拿美国驻上海领事馆来说,近 30 年来发生过无数的"签证故事"简直汗牛充栋,给我印象最深的就是一个多次被拒签的申请者不顾全体申请者的侧目而视,居然对着签证官拔高喉咙大唱《星条旗永不落》……

张　军: 非法移民固然需要管控,但移民政策过于烦琐、移民官员不无扰民,使得明明合法进入的人像非法进入一般,非常困难。当然,移民审查的工作量也特别大,有时是领事刻意刁难,有时确实是领事难以在三五分钟内判断申请人一生的事情。这就是美国移民的现状,这方面的改革在美国一直呼声很高。

特朗普从竞选以来一再强调 21 世纪的竞争是人才竞争,但美国的移民状况却在一定程度上导致了人才流失。主要有两点：第一，是僧多粥少，配额太少，每年提供给全球本科生的 H1 工作签证配额为 6 万个，硕士及以上有额外 2 万个。比如中国留学生，从硕士读到博士，最后却因为没有 H1 抽签的配额，被迫回到中国。印度也是如此。特朗普自己也提到，他的餐厅、酒店也用很多 H1 的人。事实上，很多公司老板利用 H1，不是吸纳高科技的人才，而是吸纳海外的普通劳工，以较低的工资让美国的工人失去工作机会。这两者倒不矛盾，但 H1 确实更应该瞄准高科技的人，对美国有用的人才。

第二，各国每年的亲属或职业移民配额数不得超过总配额的 7%，蛋糕总共就这么大，亲属类配额移民占用太多，会直接导致职业类移民配额长期得不到增加。家庭团聚当然值得主张，但美国公众作为切身利益相关者也的确有权利放大声音问一声：仅仅因为亲属关系而大量进来的移民，可能受教育程度不高，经济水平也不高，对美国的帮助究竟在什么地方？美国有什么义务、什么必要去做一个世界级的超级慈善院？

这方面，美国的邻居加拿大做得更好、更理性，他们根据本国的就业市场状况、专业需求和国家整体发展规划，每年有计划地对外吸收人才，以弥补本国人口增长的缓慢和人才的不足，采取独立移民形式"技术移民"，凭申请人的文化程度、职业技能、语言能力等方面的综合实力，通过加分制来申请移民。

美国也一直想做这件事却做不成，为什么？政治不正确。民主党在任，甚至小布什总统在任时，拉美裔美国人和来自中南美洲的移民对美国的政治有越来越大的影响力。坦率地说，美国的政治正确由白色转为棕色，许多人认为改革的政治成本实在太大。

胡展奋：您说得比较含蓄，"拉美裔美国人"或"来自中南美洲的移民"主要都是指墨西哥人吧？我们简称"老墨"，承担了美国社会大量的底层性工作，却因为受教育程度差而不被舆论重视。美国社会既离不开他们,又对他们颇有微词,由此形成悖论,成也老墨,衰也老墨,是不是这个意思?

张　军:(笑)对不起,我并不完全认同阁下的说法,因为背后的因素可能还更复杂些……我想说的是,有时"政治正确"做得太过也绝非好事,美国需要直面现实,美国以后的强大,肯定不只靠政治正确就能实现。常识告诉大家,"人才决定一切",李政道做烧饼可能做不过一个农民,但假以时日,李政道一定能做成烧饼。问题是,一个农民却毕其终身,卧薪尝胆也达不到李政道的成就。美国要更强大,毕竟还是需要大量的顶尖人才、企业家的,简单劳动的报酬以及地位,怎么能够与顶尖劳动并列呢?!

但现在最要命的问题却是,有人"不请自来",有人"人才难得",当美国社会最需要的那些人才试图合法,试图循着法律的正常管道留在美国时,却比登天都难。与此同时,中南美洲的那些结队而来者,可能没有受过教育或者文化水平不高,但是当他们拖儿带女,"潮水一般"穿过美墨边境时,按照特朗普的话讲,却"如入无人之境"。

因此,美国需要的这些顶尖人才,因为配额,等的时间过长,变得十分被动。比如投资移民,如果很显然是假的投资移民那必须打击,但如果他按照法律确实在某个地区投了 50 万或 100 万美元,并创造了 10 个美国人最低工资以下的就业,那么就没有理由因为配额问题使得这个申请人提心吊胆,生活、工作、配偶、孩子的教育各方面都迟迟无法安排。比如杰出的企业家,杰出的研究人员、科学家等,为何一定要按照排期排队?早一点开放,让他对美国做贡献有什么不好?所以移民政策的分类很重要,确实对美国有贡献的移民,应该开放,而有些移民只是加重美国负担的。扩大海外高科技人士的移民管道必然会遇到很大的政治阻力,特朗普是否有政治勇气去走这条合法移民的改革之路?我们还要看看。

胡展奋:特朗普的移民新政,目前来看对非法移民的冲击是最大的，值得庆幸的是，华人非法移民的比例很低，大约为3%，但华人社会与媒体的躁动却很大，一个时期以来人心惶惶，原因可能与大家并不了解华人在美现状所致。您在美30余年，所从事的工作又使您有条件研究在美华人，是否请您聊聊他们的现状？

张　军：阁下言重了，我只能算知道一点。美国政府有个老毛病，其国民的“人口成分”决定了在美国经济情况还好时，政府可以用税收来补贴弱势人群；但是一旦经济情况变差，种族冲突就会立刻爆发出来，很多富有但无力保护自己的少数族裔很可能成为冲突风潮的替罪羊。

就目前状况来说，现在是少数族裔认真探讨这一问题的时候了，尤其是480余万的华人华裔。因为一旦冲突发生，所有华人是被当作同一类人来看待和对待的。如果美国不能依法循法地尽快地、体系化地建立保护自己的机制，我们华人的利益将会被不断地侵蚀，甚至受到更多隐性或公开的歧视。

我们首先关注一下美国华人人口。2015年用抽样、模拟、统计的方法预测的美国华人及中国在美常驻人口约为：美国公民：370万，其中170万为美国出生华裔，200万为第一代移民。110万中国公民持美国绿卡，10万中国公民持工作签证。共490万人，如果再加上中国公民学生签证35万，则达525万人。

近年来，中国留学生数目增加很快，尤其是本科生及中学生。但由于美国的签证及绿卡政策的制约，他们毕业后大多会回国生活与工作。那么，华人分布的特点如何呢，华人移民的聚居区主要在工作机会比较多的大都会区域，纽约、旧金山、洛杉矶、波士顿、华盛顿、芝加哥、西雅图、得州三角区，这些区域包含了165万中国移民，占中国移民的57%。不过随着越来越多的华人对美国越来越熟悉，分布也会越来越广泛，他们跟着经济热点走，常常伴随着经济增长点变化而变化。

说到受教育程度，华人和非美出生居民与美国本土出生居民相比较，中国移民往往有更高的受教育程度。47%的中国移民（25岁和25岁以上）拥有学士学位或更高的学位，而非美出生居民中只占28%，美国本土出生的人中只占30%。然而,中国移民的年龄不占优势,和非美出生居民以及美国本土出生人士相比较,中国移民年龄偏大。中国移民的中位年龄是45岁,出生在他国的在美居民中位年龄是43岁,美国本土出生居民中位年龄是36岁。76%的中国移民在工作年龄内(18～64岁),17%的人年龄在65岁以上,18岁以下的占7%。相比之下,美国所有外来移民中80%的人在工作年龄内,14%是65岁以上的,6%在18岁以下。与此同时,美国本土出生居民有60%在工作年龄内,14%是65岁以上的,26%是18岁以下。与其他两组人相比,中国移民更有可能从事管理、商业、科学和艺术职业(51%)。

华盛顿智库的移民报告显示,1970年时,每21个美国居民中就有1人为移民;1980年代达1/16;1990年代达1/13;而如今快达到惊人的1/7。自2000年至今,美国共迎来了2 000多万名移民,其中有超过一半的人(1 000万)一开始是以非法移民进入。目前拉丁裔人口增长最快,因为非法移民多和生育率高。亚裔,尤其是华裔人口增长也快,但是由于移民的配额限制以及生育率低,增长还是很有限。

胡展奋:我对华人移民的文化基因和思想体系一向很有兴趣,在异国他乡,他们除了生存还常常想些什么?原先的理想在哪里?旧有的理想破灭了,新的理想是否重新编织?离开故国,精神归属在哪里,是否还坚持自己的选择没错?祖国现在比过去强大多了,面对原先穷困不堪、现在有房有车的故土同胞,内心残存的优越感还有多少?……

张　军:这也是我们所关心的问题,说到印度人的文化,他们大部分信奉印度教;说到东欧人的文化,我们也可以说他们都信奉东正教;而说到犹太人的文化,我们可以说他们大多都信奉犹太教,从小就每周末都去教堂,学习犹太文化,有着犹太人的传统文化和思想体系等。但是,一旦说到美国华人的文化,我是有点犹豫的(笑声),我们很难说得清楚我们到底是什么样的文化状况和思想体系。伊斯兰教?基督教?儒家?佛教?道教?中国文化?西方文化?美国文化?或许每一类都有一些信众？或者每一教都信一点点？这种现状，好处是兼容并蓄，弊端是相当芜杂，你什么都浅尝辄止，那其实你什么都不信。

您经常问我，目前华人社区最活跃的组织是什么？我了解了一下，是校友会、同乡会、专业协会、中文学校等，这些组织是天然的、浅层次的纽带，比如校友会，各个年龄段的都有，他们原先并不联络，比如北京大学，光1949年至今就跨越了60余届，年龄也跨越了几十年，几乎互不沾边，但到了美国以后就渐渐地抱成了团，年老的、年少的，只要你报一个"北大的"就很快认可你。

它们本身不具有提供完备思想体系的能力，他们的成员/领导者有着千差万别的不同的思想体系、价值观等，但目前也的的确确是他们在辛勤付出地去领导和推动华人社区的发展。

这样的状况注定了我们华人及华人社区在复杂状况下，很难进行高难度的协作和发展。我们很难像犹太人一样，去布局整个美国社会，逐步掌控美利坚钱袋、新闻传媒、政治等重要位置，影响华盛顿的决策等。

有人说，ABC(美国出生的华裔)是华人的未来，华人移民都会老去，最终消失，但是ABC是可以代代繁衍下去的，他们的未来决定了美国华人的未来。

我对此说不太乐观。那么，作为特殊群体，他们是怎么看自己的呢？先看一组数据：44%美国出生的华人可用中文沟通；36%认为自己是典型的美国人；39%18岁以上华人能说流利的英语；结婚对象：65%华人；57%的美国出生华人认为比父母同样年纪时过得好。

需要强调的是，大多数ABC都自认是美国人，他们可能会说普通话，但大多没有中国文化和思想体系的熏陶，也没有一个属于ABC的独特的文化和思想体系，因此ABC自身是不能形成力量的，最多也就是一个个的ABC玩伴小圈子。而由于没有中国文化和思想体系的重塑，他们和华人移民的圈子也很难融入。

胡展奋： 关于移民，我最近在洛杉矶看到，一名男子手持标语牌，抗议总统特朗普废除“童年抵美者暂缓遣返”计划。此事最近闹得沸反盈天，您给说说，这“童年抵美者暂缓遣返”计划到底是怎么回事呢？

张　军：“童年抵美者暂缓遣返”计划于 2012 年设立，适用对象为在美居住 5 年以上且在 16 岁前首次进入美国的 31 岁以下的非法移民，符合条件的人被允许在美停留及工作两年，暂时免遭遣返。据称该群体约有近 80 万人，大多数为拉美裔，媒体将他们称为“逐梦者”。

美国西部时间 9 月 11 日，美国加利福尼亚州总检察长贝塞拉宣布，正式起诉特朗普政府废止“童年抵美者暂缓遣返（DACA）”计划做法。缅因州、马里兰州和明尼苏达州三个州也加入了这一起诉。此前一周，纽约州、华盛顿州等 15 个州联名对特朗普政府提起类似诉讼。

对于这起风波，我的看法是，虽然各州都诉诸法律，但“童年抵美者暂缓遣返（DACA）”计划所引发的法律争论影响并不会太大，而针对此类移民问题的社会争论却将共和党推上了风口浪尖，对共和党在 2018 年中期选举的选情产生不利影响，很可能让共和党在众议院选举中，丢

著名摄影大师黄功吾（代表作《战火中的女孩》）

失掉如今占据优势的安全空间，甚至有可能丢掉对众议院的控制。

首先，从法律方面看，加利福尼亚州起诉的理由是，废止 DACA 计划举动违反宪法第 5 修正案中的“正当法律程序”条款，还违反《行政程序法》和《管制弹性法》等联邦法律以及禁止反言原则。但值得注意的是，特朗普政府废止这一计划的理由也是认为这一奥巴马时期的行政令“违宪”，双方各执一词。

我曾经面对媒体分析说，目前阶段这些诉讼更可能停留在美国一级法院，即地区联邦法院进行，且集中在自由派占据优势的州，提交最高法院可能性不大，即使到最高法院也将经过漫长时间。

事实上，你不难看出，针对 DACA 的法律诉讼，其实类似此前禁穆令在华盛顿州、夏威夷州等地的状况。换一句话说，即便此案最终提交最高法院，以现在最高法院大法官的构成，对起诉一方未必有利。因为如今最高法院中，保守派大法官占多数，而这些人倾向于赋予行政当局更多管控移民的权力，要知道，美国宪法赋予总统和行政当局在移民管控和移民法执行方面，拥有很大的权力。

胡展奋：从国会投票来看，特朗普政府并非立即废除 DACA 计划，而是决定在其 6 个月后到期时不延期，特朗普政府并不莽撞，6 个月的时间是不是特朗普留给国会的“窗口期”？

张　军：可以这么认为。但我认为，特朗普政府选择“DACA 计划”，很自然地将问题抛给国会，让国会去通过相关法律决定是否延续这一计划，而非依靠总统行政命令。

正常情况下，国会很难在 6 个月的短暂时间里通过一个争议颇大的法案，况且目前国会中，除民主党人外，一些共和党重量级议员也表现出对这部分移民的同情，认为应由国会来提出一个更长久的解决方案。我的判断，国会不可能通过一揽子移民改革法案，但由于共和党内保守派对移民改革施加了一定压力，因而针对 DACA 的单独条款仍存在国会通过的可能性。

有鉴于此，2018 年中期选举对共和党来说将是一场攻坚战。特朗普政府执政以来，美国国内、两党乃至共和党内部在医改、移民、减税等问题都存在分歧，这些都是中期选举的关键议题。

胡展奋：在特朗普的移民新政中，此次废除 DACA 计划是个很多人意想不到的大动作，势将影响到 80 万年轻的非法移民，绝大多数为拉美裔，这群人在美国人口第一大州加利福尼亚州就超过了 20 万人。80 万人非同小可，他们在社会上的影响力如何？

张　军：我觉得，就目前来看，美国很多选区中，对这批人的同情心略占多数。即使是在有特朗普总统基本盘之称的州中，虽然保守派选区依然认为政府应严控移民，但相当一部分对于儿童以及从儿童时就在美国长大的年轻非法移民抱有很大的同情心，这些“同情分”能在选举中扮演一定角色。

我在此强调，2018 年中期选举，共和党在参议院选举中优势明显，但在众议院的争夺上，共和党将面临攻坚战。如果 DACA 计划最终被废止，民主党人势必将在选区中做更多宣传，打“同情牌”。移民、减税等关乎社会福利的政策都将成为民主党人利用的“炮弹”。

胡展奋：我记得，您曾在媒体频频发表关于特朗普移民政策的讲话，主要观点是，特朗普表示他要把所有的非法移民都递解出境，在您看来这几乎是一项不可能完成的任务，但这样激烈的言辞也足以体现特朗普对整顿和打击在美非法移民的决心。“至少我们有望看到他应该会在这一部分做出一定的表态，比如将那些犯有刑事罪的非法移民排出遣返，还是大有希望的。”您还认为，特朗普总的来说是欢迎合法移民到美国的，但是在数量的把握上仍有望加以控制。您还特别提到了司法部长 Jeff Sessions，此人是参议院中第一个站出来表示支持特朗普的，Sessions 明确主张对移民进行严格管控，且不论他针对非法移民的强硬态度，甚至是新移民所熟知的 H－1B 签证等也有可能进行不小的改革。

赵小兰

如今看来，尤其从废止 DACA 计划看来，特朗普的确越来越强硬了。

张　军：是的，我仍然坚持特朗普移民政策会越来越强硬的观点，更长远来看，这一事件反映了美国政府未来更坚定地收紧移民政策的趋势。

虽然 DACA 计划本身影响的是拉美裔移民，但对包括华裔等亚裔移民来说，特朗普政府执政以来在移民政策改革上动作频频，不只是针对非法移民，还通过一些绿卡新规减少了合法移民的数量。

胡展奋：移民管控，特别是非法移民如果控制得太严，会不会造成更大的负面作用？比如特朗普提出将奥巴马时期的“E-verify”变成“mandatory”，所有美国企业都要与移民局合作，严格审查企业内的每一个移民工人，不得雇佣非法移民。失去工作的非法移民，比如西裔，没钱又失去工作所带来的社会问题是美国能够承受得了吗？

张　军：我们必须冷静地看到，移民管控在美国是有深厚的民意基础的，所以移民改革首先需要美国人民的政治意愿，美国如果真心想要管控移民，是一定能够做到的，问题是美国人民是否有这份政治意愿。有吗？我看是有的。尤其值得注意的是，美国社会已经出现越来越多的反移民言论和倾向，这也同国际社会民粹主义、民族主义抬头的大环境有关。英国《金融时报》副主编、首席经济评论员马丁·沃尔夫日前撰文分析，经济现象和文化现象是相互关联的，金融危机打开了通往民粹主义浪潮的大门。而民粹主义也许会导致严重不负责任的政策，甚至助长仇外心理、独裁统治。

美国政治学者塞缪尔·亨廷顿说过，美利坚信条的政治理念一直是民族认同的基础。我因此很愿意把作家劳伦斯的名著《查泰莱夫人的情人》的开头移作我们聊天的结尾：现在没有一条通向未来的康庄大道，但是我们却手脚并用地前行，或摧枯拉朽而过。

管他天翻地覆，我们都得生活。

税,税,税
——特朗普的税改方案

到美国旅游和到美国生活是完全两码事,我最近在美国居住了两个多月,天天在生活琐事中打滚,对美利坚有更深切的认识,印象最深的是它的税收。

税渗透到美国生活的方方面面,不知者还以为商家耍滑头,阴阳价——凡物标价,我们中国的习惯就是直接看它的标牌,在美国我们也习惯这样,一只烤鸡,包装上标签 3.5 美元,你会大呼便宜,但且慢高兴,到结单就是 4.5 美元,这就是“税”,你看不见它,它却时时看着你。

不过也有常常盯它、分析它“行情”的人,那就是律师张军。夏末的洛杉矶,我们漫步在“南加州大学”的校园,他刚刚结束了一次精彩的演讲,我们的话题就直奔“美国的税收”。

特朗普的税单

胡展奋:先问一个傻傻的问题,中国和美国,那个国家税收多?

张　军:当然美国的税收多。道理很简单,美国的市场经济是世界最发达、最成熟的,从殖民史看,美国历史有 400 多年;从独立的国家意义看,美国建国 200 多年,它的税收制度也就发育成长了 200 多年。美国杰出的政治家、发明家富兰克林有一句名言:“在美国惟死亡与纳税无可逃遁。”

此话流传之广犹如那句“人是生而平等的”一样,人人皆知。

中国改革开放才40年,长期计划经济的因素,人们开始有税收的概念,还只是近十来年的事。如果以2015年为例,美国的两块税,联邦税占美国GDP的18.5%,各州和地方税占18%,加起来大约37%,也就是说三分之一以上的GDP,被美国税收拿走了。而中国呢?中国的国家税只占GDP的9%,地方税和各种社保加起来,再加上中国的国家税总共也就占GDP的23%。换句话讲,中国的税收只占GDP的四分之一都不到。

您也算在美国生活过了,咱们举个很简单的例子。在美国生活的人都知道,你是需要报税的,逃税将被严惩;而在中国,“纳税者”这三个字,恐怕也就近十几年来才常见于报端媒体,大家也就是近十几年来才意识到,我是不是去纳税?因为事实上,美国大部分的税,跟个人直接就收走了,而中国的很多税都是从企业、从其他途径收的,个人纳不纳?其实也纳,但是没有直接从你兜里拿钱而已。

美国呢?只要你是个人,只要你有收入,你就得交个人所得税,而且他的个人所得税,相对而言收得还比较高。

除此之外,最显著的是,美国有遗产税,还有房产税等,都是直接针对个人而言的;而在中国,这些税目仍然在讨论之中。

胡展奋: 说起这地产税,说实话是我至今犹豫着是否要在美国买房的主要原因,我算了一下,若我在奇诺买房,50多万美元的一套房,一年的地税就得交掉1万美元,如果我在美国没收入,那就得用人民币“浓缩”成美元去兑付,所以还得好好合计合计呢。

张　军: 我是江苏人,来美国三十年,主要工作是做律师。学术的背景是在美国学的国际政治和在美国学的法律。学法律是在杨百翰大学法学院毕业的,我的两个著名的校友,一个叫罗姆尼,是我的学长;还有一个叫洪博培,曾经也到中国去做过大使。当然杨百翰的舞蹈团以前也很出名,改革开放以后第一个去中国访问的舞蹈团就是杨百翰大学的舞蹈团。做律师做了二十年，基本上都是做商业、税务等，就是跟公司、企业等有关的。所以我一直说，虽然对法律很了解，但是对税收，我坦率说，我也很讨厌，职业的需要我一定要弄懂它，但我同时也觉得我对美国的税基本上是无所适从(笑)。

美国众议院多数党领袖麦卡西

胡展奋：美国的税虽然多，但美国的社会福利还不错，是不是税民“踊跃交税”的结果？

张　军：阁下所言差矣！为什么这轮大选特朗普这么热门呢？为什么很多美国人越来越反感美国现有的体制？就是因为(税收)用于福利的部分日益减少，就是因为美国现在担负了太多的大国责任，美国这个税收，很大一部分用于它的军费开支、外交开支、维稳开支和反恐开支，而各大城市的公共设施日渐老化，基础建设捉襟见肘，已是众所周知的事实。

那么，换句话讲，美国选民现在在想什么呢？你看，到伊拉克吧，我山姆大叔去打仗，打完仗之后，你中国来做生意；到非洲吧，我去维护安全，维护完安全你中国来做生意；到东亚地区，到全球各个地区都是，我出钱、我出人去打仗，把对方摆平，摆平后你中国过来做生意，搭顺风车哎，是不是这个样子呢？

目前的国际分工坦白讲还差不多是这样，美国你是世界老大，老大你就得承担老大的责任，所以你从国内收的大额的税收，得养你这十几个编队的航空母舰，而中国呢，相对而言，可以搭一段美国的顺风车，因为我的军费开支，只要保证我自己的安全得了，我又没有你美国那么大的野心，要全球布局，所以我的广大税收，基本都用于我的基础设施建设，高铁呀、港口呀、路桥呀，或者慢慢增加国内的社会福利，缓和贫富差异。从这个角度上讲，目前对于中国来讲，还真的是一个难得的发展机遇，因为可以用较少的税收、较少的国际支出，来换取一个较好的国际环境。

今天我讲课时，有学员问我，如果我是希拉里·克林顿，如果又有机会攻击特朗普，我会选择哪个角度下手？

这个问题提得刁。因为特朗普看上去浑身都是瑕疵，以假痴假颠的"大嘴巴"闻名，但是"都是重点就没有重点"，我的攻击只能"突破一点，不及其余"，我就必须思考，美国选民最在乎的是什么？答案很清楚："美国'万税'"！人们最在乎的就是一个公民的"偷税漏税"，希拉里·克林顿的攻击点没有选错：请问，特朗普为什么到现在不公布自己的税收、税单?！英文叫 tax return，这个 tax return 变成了这次竞选活动当中最重要的一个话题，原因就是在过去的四十年到五十年当中，所有的竞选总统的人都会公布自己的完整的税单。当然这个税单如果我不选公职，那就是我个人的资料，也就是税局跟我之间可以沟通，不必要公布的。

胡展奋：那，能否给我简单介绍一下美国的税制？它的沿革和大致的结构，我们希望知道一个大概。

张　军：可能有点枯燥，您可不要嫌烦。美国税制是以所得税为主体的税制体系。联邦税以个人所得税、社会保险税、公司所得税为主，此外还有遗产税与赠与税、消费税（包括一般消费税及专项用途消费税）、暴利税、印花税等。

它是怎么出现的呢？1775 年英属北美 13 个殖民地人民进行争取

民族独立的革命战争，次年宣布独立。1783 年英国承认美国独立。1781～1787 年这 13 个州组成邦联国会。此时这一松散的州际联盟尚没有征税权。部分州只对有些船舶征收吨税或限制关税。在全部财政收入中，税收比重极低。转折点在 1787 年，美国制定新宪法，规定联邦政府享有独立征税权。关税成为联邦的主要收入来源，此外，还征收少量消费税及一些直接税，各州政府主要课征财产税和人头税等。19 世纪中后期至 20 世纪初，美国联邦政府实行扩大消费税和提高税率的政策，消费税比重急剧上升，关税退居次要地位。

至 1902 年，消费税占联邦税收总额的比例高达 95％。在州一级税收收入中，财产税仍居于主导地位。1913 年，美国第 16 次宪法修正案赋予联邦政府以所得税征收权，美国税制开始向以所得税为主体过渡。这以后，所得税法几经调整和完善，税收收入增加很快，到 1982 年，在联邦全部税收收入中，个人所得税收入占 47.6％，具有所得课税性质的社会保险税收入占 32.9％，公司所得税占 7.5％，形成以上述三种所得税为主体的税制格局。

和我们直接有关的还是个人所得税。我就多说说个人所得税。

个人所得税的纳税义务人为美国公民、居民外国人和非居民外国人。美国公民指出生在美国的人和已加入美国国籍的人。居民外国人指非美国公民，但依美国移民法取得法律认可有永久性居住权的人。其他外国人即为非居民外国人。美国公民和居民外国人要就其在全世界范围的所得纳税，而非居民外国人仅就其来源于美国的投资所得与某些实际与在美国的经营业务有关的所得交纳联邦个人所得税。

个人所得税采用对综合所得计征的办法。课征对象包括：劳务与工薪所得、股息所得、财产租赁所得、营业所得、资本利得、退休年金所得。从所得中应剔除的不征税项目有：捐赠、夫妇离婚一方付给另一方的子女抚养费、长期居住在国外取得的收入、军人与退伍军人的津贴和年金、社会保险与类似津贴、雇员所得小额优惠、州与地方有奖债券利息、人寿保险收入、小限额内股息等。可扣除项目有：在国外、州、地方缴纳的税款、医疗费用、慈善捐赠、付借款的利息、意外损失、取自政府储蓄计划的利息等。可以抵免的项目有：家庭节能开支、抚养子女及赡养老人费用、已缴外国所得税。从总所得中扣除这些项目后的余额即为实际应税所得。依差额累进税率计税，按年计征，自行申报。家庭可以采用夫妇双方共同申报办法。

这些税，看上去多得让人眼花缭乱，其实仔细看，会发现你真正要交的不多，“剔除”的、“扣除”的、“抵免”的项目不少。它还有一个原则，就是“不重复交税”原则，举例说，您在中国大陆的收入，如果已经在大陆交了税，那这里就不会再征收了。同一个项目两边重复征收是不可能，社会上以讹传讹的很多，大家不要轻信。

胡展奋：听说每个美国公民与“永居者”每年都要对税务局做一次“坦白交代”？

张　军：哈哈哈，没那么严重(笑)。有人调侃说，每年的 4 月 15 日，是美国人民的“受难日”，也就是报税日，当然我讲的是笼统的，因为也可以有例外，可以延税什么的，特殊情况可以延长到每年的 10 月报税。但是绝大部分人是 4 月 15 日，4 月 15 日之前每个人基本上是采取绅士的行为，就是你今年的收入你自己要报，我讲的“自己”，事实上大部分是通过会计师来报税的。因为这个浩如烟海的税法里面有各种各样的需求、要求，投资的不同、工资单的不同，收入的不同，资本利得的不同，退税的不同，还有你们家的人口结构的不同，离婚多少次的不同，这个非常复杂，必须有专业的会计师指导。在 4 月 15 日之前你就要尽你自己最大的能力，把这个事情完成，当然也可能是您的会计师为您代劳。完成了以后就交给税局，税局根据电脑记录、根据他们的数据库进行核实。事实上我们很多的所谓员工的薪资税，联邦政府的要求是要代扣的。一年下来七七八八的各种减免等，如果需要退给你，就会以支票的方式退给你。像我们这种职业被退回来的可能性很少，大部分都是交出去，以前预缴的钱还不够，还要继续缴。

那个所谓叫 tax return，我觉得很大程度上是一个误导，它没有 return，就是你钱出去以后，大部分是薪资阶层的人可能会有一些 return，但是大部分，比如像特朗普，他为什么到现在不愿意公布？其中很重要的原因，因为这个 tax return 里面能够看出很多道道，就像一个人的体检报告一样，这个体检报告各种各样的指标确实能看出来一个人整个资产的构成。比如说他究竟有多少外国公司，外国公司他究竟交了多少税。他这么大的老板，究竟是跟巴菲特一样交了 15%的资本利得税，还是像张军我这样的律师要交到将近 30%多、40%的 income 的 tax。还有就是美国人鼓励乐善好施，你的很多捐款、捐赠是可以减免税的，特朗普说他对各种团体有大量的捐赠，那这个大量的捐赠很多人不相信，认为他根本就没有捐赠。有没有捐赠这个税单，这个 tax return 是最能证明的一个文件。如果没有，那就是没有了。你再吹牛也不行。

还有他一直说他自已身价接近 100 亿，很多人怀疑他没有那么多钱，那这个当然，tax return 也会公布这个东西。所以基本上就是主动申报，当然有一定比例的，也可能你什么问题都没有，但是联邦税务局，英文叫 IRS，还是有可能对你进行所谓的审查。所以现在特朗普的理由是说，他为什么不公布，不是他不愿意公布，而是因为联邦税务局在过去的两三年当中一直在审计他的税单。但是审计他的税单并不影响他公布，或者是说，没有审计的部分你可以公布，但是他现在就是说，因为没有审计，前面都可能跟审计的相关联，因此他的律师建议他不要公布。

综上所述，这个特朗普“最容易受攻击的部分”，最终就变成是美国的选民究竟多大程度上说“他不公布税单也可以接受”，还是说，我觉得这个最终就是要看他的税单。如果他这一次坚持“不公布”——有很多人，包括我本人，研究政治，比较关注美国的政治和法律这一块的人——觉得如果他不公布税单，而且又能选上，那他确实给美国未来的总统选举又树立了一个范例，这个范例就是你是可以不公布的。因为在过去的四十年到五十年当中，每个人都公布，虽然不是法律，但是形成了一个惯例。美国又基本上是以案例法为主的这样一个国家，惯例当然是案例法的一个相关联的部分。这个不公布究竟是为未来的选举树立了好的典范还是不好的典范，这个就看选民最终来怎么选择。

所以，通俗地说，美国的税收，基本上是这样几大块，一个最大的就是民众交出去的税钱，包括公司交出去的税钱，主要是交了联邦的所得税，或者干脆说，联邦的税这一块是我们交的，是地税，不是国税。

相当于国税这一块的钱是最多的，也是支撑美国这个国家强大也好，它的军工，它的每年五六千亿的国防预算等。包括美国最大的一块，事实上总统也动不了的，就是所谓的社会安全基金，英文叫 social security 这个部分，谁也动不了。这一块是它联邦税里面的一个重要的组成部分。

当然，美国是一个联邦制的国家，一会儿我们解释一下这个联邦制里面税收的运作的情况。联邦制的国家，就是每个州还有自己单独的税。凡在美国待过几个月的已经发现，就是加利福尼亚州，光在加利福尼亚州一个州里面，不同地方的税也是不一样的。如果是洛杉矶，则无论是橙县，或者是我们的洛杉矶县，我们的销售税，sales tax 也是不一样的。每个地方可以自主决定自己的 sales tax，当然这个 sales tax 很重要的一块，像我们讨论的学区房，我们讨论的救火队、医院等，很多是来自这个 sales tax 的部分。

我们这个县里面大概有八九十个城市，有的城市可能相当于深圳的街道，一两千票就可以当市长、市议员。它的城市里面还有一些税，比如像我们这个城市，我们现在讲课的这个城市叫做工业市，工业市基本上是一个特殊的政策下产生的特殊的产物，就是这个城市的居民非常少，大概只有不到二百人。

胡展奋： 才二百人？二百人的一个城市？

张　军： 对，二百人的城市，但正是这些人制定了这个城市的税收政策。但你真以为这个城市里面居住的是居民，那就错了，他们是商家！像我们这4栋办公大楼，全部在里面。但是这个税收政策，由于它必须是由当地的居民制定，所以当地的居民就变得权力非常大。这个城市在过去的这么多年当中，时常被政府、被媒体关注，这几个市议员的权力实在太大。前一段时间我们的某一个前市议员就被挑战，就是这个城市里面收垃圾的这个合同，究竟是给谁、怎么样定这个价钱、怎么样定这个税收的政策，那就是非常大的一块收入。当然，有媒体报道说他把这个合同给了他的亲戚朋友等，由此可见，美国也有权力腐败。

洛杉矶正义大厦
（洛杉矶郡警察局、检察官办公室总部）

这个城市的税收是一部分，当然还有州的税收，美国的主要的几个税收当局，一个就是我们加利福尼亚州的所谓的平权税法委员会。联邦的层面，可能就是民众已经熟悉的 IRS，Internal Revenue Service（美国国内税务局，即美国国税局）。另外还有两个部门可以收税的，就是美国的烟酒管制局，烟和酒的税是归他们来收。

再一个就是大家每次入境出境的时候，美国的海关——现在统称叫国土安全部——下面的管理部门，海关税收。

城市里面各种收税的机构可以说是多如牛毛，没有办法去逐一地加以解释。如果一个人假如有10万块钱的年收入，如果把所有的从联邦到州到县到市到销售到房地产税全部加起来，那么，他能自由支配的现金大概也就是 5 万块钱左右。

这个税我刚才讲了，也许联邦的所得税他只交 30%多，但是销售税，不论是非法移民、合法移民，你去买东西都要交这个税。您刚才说，你买一只烤鸡，包装上标签 3.5 美元，到结单就是 4 美元，很正常，这就是“销售税”。您到超市买任何东西，都得交销售税，全美国，无一漏网，所以富兰克林说：“在美国惟死亡与纳税无可逃遁。”

胡展奋：我现在比较关心在美国买房子的利弊，有利有弊，有房就有安全感、稳定感，归属感。但是，这里面的水也很深……

张　军：你买的房子，在美国按质论价。首先，是新房子？还是老房子？差别很大，老房子在很多地方是要打折扣的，白蚁蛀蚀的情况如何？水电煤设备与各种管道的维修程度如何？其次是区域，新区还是老区？非常讲究。拿洛杉矶来说，如果是东部的新区，相对来说，房价便宜，但是新区的地税因为要包含“新区城市建设费”，地税(根据你的房屋总价计算)往往高达 1.8%，甚至 2%。比如总价 50 万美元的一套独立别墅，一年就要交 1 万美元的地税，而老区的房价虽然要贵不少，比如阿凯迪亚，一套 140 平方米的联体别墅就要 75 万美元左右，但是它的地税低，往往只有 1.2%，甚至更低。我的朋友在巴沙迪纳有一栋 1 万英尺(约 1 000 平方米)的大豪宅，因为年代久远，每年只象征性地交一点。此消彼长，在美国没有白捡的便宜。税却永远地跟着你，你的房地产税要交，你加油也要交税，你买烟买酒、旅游交通甚至预购墓地，都有税收在里面。所以您能自由支配的钱是非常有限的。这就是美国，所以在已经结束的美国总统的选举过程中，大家可能也知道，共和党人跟民主党人之间一个最大的分歧就在于“税”，究竟是不是应该通过增加税收的方式使美国社会更和谐，按照奥巴马的话讲，让这个社会资源的再进行一次合理的分配，讲白了，就是请有钱人把他的钱再拿出来一点，给相对不那么有钱的人，来制定各种各样的让社会更和谐的政策。那么反过来就是，共和党长期以来的理念就是说，要让公司、中小企业主尽量减负,减负了以后这些人就是创造就业机会的人,能让社会获益,换句话说,如果他的税收得到了政府给予的优惠,那么他可以创造更多的就业机会,从而老百姓的生活就得到了改善,而不是像特朗普一直在批评奥巴马的,你虽然创造了这么多的就业机会,但是你创造的就业机会全部都是 low paying job,比如说是最低工资等。

所以现在在我们加利福尼亚州这个地方,是传统的民主党的票仓,这个地方通过的很多最低工资,有时候是比较离谱的。比如说现在我们最低工资是每小时 10 块钱,但未来几年当中要涨到 15 甚至 20 块钱。加州的很多企业,因为他有个心理预期,比如说像麦当劳,比如说像肯德基,纷纷说要么尽量增加自己公司的自动化,就是尽量让机器去做,这样机器不用交这么些税;要么搬离加州,因为这个地方的税收实在是比较高。

相比之下,怀俄明州与乔治亚州的最低时薪为 5.15 美元;阿拉巴马州、路易斯安那州、密西西比州、南卡罗来纳州与田纳西州等并无全州最低时薪要求,受公平劳工标准法保护的雇员,最少可获联邦最低时薪,不受该法律保护的员工可能获更低的时薪。在美国有 15 个州跟从联邦标准,设定 7.25 元为最低时薪。

胡展奋: 在美国有没有最高的最低时薪?若有,是多少?

张　军: 确切地说,截至 2017 年 1 月 1 日为止,“最高的最低时薪”在华盛顿,它是 11.5 美元。为什么有时间设定呢?因为它是不断变动的。

所以牵涉到,我今天还想讲的另外一个,现在很多美国公司要搞所谓的 tax inversion(税收倒置),这个不是 investment(投资),如果我解释完你们能找到一个很好的中文翻译,我也很欢迎。什么意思,因为美国跟其他国家的税收不太一样,首先,公司跟个人一样,基本上是全球征税。世界上全球征税的国家并不是特别多,美国算是其中一个。比如美国有一个著名的制药厂,叫作辉瑞,这个辉瑞制药厂前一段时间要跟加拿大的一个相对比较小的制药公司合并。合并以后,要从账面上把自己公司的总部迁到加拿大去。迁到加拿大去以后，它的很多收入可以享受加拿大的待遇，相对美国要便宜。比如美国的公司的税，一般在35%左右。它总部迁到加拿大以后，很多利润可以不回到美国来。它赚到的钱，可以以加拿大辉瑞的总部名义借给美国的公司，尽管只是在账面上，总部、领导都没有离开过，这个就叫 tax inversion。这在过去很多年当中都是可以的，但是现在，奥巴马政府说不行，这个事情是一个诡计，是刻意回避美国的税制。但是因为确实没有法律不让他这样做，所以行政当局的内部制定了一些规则(regulation)。美国的财政部长雅克布·卢这次也在G20的峰会上。他说找到了一些漏洞，坚决反对辉瑞一类的行为，但是在辉瑞之前，已经有成千上万的公司做过了，美国的很多快餐店什么的都已经做过了。然而，就是在辉瑞做这个事情以后，政府放出风来，不允许做这样的事。导致辉瑞跟加拿大的制药公司的股价都遭到了很大的挫折。

但事实上很多做企业的人都明白，任何事情都有它的一点两面，他们会告诉你说，之所以这样做，事实上正是美国的政客逼的，因为是你制定出来的政策。辉瑞公司当然是一个美国公司，应该对美国人民负责任；但是更重要的不是对美国人民负责任，是要对自己的股民负责任，股民当然要在合法的范畴里面寻找最大的利润。所以说与其允许行政当局做这样的工作，不如改善美国的税制，使美国的公司不要离开美国到海外去避税。

因此使我想到了另外一个案例，最近大家在国内都关注"苹果手机风波"，前几天新华社还来采访我。苹果手机在全球各地都有生产基地，在中国也有，主要基地是在欧盟的一个成员国爱尔兰。爱尔兰的税收政策非常优惠，所以苹果电脑通过非常税收的架构在爱尔兰成立公司，使它的利润、税收等很多都截留在爱尔兰。

这次倒不是美国发难，而是欧盟，逼着爱尔兰非要向苹果电脑征140多亿欧元的税，可能最后还会高于这个数字。但是这次奥巴马政府又采取了跟辉瑞完全不同的态度，说欧盟这样搞不行，美国政府认为是对自身贸易的保护主义，因此坚决反对欧盟这样做。

所以这两个政策非常自相矛盾，为什么辉瑞不可以去加拿大，而“苹果”可以去爱尔兰，一旦欧盟发难，美国政府还要保护“苹果”呢？原因可能是收税的单位一个是美国政府，一个是欧盟，所以这个钱可能会去到不同的地方。所以美国的税收政策跟美国的政治结构有非常大的关系，一会儿我们再谈它的法律体系的部分。

美国总统的权力真的是非常小

胡展奋： 看来，美国的政治结构和法律结构的确跟中国有很大的不同，对税收的影响也很大。

张　军： 美国的税收单位很多时候受政治结构不同的影响之大，简直出乎意料。就像新闻所说美国联邦的国会经过 7 个礼拜的暑假后，要回来办公。“回来办公”也是新闻？是的，在美国就是新闻，因为“回署办公”意味着马上就要进入 10 月，意味着新一轮的“政府麻烦”又开始了！弄不好政府又要“到处流浪”。阁下大概知道，每年的 10 月就是美国要辩论预算的时间，每年美国政府几乎都要因为预算的事情而“关门”，有的时候可能是一天，最长的时候，在克林顿时期大概关闭了 20 多天。这在任何一个大体量 GDP 的国家里是不可想象的。

国会不同意政府提出的预算，那么政府就没有钱花，就要关掉。这个关掉当然是逐渐地关，比如说不重要的部门先关，然后逐渐过渡到中央情报局、国防部等，逐渐过渡到每一机构。

于是每年关闭，似乎已经在过去的 20 年中基本上形成了美国联邦政府的办公常态。

这种窘态，是什么原因造成的呢？美国的民众。这次的选举美国民众为什么会做这样的选择？事实上美国的民众每一次在选举的时候似乎都有这样一个选择，就是在白宫里面放进去一个民主党的总统，然后又一个共和党的国会。客观上，冥冥之中就会造成白宫跟国会之间相互掣肘的作用。

往好的地方讲,是加强了对政府的施政监督和制衡;往不好的地方讲,就是政府的手脚被束缚住了,没有办法推动施政。所以这个好与不好关键是看你从哪个角度看这个问题。很多中国大陆来的朋友都很难想象,像美国这么强大的一个国家,政府居然"可怜"到两个月、三个月、五个月就要回到国会重新要钱,要不停地要钱。然后国会说,给多少钱。

如此来回折腾,其中有很大的一部分跟美国的税收有关。原因就是如果是民主党的总统在白宫里面,那么国会时常说,如果你要预算,那就请你在什么地方减税,反之亦然,你一个共和党的总统在白宫里,那么民主党也要制约你。现在又增加出来一条,不但要减税,而且要减少所谓的国家赤字。现在美国的国家赤字大概在 4 万亿左右,不得了的赤字,基本上就是今天用着后代纳税的钱,所以共和党人说我们要减少预算。

举一个例子。历史上在罗姆尼的选举阶段,罗姆尼跟麦凯恩的选举您还记得吗?两个人选举的时候,罗姆尼最后推出了一个副总统的候选人,这个副总统的候选人叫 Paul Ryan,瑞安。瑞安是一个 70 后的高富帅,二十多岁就当了国会议员。为什么要选这个人?是因为有很多政治方面的考量,其中一个最大的政治方面的考量,就是瑞安是一个税务专家,他当国会议员以后就逐渐高升。因为他在税收方面的长才,逐渐就做到美国众议院预算委员会(Ways and Means Committee)的主席。总统每年提出来的预算,先要在他的委员会里面进行讨论。如果在这个委员会里面都过不了关,那再到美国的众议院、参议院去就非常难过关。所以瑞安当上了 Ways and Means Committee 的主席以后,从奥巴马上台的那一天起,他就跟奥巴马形成了非常大的矛盾。在奥巴马的眼里,他才是最大的敌人,因为他想要的拨款、想要的税收政策都拿不到。但是在共和党人的心目当中,瑞安就是一个英雄,因为只有他才能抑制奥巴马。因为白宫里面总统是民主党人,现在国会里面就要放一个共和党人,主要就是靠瑞安,不断阻击奥巴马庞大的社会复兴计

美国联邦众议院议长瑞安

划，其中包括税收计划。卡住他，不让他过关。

所以有时候没有办法谈成，就形成了僵持。这个僵持就导致美国国会每年 10 月份的时候，关于提高国债的上限等都要出现一番争斗。所以美国的税收政策，尤其在联邦的层面，地方的政府也差不多，几乎都跟它的政治构成有着非常大的关系。所以美国政府并不可以随意制定自己的税收政策，很多时候它必须要跟国会去商量。如果国会跟总统始终不能调和，民众可以把官司打到法院里面去。法院最后要做出一些裁决。税收政策从来就是美国法院，尤其是联邦最高法院，特别需要考虑的。

胡展奋：我总觉得美国的政治结构很特别，感觉它总想让美国保持强大，保持老大的地位；但又总是暗中"使绊子"，要让政府难堪，甚至让政府"闯祸"。

张　军：所以，如果可以，我想把美国的政治结构也介绍一下。

上一次的G20，大家可能也听说了关于奥巴马到中国访问的各种情况，各种跟中方闹出来的一些别扭、不愉快等。美国的总统在海外总被人认为是一个很牛的、很有权势的人，或者是权力极大之人。这不是真相，真相是：美国总统在美国国内，事实上是权力很小的人。你想想，奥巴马上台以后除了前两次的预算是拿到了完整的一年预算，一直到快下台了，他都从来没有拿到过一个完整的一年预算。

美国的这个预算体量是很大的，但是国会不批给总统，总统也没有办法拿到。在美国，权力的确是被关在笼子里的。

比如说总统要推动一个小小的动议，还不用说是“禁枪”，只是一个很小的“控枪”的建议，总统要想在国会里面过关都非常之难。所以他在美国的国内，权力是有限制的，在世界的一些重要国家里面，他可能是权力最小的行政当局的首脑了。通过去年已经结束的美国总统选举，你们就会发现，总统基本上是“受管制”的，是“管制分子”。美国的税务局是在美国的财政部管理之下，总统的权力基本上也就是税收的权力，海关的权力也是在总统行政的权力领域。所以他的权力，基本上是受到美国所谓的“产生权力的权力机构”所掣肘的。

研究美国，必须得好好看看这个选举的制度。这个选举的制度就是，总统的权力都要从我们现行的制度里面来产生。这个现行的制度是怎么产生的？就是如果你想当总统，你必须要到美国的50个州里面去竞选。不是全美国的一次性的投票，候选人要到50个州去投票，最后还不是美国人民一票一票投出来的。美国人民投的票不是选总统，而是选代表他们去投票的这个选举人的代表。选举人团制究竟好和不好在什么地方，最终会造成什么问题？就是它会导致一个，在美国历史上已经多次发生，由更少的美国人投票产生的美国总统。民主政治得到更多普选票的人才能当上美国总统，但是选举人团票，就导致了美国的历史上已经不止一次出现了由更少的美国人选出来的人当上了总统。政府机关包括税务局、财政部、海关，都是由总统任命的。

所以制定税收的政策，制定各种各样的财政金融的政策，必须要配合这样一个制度。在这个制度下，4 年以后很有可能还要再选，即使像奥巴马 4 年以后不选了，他还有辅选本党同志的义务，比如像辅选希拉里·克林顿的这样一个需求。因为他希望希拉里·克林顿继续能够延续他的所谓的总统的“业绩”，他自己创造的种种的好的地方，比如说 Obama Care，奥巴马的全民健保，等等方面的东西。所以说，美国的选举制度是世界上独一无二的选举制度。正是独一无二的选举制度产生了美国独一无二的各种政策，包括美国的税收政策。

胡展奋：我一直想知道，美国是选举人团制度，那请问有谁知道为什么一定要有这个制度？现在谁都知道现代的民主模式——普选——一人一票为什么不可以？

张　军：在美国要想当选民，是不容易的一件事。美国宪法的缔造者们，或者叫共和国的缔造者们，他们当时设立这个选举制度的时候就有非常充分的考虑。摆在当时美国人面前的有两种方式，一是由国会选举总统，另一种是由全国人民直选总统。由于普通民众对政府不信任，害怕国会选出的总统会为特定的利益集团服务，而不是为了全体民众的福祉，所以国会选举总统的方式被否决；另一方面，政府也担心民众投票时不理性，可能会被别有用心的人利用，再加上当时的条件限制，全民普选总统的方式也没能够获得通过。最后，在大家的妥协之下，对政府和民众都有所制衡的选举人团(Electoral College)制度最终获得实施。

我不知道是刻意的还是真的他们特别英明，就是你们要当好一个普通选民不是那么容易，绝对不是说总统大选的那一天，只要我那天拿着我的身份证到达投票站就可以投票。你到那天根本进都进不去，不允许你投票。

你首先要在这个投票日之前，要注册成为一个注册的选民，成为一个注册的选民以后，才能参选。但是初选，50 个州每个州都要办总统初选，这个初选早在一年多以前就开始了。而作为一个选民，你如果不关注这一年多来每个候选人的发展的情况，你根本不知道该选谁。比如当初，当选举还剩 70 多天时，我们根本不熟悉特朗普，希拉里我们多少还知道一点，特朗普的税收政策我们也不知道，他的移民政策一天可以变三次，你也不知道他究竟是怎么样，你怎么选他？更何况如果你从来没有搞过，你就 11 月 8 日去，第一你进不去，第二你就算碰巧注册了，你到那一天还是不知道选谁，尤其是像 2017 年美国出现了政治上一个非常奇怪的现象，就是“准总统”都是美国人民普遍不喜欢的候选人，没有一个喜欢。大家现在不是更喜欢谁，而是在选更不喜欢谁。

同时，11 月 8 日也好，历年的选举日也好，那一天不是美国的国定假日，它是一个上班的日子，投票站早上可能七八点钟开门，晚上 8 点钟全部都要关门。所以，美国的任何一次总统的选举，总统的投票率都不高，就算是其他选举，投票率也非常低，民众的参与度很低。美国人说这是成熟民主应该有的现象，那我就要反问，干脆没一个人参与选举，是否就是“民主最成熟的时候”？见仁见智吧，每个人可能有自己的看法。

到那天以后，由于之前你要登记，还要花时间了解候选人，所以已经花了很多精力。选总统的那一天实际上不仅仅只有一个名字，因为美国人为了节省资源，你的参议员、州长、众议员、学区教委、市长、法官全在一个选票里面，说是“票”，其实是一本书。你还要了解他们的政策等。我就试问一下，那天是一个上班日，如果你是一个单亲妈妈，带着 4 个孩子，有可能还有 3 个不同的爸爸都不一定，你早上 6 点钟就要起来吃饭，送 4 个孩子到 4 个不同的学校里面上课，然后你到了单位上班以后，你多半的时候是迟到的，老板还要骂你，说你为什么迟到，然后你下班了又忙不迭地冲出去，要把这 4 个孩子再接回去。等你结束全部家务，饭弄完，投票站都关门了，8 点钟就关门了。

所以这样一个复杂的选举制度，就是刚才讲的，客观上它是有利于“时间充裕者”的，我认为——当然您可以不同意我的看法——客观上它是有利于社会精英，有利于有钱人甚至“为有钱人设计的”。因为有钱人或者是公司的老板们，可以不考虑我刚才讲的那些限制投票的因素。

当然，这个选举制度之所以诞生，还有另一种说法。1776 年 7 月美国刚建国时，美国的先贤就设计了“选举人”制度，据说主要目的是为了防止政客向选民虚假承诺，骗取选票，由“选举人”间接选总统，可以避免类似的弊端。还有一种说法是，有一部分制宪者对民主抱有忧惧的心态，认为民众易被煽动蛊惑，所以应该把挑选总统的权力交给更靠得住的精英。

胡展奋：感觉已经过去了的 2016 年，美国真热闹啊！

张　军：2016 年是美国建政 240 周年，但是美国不办阅兵，百年也不办，什么年也不办，因为没有人敢花这个钱。

像我儿子艾伦，那年才 11 岁，希拉里到洛杉矶来，我就说带他去见见这位女政治家。她来加利福尼亚州不是来争取选票的，因为她不来，这个选票也是她的，她主要是来争取钞票。因为美国选举就是两部分，选票跟钞票，就是钱。你要想选举，没有钱你选不了，你必须要筹款。所以民主党人到加利福尼亚州来，大部分是来筹款的，不是来争取选票的。希拉里在 8 月份，一个月筹款大概一亿四千万美元。

胡展奋：一亿四千万美元？谁给她钱？

张　军：就是加利福尼亚州的各个阶层和各种社团，比如说演员，普通的民众也可以。上限是 2 700 块一个人，一对夫妇就是 5 000 多块钱。在一次选举当中你可以捐两次，一个是州的初选，一个是最后大选，就是一万多块钱。但是她来办的大部分是大型筹款会，这个筹款会不受这个限制。很多政治行动委员会，虽然表面上不能跟希拉里发生直接的关系，但是那些都是支持她的团体，所以你可以期待，她筹到的款最后都用于为她辅选去了。所以我刚才讲的为什么美国民众不怕官，他觉得我自己是纳税人。那天希拉里来洛杉矶，还是来筹款的一个活动，大概也就 100 多个人，但是她当天的活动特别多，要到各地方去筹款。那么一个一个地跟她照相、寒暄都很快，轮到我这 11 岁孩子的时候，她就慢下来了。因为美国的政客觉得，不能得罪孩子。孩子就跟她说，我觉得您是前国务卿，你是不是该考虑为美国的中产阶级做点什么事？因为我爸爸妈妈确实很辛苦。讲白了就是税收交得太高了。

希拉里想了一会儿，用英文讲：I totally agree with you，说我完全同意。后来我回去跟我儿子讲，你真是了不起，你创纪录了。因为她就算连比尔·克林顿她也从来不是 totally agree，她竟然能 totally agree with you。

美国的民众普遍就是对想当美国总统的人，经常是指指点点，说你应该怎么样，你应该怎么样。

胡展奋：那她自己私人财产能用于竞选吗？

张　军：可以，这个问题问得非常好。这个我始终认为是一把双刃剑。特朗普在初选的时候，他说，你看，我是从来不拿政治集团钱的。那是不拿的好处。美国民众已经厌倦了，你只要拿了别人钱，你肯定要为别人说话。所以为什么特朗普说，希拉里你逼着我要公布我的税单，那请你把你过去几十次跟华尔街高层演讲的这些演讲稿全部公布。他说怎么可能一个小时的演讲，就付你 50 多万美元的？你讲得太好了，美国民众都想听听。你太想当总统了。意思就是你跟这些华尔街的大佬，给美国造成了那么多的金融和经济危机的大佬，你究竟跟他们承诺了什么？如果他们要选你的话。

他说，我就不收这些人的钱，我全用我自己的钱。美国民众当然觉得这是美国政界的一股清风。当然后来特朗普进入大选阶段，他已经不说这个话了，他后来事实上有积极的筹款。但是他有一个不好的地方是什么，就是政客通过筹款。我刚才讲过，美国的筹款的标准，就是普通人，像我们这样的普通人。我们给总统的捐款是一个总统的周期里面可以捐两次，每一次单人的上限是 2 700 美元。这个是不能抵税的,政治捐款是不能抵税的。

但是,一年多以前,美国的联邦最高法院判了一个案子,这个案子叫做公民联合,Citizens United,让最高法院推翻原来的一个决定。如果你有一个公司,或者叫政治团体,不是个人,你这个捐款是没有上限的。所以就变成像拉斯维加斯的某大亨,他一拿拿出500万,或者是拿出上千万,但是他不能捐给个人,不能捐给希拉里或者是特朗普,他要捐给他喜欢的pack,或者叫super pack,超级政治行动委员会。这个超级政治行动委员会基本上就相当于一个非营利机构或者是一个公司的形态在运作。法律要求他们,一个超级行动委员会的理念,比如跟特朗普一样,那么你们两个单位之间不能协调你们的立场。但这个怎么监督?

因此民主党人就批评说,这个基本上就是让大公司获得了无限的话语权。因为他们可以捐很多的钱给政治行动委员会,每天的广告就连篇累牍都在说这样的事情。这个可能也是它的好和不好,社会自有评价。

当年美国大选,奥巴马是一匹黑马,因为他当初来选举的时候,没有任何人相信他能选上总统,当时希拉里这些人的民调,简直是他无法应敌。在我们附近有一个餐馆,凯越餐馆,餐馆正中间就挂着老板跟奥巴马跟他的夫人米歇尔·奥巴马的照片,两个人一边一个,这个餐馆的老板站在了中间。

什么意思?就是奥巴马在第一次选总统的时候,到洛杉矶来筹款,他非常感谢我们这些人去听他讲,他说我知道,诸位,你们今天肯定都有各种重要的工作要做,我一时半会儿要想选上总统也是不太可能的,目前这个民调都明摆着,所以你们能来我非常感谢,我们大家一块儿照相吧,你站中间。是这么一个来历。

但是事实上,奥巴马的第一次选举,如果我们把全体美国人民的投票相加的话,超过了一千万票,压倒了当时的对手麦凯恩。这在美国近现代史上是很少见的。因为以往美国的选举票数差距是非常小的。他当时就说，我认为我是美国历史上第一个开启用互联网，在网上进行总统理念宣传的人。就是激励了很多原来不出来投票的年轻人、黑人、少数族裔。那些人给他的捐款非常像去年的桑德斯的捐款，就是 10 块、20 块、1 块、5 块、8 块。他说虽然你捐的不是很多的钱，但是我赢得了你一票，你捐给我这 20 块就证明你会投我这一票。

这就是为什么联邦选举委员会，每隔一个季度就要公布两党的筹款情况，两党候选人的筹款情况。不仅仅反映出你的经济能力，更重要的是反映你的民意。就是有多少老百姓有潜在的可能要给你投票。所以这个就回答您刚才讲的，你绝对可以用自己的钱来选举，但一般的美国的职业政客选择尽量不用自己的钱，一方面当然自己的钱最好不用，这是自私的想法；更重要的，他要通过筹款活动，凝聚最大支持。

所以在筹款上，特朗普算搞了半个，因为他大选的时候，是在筹款的。历史上还有老布什跟克林顿的那次选举，大家记得吗？本来克林顿是赢不了老布什的，但是那一年出现了第三个候选人叫佩罗特，Ross Perot。这是来自得克萨斯州的仪器公司的一个老板，非常有钱。他的口号也是我不要纳税人的钱，我自己用自己的钱选。结果他没有选上。因为他的选民基础，跟老布什的选民基础非常重合，所以就把这个票给稀释掉了。所以克林顿第一次选举的时候是坐收了渔翁之利。从此以后这两党意识到，第三势力千万不能让他做大。两党平时斗得水火不相容，用希拉里的口气，当 CNN 的安德斯·库珀问，你认为你一生当中最大的敌人是什么人？她说当然是共和党人。后来美国的民众说，你怎么可以这样讲话？共和党人也是美国人，你当美国人的总统怎么可以说最大的敌人是共和党人？

所以两党平时都视对方为水火不容的敌人。但是当这两党听说有一个第三势力想兴风作浪，就会很快结合起来成为一个统一战线，因为他们知道，这个第三势力将是他们更大的敌人。所以他们要一起扼杀任何想出来的第三势力。因为任何出来的第三势力会把一个大家已经打习惯的牌打得很烂。

再回到总统行政权力、税务局权力的来源。原来美国的这些“开国英雄”，麦迪逊、华盛顿、杰弗逊这些人，对那个时候的美国，大家都还不知道要变成是一个类似于中央集权制的体系，还是要变成一个松散的邦联，最后两个都没有实现，它变成了一个介于中央集权和邦联之间的一个所谓的联邦制。这个联邦制的意思是什么？就是联邦的政府，中央的政府有一些权力，比如说税收是他们的重要权力之一，外交、国防、造币，等等，这些是它的重要权力。但是更多的权力，联邦制是不放在中央政府的，更多的权力是放在州的政府，放在县的政府，放在市的政府里面。所以总统，每当 10 月份，我们前面讲笑话的时候提到，每到 10 月的时候，联邦政府要关闭。联邦政府关闭，美国人民普通的生活受到的影响是微乎其微的。学校、医院、救护队、救火车，国防、财经、外交，这些都没有受到影响。受到影响的，反而是旅游者，因为他们到国家公园去访问，比如说像黄石公园，因为它是联邦体系里面的公园，它关闭了(笑)。

所以每次政府关闭的时候，美国都会有很多老百姓讲笑话说，政府今年又关了 20 多天也没有影响我们的生活，那干脆让联邦政府彻底关掉算了，就不要这个中央政府。美国时常有这个思潮，就是“无政府主义”，总统的权力被制约。你想在联邦的层级施政吗，是的，税收政策是他制定的，但他首先要跟国会去宣讲，希望国会能够批准。批准了以后，老百姓不满意，告他这个税收政策，他还希望联邦的法院系统能够支持他。州的部分，州长也是民选出来的，根本不受总统控制，总统不能命令州长去干什么。所以总统对地方政府的唯一节制权——当然在联邦层级他要跟国会、跟法院去分享——就是税收到底返回给你多少。返回给你多少不是总统一个人完全可以说了算，但是多少有一些权力。加利福尼亚州人永远都感到很倒霉，原因就是加州的财税永远在“扶贫”，占全国财税收入八分之一的税收交到联邦政府以后，这笔钱去了更困难的地方。

由于美国是一个联邦制的国家，我们希望美国以后要变出更多的州，欢迎更多的州参与。我们要让早参与的晚参与的州的权力都是一样，都是公平的。同时我们要避免大州，当然建国时没有加利福尼亚州，我们要避免，比如像纽约州、加利福尼亚州这种很大的州，侵犯到小州的利益，所以要用选举人团制。

你试想，如果用普选制，因为综合实力强大的原因，这个总统将永远会是加利福尼亚州人和纽约人。不太可能是俄克拉荷马人或阿拉斯加人。选举人团制的好处是什么？就是把选民人数，就是总的参选人数所产生的力量削弱一点，对美国大选的影响力降下来一点，让弱小的州郡机会多一点。

有一个典型的例子，就是加利福尼亚州，号称富可敌国，第一，人口将近三千多万，GDP 全美国第一。反过来我们再看一个特别小的州，遥远的阿拉斯加州，阿拉斯加州太遥远了，它中间竟然还要隔着加拿大，它的人口 70 多万。如果是普选的话，阿拉斯加人，没有人会考虑他们的利益了。

选举人团怎么产生的我大概说一下。选举人团的总代表人数是 538 名，就是每一个州的参议员都是 2 名，所以 50 个州就是 100 名；众议员的人数是 435 名，参议员加众议员的人数总共是 535 名，华盛顿特区又特别给它 3 票，所以就是 538 票。任何时候任何一个候选人获得了 270 票以上，他就当上了美国总统。如果我们看加利福尼亚州，加利福尼亚州人口多，所以我们众议员人数多，有 53 名众议员。参议员不论大州小州都一样都是 2 名，所以我们总数是 55 名。阿拉斯加州无论如何要保证它有一个众议员，同时再小的州，70 万人也得有 2 个参议员，所以是 3 票。3 票对 55 票当然还是少，但是这比起 70 万人口对 3 000 多万人口的悬殊，大州影响力已经降低了很多很多了。当然还有别的方法进一步增加小州在美国的行政当局中的权力，减少大州这方面的权力。

中国应该如何应对特朗普税改

胡展奋：看小说的时候，看到美国人不怕 FBI、CIA 等情报机构，就是怕国税局来巡查，这是真的吗？国税局到底有多厉害？为什么？

张　军：小说不免夸大。不过美国的国税局的确不能等闲视之，因为它是“武状元”出身(笑)。国税局(IRS)的前身就是林肯为了解决南北战争中的财政拮据而建立的。期间有很多农场主、工厂主不愿意缴税，隐瞒收入，甚至暴力抗税，于是出于战时考量，给了税务机构调动军队的权力来“武装讨税”。发展到后来，这项权限被保留、演变甚至完善，税务部门干脆组织了自己的武装部队，从轻武器到重武器一应俱全的配备，监狱、法庭，以及无须申请就可以直接实行财产冻结的权力。从连 FBI 都扳不倒的黑帮老大，到 CIA 都办不了的跨国犯罪的毒枭武装，都顶不住 IRS 的武装进剿，您说它是真厉害还是假厉害？

胡展奋：还在大选之时，特朗普就承诺将会启动自 20 世纪 80 年代罗纳德·里根执政以来的最大规模的税改。特朗普上台后，其在竞选时期宣称的税改计划被付诸实施的可能性大大增加了，以致于最近都在议论特朗普税改可能会给中国带来的不良影响。对此您怎么看？

张　军：这方面的议论的确不少，主要包括美国在华资本撤回、企业或业务迁回美国、引发全球减税浪潮、技术创新可能性大大增加、企业利润回流美国等五个方面。基于此，中国应通过对高新技术企业、外资企业等实行减免税优惠；加强企业研发投入考核以促进取得实质性成果；规范地方费以减轻企业负担；推进供给侧改革，振兴实体经济等措施来加以应对。只有加快推进财税体制改革、为企业发展铺平道路、壮大中国企业实力，才可能在特朗普税改的冲击中积极应对。先谈谈美国税改对中国的影响吧。

美国作为以直接税为主的国家，特朗普的税改集中在个人所得税与企业所得税方面，同时废除遗产税。

特朗普税改计划中的企业所得税改革集中在以下几个方面：第一，将企业所得税税率从35%降至15%。第二，取消企业替代性最低税。第三，允许在美国从事制造业的公司在资本投资的全部支出和所支付利息的扣除之间进行选择。第四，取消国内生产活动扣除和所有其他商业信用，除了研发信用。第五，对于海外利润汇回国内时按照10%征税。第六，提高雇主提供的日间护理的税收抵免的上限。

因此，不难看出，倘若特朗普的税改政策付诸实施，中国或将会面临以下问题：

第一，美国在华资本撤回美国，从而在美国进行投资设厂。与此同时，加之特朗普宣称对中国实施45%关税，资本可能会更加快速地回流美国。低税负在一定程度上能够吸引资本回流，而中国就有可能被这股回流冲击。也许对于生产范围与市场范围较广的大型跨国企业来说，低税并不足以吸引其撤回投资，但对于税负占重要成本的行业来说，特朗普的低税计划未必不会对其产生吸引力。

第二，企业或业务迁回美国，对就业产生影响。无疑，企业或业务的迁回，势必会给美国带来一批就业岗位，拉动美国就业，这也是特朗普税改的目的之一；但与此同时，企业或业务迁出中国，也必然会使中国的就业机会减少，这对中国的经济发展与社会和谐也会带来一定的影响。开利空调制造工厂就是一个典型的例子，特朗普与这家公司达成协议，该公司不把工厂转移到墨西哥，而是把大约1 000个工作机会留在印第安纳州。因此，可以看出，特朗普的低税计划对于无论是墨西哥，还是中国的就业机会，都会产生一定的影响。业内人士指出，2010年以来，已经有美国制造企业将部分业务迁回美国，包括美国通用电气和卡特彼勒的组装业务、家电厂商惠而浦旗下著名品牌Kitchen Aid手持式搅拌器生产业务、福特汽车、英特尔等。如果税改方案实施，那么美国制造业回迁将有更强的动力。

第三，引发减税浪潮，产生叠加影响。英国首相发言人日前表示，本届内阁已宣称，至2020年将企业税下调至17%。而德国、法国在特朗普减税主张公布后第一时间发表声明称："此举将对本国企业造成严重冲击，德、法无法接受特朗普这么大规模的减税"，但根据近20年来各国的企业所得税税率，我们可以发现，德、法的企业所得税税率基本呈下降趋势。因此，我们可以猜测，以英、德、法为代表的欧洲国家未必不会跟进减税的步伐，引发全球性的减税浪潮，对中国产生叠加影响。

第四，企业研发信用发展，并在减税的支持下，企业将改善业绩、增加投资，或许会带来重大技术突破。这对中国的创新事业发展将会带来更大的压力。

第五，企业利润回流美国。高盛预计特朗普的税改方案将在他上任首年吸引2 000亿美元的企业离岸利润回流美国。这势必会影响全球流动性，对中国也存在一定程度的影响。

那么，怎么应对呢？我的看法只是一孔之见，或供参考。

作为以间接税为主的国家，中国的大部分税收都来源于企业，面对特朗普税改实施后对中国的企业发展带来的一系列挑战，加快深化中国财税体制改革就更加重要。

第一，对高新技术企业、外资企业等实行减免税优惠。

中国目前对于高新技术企业实行15%的企业所得税优惠税率或两免三减半等政策。这里的15%与特朗普减税后的21%基本相抵，而我国税率适用面却远远小于美国。因此，特朗普税改倘若付诸实践，对于中国企业或将产生吸引。为此，我国对于试图留住的企业，尤其是高新技术企业与外资企业加大减税力度，扩大税收优惠面，将会十分重要。

与此同时，美国税改也会对中国其他企业发展产生间接影响。因此，对企业所得税率进行适当调整，并加大税收优惠力度，尤其是在经济相对发达地区，这对于促进中国企业发展壮大也具有十分重要的意义。但也要根据各省的实际情况适度把握，避免出现“财政降格”。

第二，加强考核，促进研发投入取得实质性成果。

中国当前税法已经规定研发费用可以加计扣除，为了促使企业取得更多的实质性研发成果，加强对研发费用的考核尤为重要。因此，充分利用企业内外监督考核机制，是推动中国企业创新能力发展的一大举措。同时，对于取得创新性成果的企业，国家可以给予减免税优惠或政策补贴，以调动企业积极性，促进中国在创新能力方面取得实质性进展。

第三，规范地方费，减轻企业不合理的费用负担。

前段时间“玻璃大王”曹德旺的言论将中国企业税负问题推向了风口浪尖，引发了对于“税重”与“费重”的讨论。笔者认为，在特朗普税改的冲击下，减税与减费同样重要，尤其是中国一直以来面临的地方费问题，规范与深化改革日益紧迫。因此，规范与改善地方费征收为主的政府性收费，对减轻企业负担、增强企业活力至关重要。

第四，推进供给侧改革，振兴实体经济。

继续大力推进供给侧改革，从供给侧与需求侧同时发力以增强经济活力，为企业发展提供更广阔的市场，从而为中国留住企业、发展企业提供更大的可能性；同时辅之以各种激励措施和减税政策，激发创业热潮，从根本上留住中国企业，进而把就业留在中国，才能在特朗普税改实施后缓冲可能出现的就业问题。除此之外，简化行政审批程序，健全中小企业融资机制，以减轻企业负担，振兴实体经济，才能提高中国企业在美国税改冲击下的应对能力。

总之，面对可能存在的特朗普税改的冲击，加快深化财税体制改革、促进企业发展都更加重要与紧迫，但无论减税还是减费，对于中国的财政税收都会带来连环的影响，尤其在中国当前以间接税为主的体制下，企业税负的变化对于财政的影响不可忽略。因此，只有多方位、多角度地全面推动财税体制改革，为企业发展铺平道路，壮大中国企业实力，才可能在世界风云变化时站稳脚跟，积极应对。

胡展奋：在您看来，特朗普的税改计划远不是理想的，那么它可能发生的负面影响将表现在哪里呢？

张　军：概括地说，特朗普的税改计划只是一份“愿望清单”，在我看来，它之所以“不理想”，就是在于过于追求“理想”。

自他公布了号称里根总统以来最大的减税计划后，特朗普政府迄今仍未对此提供更多细节。尽管如此，已有经济学家指出了这一税改计划可能产生的不利影响：会大幅增加美国财政赤字和公共债务；将导致大量逃税行为；会导致全球竞相削减企业税；会导致低收入者的境况恶化。

布鲁金斯学会高级研究员盖尔最近撰文称，首先，特朗普的税改计划会大幅增加美国财政赤字和公共债务。有经济学家预计，特朗普的减税计划未来十年将让美国国家债务增加数万亿美元。偏保守的税务基金经济学家科尔预计，将个人所得税税级减到 3 级，以及把企业税降到 15%，可能会让美国财政部未来十年损失 4 万亿～6 万亿美元。主张削减赤字的团体——尽责联邦预算委员会主席麦克金尼斯说，经过粗略计算，特朗普的减税计划规模约为 5 万亿美元。她说，鉴于目前美国的财政状况和赤字规模已经是“二战”以来最差，这一减税规模令人难以想象。

“特朗普的税改计划基本上是给每个人都减税。这是真正的改革，但如果要达到税收中性，很难。税改有赢家，有输家，但特朗普明显想让每个人都赢。”布鲁金斯学会与城市研究所联办的税收政策中心高级研究员罗森塔尔说，这是不现实的。

其次，特朗普的税改计划将导致大量逃税行为。他说，特朗普把企业税降到 15%，纳税中间实体也包括其中，同时将最高个人所得税设定在 35%，这会鼓励美国人将工资所得转换为企业收入。事实上，美国财政部官员和国会议员已经意识到这个问题，但目前为止还没有就如何解决达成一致。美国财政部长姆努钦日前表示，需要给美国的中小企业设定一个税率，但要同时保证，一些本该按 35%缴纳个人所得税的人不会借此套利。

第三，特朗普的税改计划会导致全球竞相削减企业税。盖尔指出，如果美国将企业税减到21%，其他国国家可能需要把企业税减到更低的水平。经济合作与发展组织(OECD)今年4月的数据显示，美国目前的企业税(35%)在34个OECD国家中排在首位。但如果降到21%后，美国将变成其中企业税最低的国家之一。目前，仅有7个国家的企业税低于(或等于)15%：瑞士(8.5%)，匈牙利(9%)，爱尔兰(12.5%)，加拿大(15%)，拉脱维亚(15%)和波兰(15%)。

盖尔补充称，一般来说，为补足税收收入，其他国家在削减企业税时会提高增值税。但美国没有增值税，因此，当全球竞相削减企业税时，美国的税收收入会越来越糟糕。

最后，我认为特朗普的减税计划为最高收入者大幅减税，但给最低收入者减税的幅度却很小。如果加上特朗普削减预算，这会导致低收入者的境况恶化，同时会给美国最富有的家庭带来大量利益。

从政治上讲，税收改革困难重重，因为它在让一部分人受益的同时，会让另一部分人利益受损，而利益受损人的反对声音往往会盖过受益者的支持之声。

从经济上讲，税收改革充满挑战，原因是，对于从来没有实施过的税收政策，其效果不能预知，且充满争议。

以下为特朗普政府4月26日公布的税改计划：将企业税从目前的35%大幅降至15%；个人所得税税档由原来的7个减少到3个：10%，25%和35%。最高税率下降将近5个百分点，这减轻了大部分美国人的税收负担，包括富人，不过，特朗普的税改计划并没有说明具体的税档范围。废除遗产税。根据税务基金会的数据，截至2014年，美国的遗产税之高在全球排名第四。尽管特朗普政府表示，遗产税是农民和小企业的负担，但批评人士指出，这可能是特朗普在帮助自己的家庭和他富有的朋友。

降低资本利得税。在特朗普减税计划下，联邦资本利得税最高税率从 23.8％降到 20％，旨在激励人们投资标准扣除额（Standard Deduction，即免税收入额）翻倍，目前的标准扣除额是，单身人士每人 6 350 美元，已婚夫妻 12 700 美元。特朗普的减税计划会将这一标准翻倍。废除替代性最低税（alternative minimum tax，简称 AMT）。AMT 旨在确保那些有资格获得特别税务减免和抵税金的人群仍然向政府支付最低数额的税款。原本是为防止富人因为特别税务减免或抵税金而支付很少的税款。AMT 加重了富人的税收负担。

胡展奋：其实遗产税对穷人来说，简直是聋子的耳朵——摆设而已，真正能享用遗产税的是什么人，已经不言自明。我想知道的是，特朗普税改对美国财政赤字到底有何影响？

张　军：特朗普废奥巴马医保碰鼻触礁、通俄门闹得不可开交、对弗吉尼亚暴乱反应无力几乎开罪天下人，震惊全世界，由大企业 CEO 组成的顾问团因多人退出已遭解散，特朗普愈来愈躁动，现在只能寄望通过税改来绝地反击，能否挽回支持过他的选民的信任可以说尽在此举。

有人说 30 年后，特朗普再次税改是为了拯救制造业。这就要回溯历史。

对上一次共和党推行的税改可追溯到 20 世纪 80 年代，当时的里根总统把个人入息税率从最高的 50％降至 28％，通过调整扣税额，政府税收入并没有必然地出现大幅度的缩减，经济繁荣亦为政府带来更多的税收，当时的税改确实没给政府带来财政赤字扩大的负担，是很成功的。

30 年过后，高入息阶层的税率已由 28％回升至 39.6％，特朗普有意把入息税降回至 30％以下并废除遗产税；与此同时，为对冲部分税收的减少，政府要求人们在计算应缴税款时不可以扣减已缴的地方税。特朗普的税改有别于里根时代的税改，除了减入息税，企业的利得税率也会下降，现在美国的企业利得税相当高，达 35％，在发达国之中也属偏高，特朗普想把它降至21%甚至更低。特朗普想重振美国的制造业并把海外资金吸引回来，在现行的法律下，美国企业海外分支在海外所赚的利润在海外完税，但若把资金调回美国则须向美国政府补缴税款。这样的税制变相鼓励企业把资金留在海外，据估计，美国企业海外分支的离岸投资已高达2.5万亿美元，新改革下企业把海外资金调回可获税务减免优惠，务求吸引资金重投本土可刺激经济，增加就业机会。从理论上说，这个法子有料。

胡展奋：那么，税改能挽救财政状况吗？对政府财政收支有什么影响呢？

张　军：减税将在近三年内导致美国财政收入减少，按美国国会预算局估计，政府财政赤字因此会上升，现在占GDP约3.4%，十年后将增至4%。当然，减税有助刺激经济，入息增加的同时也意味政府将有更多的税收，从更长远的角度看，说不定财政赤字会比估计数字低一些。

我认为，不论民主党还是共和党，幕后金主总少不了企业，而企业应欢迎这次的税改，按理应较易获国会通过。不过，目前仍存在不少变数，特朗普民意之低，在历任总统之中实属少见。当年里根挟高民望抚平税改的反对声音，惜特朗普并无这个条件，民主党仍有可能在国会以拉布阻挠法案的通过。作为应对之策，共和党或会仿效小布什当年的做法，作一些迁就，把方案变为一个有限期的措施，不然明年中期选举仍然一事无成总说不过去吧。

胡展奋：美国的债务之高，人所共知。特朗普新税改方案是释放美国债务风险，还是加剧债务风险呢？

张　军：从债务成本的角度看，全球经济再平衡以及债务债权结构显示，为美国廉价融资的时代一去不复返了。明眼人一看就明白，特朗普新税改方案体现了特朗普一贯秉承的“美国优先”战略，并没有特别新鲜的东西。

但是相比此前，特朗普的税改方案跟普遍预期仍有较大差别，其着眼点在于对社会财富进行重新分配。例如，税改计划将取消 AMT(替代性最低限额税，一种防止富豪们偷税漏税的次级税)、遗产税、净投资所得税和房产税，并将企业所得税由 35%降低至 15%。

力度如此大的税改虽被讥为“愿望清单”，但“特朗普版税改”仍有几个亮点需要重点关注：

第一，如果特朗普提出的这一整套计划真能付诸行动，处于社会最顶层的 0.1%的人口所享受税后收入减免的额度将超过 14%，远远超过其他收入群体，这将对美国财富分配乃至全球财富分配产生重大影响。

第二，税改方案将允许“合伙人制企业”也享受 15%的新企业税率。“合伙人制企业”，是通过把企业的利润分给公司高管，再由这些个人通过个税渠道去纳税。这种类型的企业既包括美国的一些中小型家族企业，也包括一些富得流油的对冲基金公司和律所，这将对金融资本产生重大影响。

第三，特朗普将公司税率从全球最高之一调至全球最低之一。如此力度的税改将对全球跨国公司资本定价转移以及富人避税产生重大影响。

特朗普声称此次税改的目的：一是对美国中产阶级减税；二是大幅简化税务系统，减轻美国人报税时的负担；三是试图通过阻止税收逆转，扩大就业，让美国企业在全球更有竞争力；四是不要增加负债和赤字。然而就最后一点而言恐怕会事与愿违。

事实上，如果减税计划顺利实施，单是公司税降到 21%一项，确实可以大幅提升企业盈利水平，但预计美国财政收入在 2017 年将减少 1 080 亿美元，2018 年将减少 2 150 亿美元。从中长期来看，据测算，为期 10 年的综合税改计划将削减 4.4 万亿～5.9 万亿美元的税收。降税能够带来经济增长从而扩大税基，但能否弥补财政收入的减少呢？

目前难以估量。

早前，美国国会税收联合委员会的相关估算就表明，每一个百分点的税率下调将导致未来10年联邦政府财政收入减少1 000亿美元，据此估算，20个百分点的税率下调意味着未来10年2万亿美元的收入减少。这可能导致美国政府预算赤字进一步上升。而根据美国税收政策中心的最新测算，特朗普税改要把美国合伙人制企业的最高税率由39.6%降至21%，这个减税方案在未来10年时间里将给联邦政府增加2.4万亿美元的成本；再加上特朗普竞选时承诺的各种个人所得税减免，在未来10年时间里将给联邦政府增加9.5万亿美元的成本，美国的财政赤字将扩大到逾1万亿美元，美国债务占比GDP峰值将由先前预估的89%大幅抬升到111%。再加上此前特朗普总统在竞选时所提出的1万亿美元基础设施建设蓝图(目前尚未公布具体方案)，将大大加剧美国的财政赤字和债务水平。

从债务成本角度看，全球经济再平衡以及债务债权结构显示，为美国廉价融资的时代一去不复返了。全球经济再平衡逐步改变了全球金融货币循环。随着全球经济再平衡和外部需求萎缩，新兴经济体贸易盈余减少，外汇储备占GDP的比例降至2%左右，大幅低于危机前历史均值的5%左右。这也意味着以美国真实利率为基准的全球利率水平，将随着全球失衡的纠正和美国国债等债券融资成本上行而进一步提升。近一时期以来，美国30年期国债收益率一度升至3.02%，远远高于金融危机期间的平均水平。

而债务上限问题也是新税改绕不过去的“坎儿”。一直以来，债务上限问题都是悬在美国政府头上的“阿喀琉斯之踵”。美国债务上限的制度设计始于1917年，是指美国国会一次性批准的一定时期内美国国债最大发行额。回顾美国债务历史，自有记录的1940年以来，美国债务上限已经上调104次，几乎平均每9个月就要上调一次，包括里根政府18次、克林顿政府8次、小布什政府7次、奥巴马政府9次。2008年国际金融危机以来，美国未偿债务占GDP的比重持续攀升，已近历史峰值。数据显示，截至2017年3月9日，美国债务规模实际上已经达到 19.86 万亿美元，接近 20 万亿美元大关。

不过，以往的经验表明，债务上限似乎更像是美国政府与国会以及两党博弈的筹码。为了真正避免政府“停摆”或“关门”的风险，美国依旧会采取一贯而为之的“债务展期”策略。4 月 30 日，美国国会、共和党和民主党的谈判代表就 2017 财政年度最后 5 个月大约 1.1 万亿美元的政府预算达成协议，使美国联邦政府能够持续运转至 9 月 30 日。美国财政部长姆努钦更宣称，美国政府将发行超长期债券来为政府预算提供资金。

胡展奋：现在已经是 8 月底，还有 30 天就是 9 月 30 日，就是北美的秋天啦，我们不妨也套用狄更斯《双城记》中的一句吧：“那是光明的季节，那是黑暗的季节。”

枪，枪，枪

——特朗普的枪械态度

美国有3亿多人口，私人枪支保有量逾3亿支，每年约有3万人死于枪口下。

甫入新年，美国之社情最吸引人们眼球的居然不是什么“特朗普新政”，而是“枪”——不是周立波的“非法持枪案”，就是形形色色的枪击案。

血色枪案，频频传来，至少在刚刚过去的2017年，其爆发之频率居然比那一年的台风、飓风还频繁。值此握管之际，最新的枪案，也就是比佛罗里达州达道格拉斯高中枪击案更新发生的，就是当地时间2018年2月23日，星期五早晨，美国东南路易斯安那大学发生枪击案，至少两人受伤。在2018年到来不足两个月的时间内，全美已发生校园枪击案19起！

于是和张军相约进行微信语音通话，以俾长时间地交流。

形形色色的枪击案

胡展奋：因为“枪猛如虎”，也因为“名人效应”，我们谈论“周立波非法持枪”已经够久了。美国的枪击案不少，您能否为我们介绍、分析一下您所熟悉的历次枪击案？

张　军：美国发生的枪击案如果以历年计，当然不少，不过我觉得分析前应该把它们归归类。

枪店

它们大致可以分为“恐袭类”“校园类”“社会冲突类”“意外伤害类”和“擦枪走火”类吧。如果我们把对社会伤害相对较小的枪击案剔去，那么我们可以先谈谈我印象比较深的“十大枪击案”。

时间顺序上,1966 年 8 月 1 日发生在德克萨斯州德克萨斯大学的枪击案是一个典型案例,我的法学院教授曾要求我们在课堂上讨论过此案情:1966 年 8 月 1 日,25 岁的查尔斯·惠特曼在德克萨斯大学奥斯汀分校的钟楼上开火,枪杀 16 人,致 32 人受伤,随后被警方击毙。在此之前,他还杀害了自己的母亲和妻子。

我之所以对它印象深刻,因为它是美国发生的第一起校园随机枪击事件,而且凶手事先还杀害了自己的母亲和妻子,要多大的邪恶才能做到这一点啊!

德克萨斯大学奥斯汀分校校园里有一栋主楼,每天从下面经过的学生有 50 000 余名，他们大多只知道这儿是一处标志性建筑，对于这里发生过什么，很多人一无所知。如果你在瞭望台附近仔细辨认，或许会发现几个隐隐约约的凹陷，那是子弹留下的痕迹，事实上，还有更多的弹痕已经被石灰抹平了。

1966 年 8 月 1 日，校园枪击案的当日，天气异常炎热，在美国得克萨斯大学奥斯汀分校，18 岁的 Claire Wilson 正经过校园塔楼下，踩着斑驳的树影，她走得不快，已经有 8 个月身孕的肚子让她行动难免吃力。她觉得这只是平常的一天，平静的校园，安全的场景，却不知道就在不远处的塔楼瞭望台上，一支 M1 卡宾枪的枪头正瞄准了她的肚子，里面是她还有 2 个月就要出生的孩子。

11:48，冷血凶手射出了第一枪。同样 18 岁的 Thomas Eckman 最先发现身边的未婚妻有些不对劲，就在他试图搀起 Wilson 的时候，第二枪击中了他。紧接着是 33 岁的 Robert Boyer，一枪贯穿背部；31 岁的 Devereau Huffman 右肩中弹；Charlotte Darehshori，一名年轻的秘书试图穿过火线去帮助 Boyer 和 Huffman，她蹲下前行，正好被一个混凝土的基座挡住了身体；紧接着是 23 岁电子工程专业的学生 David Gunby、22 岁的 Thomas Ashton，胸部中弹当场死亡；两个正从西边的超市走过来的女学生进入了射击者的视线；怀孕 5 个月的 Harvey，臀部和小腿处剧烈的疼痛让她不得不倒下，护着肚子，此时她只想抱住自己的孩子。

没有人确切知道发生了什么，只看到一个个倒在面前的人。

中午 11:52，距离第一枪 4 分钟后，一位历史老师意识到了要通知警方。

Billy Speed 是第一批抵达现场的警察，他和同事躲在一个圆柱形的石墙后面，6 英寸(约合 15 厘米)的厚度还是无法阻止子弹将他击中；还有躲在汽车后面，距离射击点足有 1 500 英尺(460 米)的电器维修工 Roy，他是被击中的人里距离最远的。

“屠杀”一直持续到下午 1 点 24 分，警方逐渐接近观景台，在大约

15米的距离射中了枪手的头部和颈部。

据事后统计，这场持续了一个半小时的枪战一共有16人死于凶手枪下，共有32人受伤。

这起举国震惊的校园枪击案被证实为美国第一起随机枪击案，而导致这一切的正是一名从奥斯汀分校机械工程专业毕业的学生查尔斯·惠特曼(Charles Joseph Whitman)。记得课堂讨论时有他的照片，不知什么原因，我们的老师把他描绘成一个"憨厚而又很单纯的年轻人"。

据介绍，惠特曼出生于佛罗里达州一个父权强势的破碎家庭，父亲是一个追求完美的枪械收藏家，经常从肉体和精神上虐待妻子和子女。凶手的童年据说很文静，对人彬彬有礼。受父亲影响他11岁就加入了童子军，高中毕业后又应征进入美国海军陆战队，曾在关塔那摩湾驻守18个月。服役结束后他得到了品行优良奖章、神枪手徽章以及一个远征奖牌，服役期间就以枪法稳健、善射移动物体闻名。之后进入奥斯汀分校学习机械工程，但成绩乏善可陈，而其暴虐之气在校期间也曾显露，曾与好友在宿舍虐杀动物，此后接受心理咨询时也曾表示自己有过枪击他人的冲动，但未被校方重视。

直到枪击案发生的前一天，他买好所需物品，写下遗书，在家先杀害了母亲和妻子，解决好后顾之忧后，便等待着第二天的来临。

我们的课堂讨论曾经是相当热烈的。"是什么导致了惠特曼的暴力行为"？仇富心态？失恋泄愤？职场受挫？报复社会？……

当年法医解剖了惠特曼的尸体，在其头部发现了肿瘤，正长在控制其情绪和行动的位置。法医推测可能是脑肿瘤让他无法控制自己的行为和情绪，导致了如此极端的行为。然而此种解释一经公开就招来了各方质疑。

50年后的2016年8月，得克萨斯大学的师生举行了纪念集会，有人拉出了横幅："枪支保卫和平，保护人民安全。"一位激进的持枪权倡导者正在告诉每个路人："惠特曼的事件告诉我们，武装学生和公民才能保证人类屠杀的伤亡率降到最低。"

在惠特曼事件发生 50 周年的纪念日上，幸存者们聚集起来为其揭幕，就在 2016 年的同一天，得克萨斯州成为全国第 8 个允许学生携带枪支进入校园(某些情况下甚至可以进入教室和宿舍)的州。

新的法令(允许学生携带枪支进入校园)被通过，让那些捍卫枪支权利的人们非常开心，他们以惠特曼的事件和此后发生的校园枪击案为例，认为应对那些无处不在的恐怖袭击和枪支滥用，最好的方式就是让公民自己武装自己。

对此共和党参议员 Brian Birdwell 表示，这条法令的通过并不是刻意选定在这一天，但鉴于大部分大学都是在 8 月中旬开学，所以该项法律的实施需要越快越好。另一方面，对此项法案的通过表示担忧的声音也有。Alan Friedman，一名 1964 年开始在奥斯汀分校执教的英语老师认为，那些枪支权利倡导者正在试图掩盖曾经的枪击案，这位 77 岁的老人表示，至今都记得惠特曼被警方击中的画面，想到以后学生会背着步枪出现在教学楼的走廊里，他觉得检查他们的品行是尤为重要的。

事实上得州自从 1995 年就开始了漫长的关于校内携带枪支的立法讨论，在 2009 年、2011 年和 2013 年，得州立法机关每隔一年都会将其提上议程，但此前皆因为来自各大学校长的强烈反对而失败。

胡展奋： 50 多年来的美国，不仅是校园，更多公共场所都发生了类似惠特曼的事件。社会心理学家指出，“大规模射杀事件是会传染散布的”。

张　军： 是的。在奥斯汀分校枪击事件发生后的半个世纪内，公共空间的枪击案非但没有被遏制，反而呈日渐增长的态势。据统计，从 20 世纪 70 年代开始，每十年间美国发生的校园枪击案都在增长，其中最为人熟知的有 1999 年哥伦拜恩高中袭击案，造成 13 人死亡、23 人受伤；2007 年弗吉尼亚理工大学的韩裔学生赵承熙枪杀 32 人；北伊利诺伊大学校园枪击案造成 5 人遇难、21 人受伤等。

但凡校园枪击案,都有一个共同的规律,那就是:即使及时报警,等警察赶到现场,惨剧往往已经发生了。因此,支持“携带枪支进入校园”者的一个很重要的理由是,所有枪击案都是“突发”的,而对于此类突发恶性事件,警察往往是来不及赶到的,只有处在现场的潜在受害者有可能制止凶手,而武器就是此时此刻他们所需要的。

“杀人的是人,不是枪。”武器只是工具,工具可以用来杀人,也可以用来制止杀人。从这个角度看,拥枪者的说法,并不是没道理的。

尽管新的法令终于在 2016 年通过,那年秋季入学的时候学生就已经享受这样的“携枪权”,但这究竟是反对暴力、维护自身安全的手段,还是有可能滋生更多的犯罪,我们显然还要拭目以待。

正如 Claire Wilson(枪击案幸存者)在 2013 年参加听证会时对立法者说的:“我只是觉得,校园应该是一个神圣的地方。”

胡展奋: 令人深感讽刺的是,在 2018 年到来不足两个月的时间内,全美已发生校园枪击案 19 起! 差不多 3 天一次。难道终有一天所有学校的学生都将佩枪上课吗? 警校还是军校? 学生都是血气方刚的年龄,一言不合,拔枪相向的冲突,是增加了枪击案率,还是遏制了枪击案率?

张　军: 按时间顺序我要介绍的是,发生于 1984 年 7 月 18 日加利福尼亚州圣易西铎的麦当劳餐厅惨案。这次不是校园,但是“杀伤率”特别高。

41 岁的詹姆斯·奥利弗·休伯蒂是一名失业的保安人员,不知道他是否要报复社会,当时他闯入一家麦当劳餐厅,使用长筒乌齐冲锋枪、泵动式霰弹枪及手枪,枪杀 21 名成年人和儿童,并造成 19 人受伤。事件发生一小时后,休伯蒂被警方狙击手击毙。犯罪动机据说又是“精神问题”。

接着登场的是 1986 年 8 月 20 日的俄克拉荷马州的埃德蒙,44 岁的帕特· 谢里尔是一名将要被解雇的邮政工人,为了发泄自己的不满，当天前往工作地邮局开枪打死 14 人、打伤 6 人，其中多人是他的同事，随后他饮弹自杀身亡。

我们的血色叙事顺序又要回到得克萨斯州了。这次是得州基林市的露比餐厅，1991 年 10 月 16 日，35 岁的枪手乔治·赫纳德驾驶着一辆皮卡冲进餐厅，向餐厅中的人开枪，导致 23 人死亡、27 人受伤，随后他也饮弹自杀。

事后的调查结果是：乔治·赫纳德犯罪动机为仇恨女性和种族问题。若分类，可以算作“社会冲突类”。

2007 年 4 月 16 日，弗吉尼亚州弗吉尼亚理工大学的枪声再次震惊全世界。

发生在弗吉尼亚理工大学枪击案造成 32 人死亡、17 人受伤，按时间顺序，它可算“美国第五大枪击案”，但论性质，它目前仍然高居美国历史上死亡人数最多的校园枪击案之榜首。

枪击案的凶嫌为 23 岁的韩裔学生赵承熙，他在弗吉尼亚州长大，是弗吉尼亚理工大学四年级主修英文的学生，他最后在诺理斯教学大楼中自杀身亡。警方分析其犯罪动机是精神疾病。

事发那天，上午 7 时 15 分，凶手先在一幢宿舍楼里开枪，打死 2 人，打伤多人。大约 2 小时后，距宿舍楼约 800 米远的一幢教学楼内又响起枪声，凶手在走廊疯狂追逐，再打死 30 人、打伤 10 多人后自杀。

制造这起惨案的韩国籍男子赵承熙，系弗吉尼亚理工大学英语系四年级学生。他在作案当天寄给美国全国广播公司(NBC)的一个包裹成为调查其行凶动机的重要线索和证据。邮戳上的时间显示，这一包裹是赵承熙在宿舍楼内杀死 2 人后寄出的，里面包括录像带和照片，录像中充斥着仇视“富人”和扬言报复的话语，照片则是赵承熙持刀端枪的暴力形象。

案件发生后，人们纷纷质疑校方应对不力：在第一次枪击发生后的 2 个多小时里，校方为什么没有及时采取措施疏散学生和教工，而是任由不知情的人们按时前往学校，导致其后更加惨重的伤亡？事实是，第一次枪击发生后，校方只是通过电子邮件将事件通报给了大家，而这个邮件是在第一次枪击发生后 2 小时才发出的，大大耽误了学生们的求生时机。

我在此要特别点评一下有关媒体的颟顸。

弗吉尼亚理工大学 2007 年 4 月 16 日上午发生枪击血案时，正是韩国当地时间 16 日夜间，各大报社都已经过了截稿时间。2007 年 4 月 17 日下午，随着全球传媒对于枪击事件的关注度提高，韩国电视媒体也开始跟进播报相关新闻，甚至对于美国媒体误报的所谓中国留学生制造血案的传闻也不加分辨地进行播报。然而，在美国政府于韩国时间 2007 年 4 月 17 日下午 16 时通报韩国外交通商部疑凶可能是韩国裔学生之后，韩政府立即启动应急机制，以韩美关系、侨民利益、国家形象为重点，在事发后的两天内采取了一系列紧急更正措施。

事后，“八人调查小组”由弗吉尼亚州州长蒂姆·卡因委派。这个小组由前警官杰拉尔德·W·马森吉尔挂帅，成员包括前任国土安全部长汤姆·里奇以及心理健康、安全和教育专家。

《纽约时报》2007 年 4 月 29 日提前得到这份长达 147 页的调查报告。报告说，弗吉尼亚理工大学官员如果在第一次枪击案发生后能及时通知学生和学校职员，受害者人数将会大大减少。而学校负责人知晓枪击案的严重性后，也“例行警务公事般处理”，使同学对枪击案的了解“大打折扣”。

报告还说，枪击案发生前，大学官员误解了美国联邦隐私法有关禁止交流学生心理健康信息的条文，从而忽略了赵承熙心理健康问题的诸多征兆。案发前，赵承熙因谈及有关自杀言论，法官曾要求他接受院外心理治疗。赵承熙与学校心理健康咨询中心提前预约过一次，但咨询中心人员仅仅与他进行过一次预约前的会面，事后便没有再会面。那次会面记录已经丢失，学校及当地官员也没有把赵承熙的自杀言论及可能的心理健康问题告诉他父母。这是非常糟糕的。

事实上，凶手早有严重的心理问题。

洛杉矶法院

调查人员没有给出赵承熙为何杀人的新线索。为了弄清赵承熙为何首先在宿舍杀死两人，再进入教学楼制造更惊人的血案，调查人员回顾了1999年科罗拉多州哥伦拜恩高中发生的枪击案，还从中发现了一些线索。赵承熙的几位初中老师说，哥伦拜恩高中枪击案发生后，他们发现赵承熙所写文章中有自杀和谋杀的想法，并且建议他接受心理治疗。

报告说，赵承熙曾在中学英语课上暗示"他想使哥伦拜恩案重演"。精神科医师确诊他患有"选择性缄默症"，症状表现为因焦虑而沉默寡言、压抑。1999年至2000年，医生让他服用抗抑郁药，疗效"颇好"。医生后来停止让赵承熙服药，理由是他的状况已有"改善"。赵承熙申请弗吉尼亚理工大学时，录取工作人员没有询问其患病的相关问题。报告还指出，赵承熙进入大学后，尽管校园警方知道他屡有不恰当行为，需接受心理治疗，但从没将这些信息告诉学校处理"问题少年"的工作人员。与学校人员的想法恰好相反，联邦隐私法允许他们将学生的心理健康问题告知州、当地及学校负责安全人员。

因此，校方种种的处理不当，使被害人家属深感失望。

调查报告原计划2007年4月20日即弗吉尼亚理工大学秋季开学的第一天公布，却被不断地推迟。

调查报告内容曝光后，引起受害者家属强烈反应。在弗州州长办公室2007年4月29日晚举行的电话会议上,受害者家属对大学官员在第一次枪击案发生后没有采取“一级防范禁闭”措施深表“失望”,对报告中没有要求解雇相关官员也提出了批评。一名受害者家属说:“32人遇害,却没有一个人因此遭解雇,学校也没有人为此负责,这如何解释?”

弗州州长办公室顾问拉里·罗伯茨对此拒绝正面回答。他说,调查小组人员认为那不是他们的“职责”。

一些受害者家属对调查小组中没有家属代表也表示很失望。一些家属还另存疑虑,他们认为,让以前的执法人员调查现在执法人员的决定可能会存在偏见。

大概是不无补救的意思,美国有关方面2007年4月17日在弗吉尼亚理工大学举行隆重仪式,悼念16日枪击事件中的遇难者。美国总统布什、弗吉尼亚州州长卡因以及美国有关政府官员和该校师生数千人参加了悼念活动。

布什在悼念仪式上发表讲话说,这是弗吉尼亚理工大学悲哀的一天,也是整个美国为之悲痛的一天。布什表示,联邦政府愿为处理善后事宜提供一切帮助。

十年过去了,弗吉尼亚理工大学处理此案的颟顸、低效和失误,仍然被社会各界所诟病,并已经成为类似案件的靶向点评。

现在是第六大美国枪击案——美军得克萨斯州胡德堡基地枪击案,时间是2009年11月5日。

这是美国有史以来发生在军事基地最严重的枪击事件。3名美军士兵持枪打死13人,并致31人受伤。3名嫌疑人中一人被击毙,两人受伤。被击毙的嫌疑人名为哈桑(Nidal Hassan),案发前为胡德堡军事基地的心理医生。军营枪击案为各国所最忌,因为往往会成为军人哗变的导火索,况且,一个心理医生自己都不能化解心中的怨怼,他平时又是怎么协调军人之间的种种纠结的呢?看来美国枪击案后面的深层因素远非人们想象的那么简单。

从1991年到2009年,美国的大规模枪击案似乎不多,但是进入

2010年后，又进入了一个“小高峰期”。

2012年12月14日，康涅狄格州桑迪胡克小学内响起了凄厉的枪声，当天早上7点左右，20岁男子亚当蓝札携枪进入桑迪胡克小学。他最为全世界同声谴责的行为，是在10分钟内射杀26人，包括20名小学生和6名教师。“杀害小学生”，纵然有一万条理由，此种残害儿童的丧尽天良的行径几乎为所有人痛恨。大概明白自己罪无可逭，他举枪自尽。

这是美国历史上死亡人数居第二的校园枪击案，也是全国第七大枪击案。

惨烈的枪击案发生时，有报道称从学校的广播系统能够听到孩子们撕心裂肺的尖叫声。

2015年12月2日在加利福尼亚州圣伯纳迪诺残疾人士中心发生的枪击案，堪称美国第八大枪击案，其性质之恶劣是把血手伸向了残障人士。

那一天，凶手塞义德·法鲁克和妻子塔什芬·马利克进入圣伯纳迪诺市残疾人士中心，毫不手软地枪杀了14人，致24人受伤。两人随后在顽抗中被警方当场击毙。

值得一提的是，随后FBI与苹果就解锁嫌疑人iPhone的问题产生分歧，苹果方面以保护隐私为由拒绝提供技术支持，FBI最终花费逾130万美元解锁费用，相当于时任FBI局长科米七年零四个月的薪酬。

美国第九大枪击案就是著名的“奥兰多大血案”，时间是2016年6月12日。地点在佛罗里达州奥兰多市脉动夜总会，这是奥兰多市一家名为“脉动”的同性恋夜总会，当天凌晨被鲜血浸透。29岁的阿富汗族裔美国公民奥马尔·马丁携带冲锋枪等装备对场内进行突然袭击，那简直是向“肉堆”开火，枪声哒哒，血肉横飞，瞬间造成49人死亡，53人受伤。联邦调查局一周后公布了袭击者在袭击过程中和警方通话的记录。电话中，马丁声称效忠极端组织“伊斯兰国”，要求美国停止在伊拉克和叙利亚的轰炸。马丁还对波士顿马拉松爆炸案制造者和一名在叙利亚充当“人体炸弹”的美国公民表示同情。

这是一次典型的恐怖袭击。人们记忆犹新，2016年1月，进入美国总统任期最后一年的奥巴马，用记者会上的哽咽落泪和国情咨文中的郑重宣言做出了承诺：遏制枪支暴力、打击恐怖主义。

然而，仅仅半年后，美国奥兰多市就发生了美国历史上空前严重的一起大规模枪击案，宣誓效忠“伊斯兰国”的枪手在一家同性恋夜店里大开杀戒，导致49人遇难，50余人受伤。奥巴马不得不又一次站在全国人民面前讲话，那些应景之语，在美国人耳里已经了无新意。

这起血案，又一次将美国最具争议的一些问题——同性恋权利，移民问题，枪支管制和本土恐怖主义等，摆上了热议平台。不论是“跛脚”的美国总统还是争执难休的国会，都难以为撕裂的美国社会找到愈合之道。

受这个案件的触发，我有下列三个感想。

第一，反恐反恐，为什么越反越恐？

本起造成空前伤亡的枪击案，被美国联邦调查局(FBI)和奥兰多警方定性为“恐怖袭击”。枪手是29岁的美国公民奥马尔·马丁，他的父母来自阿富汗。

执法官员透露，案发前马丁曾拨打9·11，声称他宣誓效忠“伊斯兰国”。有迹象显示，马丁的行动是经过“充分准备”的，警方也未发现同谋。因此，此次事件很可能是一次“独狼”式的本土恐怖袭击。

本土恐怖主义已经成为美国的棘手问题。美国有线电视台(CNN)网站称，如奥兰多枪击案和波士顿马拉松爆炸案所显示的，“9·11”事件之后，美国“真正的恐怖威胁”更多地来源于美国公民或者合法永久居民。

相对于大规模的恐怖组织行动，“独狼”式的恐怖袭击更加难以监控。据报道，马丁曾因表达对极端组织的支持，两次成为FBI恐怖主义调查的对象，但对他进行的问询无果后调查中止。

“9·11”事件已经过去了15年，美国全球反恐却没能终结恐怖主义威胁，极端组织越来越多地利用互联网煽动个人发动零散的暴力袭击，这类袭击更难预防，伤亡却可能很严重。

我的第二个感想是，“万分紧急”的控枪，为什么万分无效？

2017 年 1 月 5 日宣布一系列行政措施以遏制枪支暴力时，美国总统奥巴马哽咽落泪，称控枪已到“万分紧急的时刻”。但在奥兰多枪击案中，嫌犯近期通过合法途径购买了至少两件枪支，特别是杀伤力很大的冲锋枪。很多人不明白，公民即使出于自卫，也没有必要拥有自动武器啊，从逻辑上说，同为“自动武器”，什么时候重机枪、高射机枪也会自由进入交易市场呢？

美国有 3 亿多人口，私人枪支保有量逾 3 亿支，知不知道，每年约有 3 万人死于枪口下？2017 年 4 月发表的一项研究称，尽管美国的人口仅占全世界的约 5%，但从 1966 年到 2012 年间，美国发生了 90 余起大规模枪击案，是全球同一时期总数量(292 件)的三分之一。

《纽约时报》称，在最近 16 起大规模枪击案中使用的武器，包括奥兰多枪击案中的 2 把枪支，都是通过了背景检查、合法购买的。其中至少 8 名枪手有犯罪记录或者心理健康问题，但这并未阻止他们获得武器甚至自动武器。

控枪问题是美国社会多年来难以解决的痼疾。尽管民意支持控枪和背景调查，但包括全国步枪协会在内的利益集团顽固抵制，甚至操纵和绑架国会。多年来，有关控枪的争论喋喋不休，实际成果却寥寥无几。奥巴马落泪之后也不得不承认，控枪失败是他任职期间的“最大挫折”。特朗普政府能不能见效？我本人对此基本不抱希望。

我的第三个感受是，族群歧视，何日受遏？

本来我想说“族群歧视，何日消除”的，但觉得目前谈“消除”，未免太过奢侈，能够“遏制”已经上上大吉，因为尽管有着法律的明明白白的保护，但特殊或者少数群体在美国面临严重偏见和歧视的情况仍很常见。这是美国的百年顽症，历届政府赌咒发誓要对“族群歧视”宣战，最后都不了了之。

我们已经说过，此次枪击案的发生地，是奥兰多市一个名为“脉动”的同性恋夜店。本月是美国同性恋权益庆祝月，案发当日距离美国最高法宣布同性恋婚姻合法化一周年的纪念日，仅有2个星期。

奥巴马称，这对美国LGBT(同性恋、双性恋和跨性别者)群体来说是尤其令人心碎的一天。他强调，这样的惨剧可能发生在美国任何一个社区，在暴力和仇恨面前，我们将团结起来采取行动，不会向恐惧和仇恨屈服。

他说得固然铿锵有力，但也就说说罢了。

尽管有着法律的保护，但特殊或者少数群体在美国动辄被辱的现状其实大家都心知肚明。距离美国前总统约翰逊签署民权法案已经过去了半个多世纪，种族歧视在美国社会却依然“系统性存在”。因黑人青年布朗遭白人警察枪杀，而从密苏里州弗格森延烧至全美的抗议“风暴”，也是在这种歧视之下生活多年的族群的反弹。

同性恋群体受到仇视，黑人遭到歧视，移民群体则面临着在教育、就业方面的种种不平等。这些问题让他们难以融入美国主流社会，存在着严重隔阂。本应受到美国法律保护的这些族群，远未得到应许的平等。

胡展奋：您刚才细述的奥兰多血案导致49人遇难、50余人受伤，我注意到您说的是“空前”，这似乎为您进一步的叙述做了铺垫。

张　军：是的，它的确是“空前”的，空前的惊悚、空前的杀戮，但并不“绝后”，看来也不可能“绝后”。

我现在要评述的是美国第十大枪击案：美国内华达州拉斯维加斯枪击案。

当地时间2017年10月1日晚间，一人造成580余人死伤！长居豪宅的64岁枪手史蒂芬·帕多克，制造了美国最惨烈枪击案。说它是一次“屠杀”未免过于笼统，应该说是一次“打靶”，空前残忍的打“活靶”，一挺自动武器居高临下地对着密集的人群肆无忌惮地扫射或点射。

警察局记者会

死亡 59 人,伤 527 人! 又是一次“空前”。

请想象一下当天晚上,史蒂芬·帕多克在拉斯维加斯曼德勒海湾酒店 32 楼使用杀伤力极强的自动武器是怎样向酒店附近举行乡村音乐节的人群进行密集射击的,最初 4 分钟内 200 发子弹倾泻一空,在场的有多名乡村音乐歌手以及 3 万多名观众。

换上弹夹继续扫射——疯狂的枪击案整整持续了 10 多分钟,现场极度混乱,场面完全失控,伤亡持续增加。等到警察赶到现场,闯入史蒂芬·帕多克酒店房间之前,他已经开枪自杀。

当枪声响起时,有的亲历者还以为是音乐会的鞭炮声、烟花声,直到身旁的一个朋友胸部连中三颗子弹,他和其他人才意识到有人开枪。现场观众纷纷卧倒,继而惊叫着起身奔逃,这时又响起急促的枪声。随后的电视画面显示,警车蜂拥而至,警察全副武装,手持突击步枪。拉斯维加斯机场一度关闭,全部进出港航班暂时停飞。而当特警通过无线电通信设备锁定嫌犯,最终冲入其所在的房间时,凶手已经自尽。

根据内华达州政府纪录，此次枪击案凶手史蒂芬·帕多克此前没有任何刑事犯罪前科，帕多克的弟弟艾力克·帕多克(Eric Paddock)在案发后第一时间接受媒体询问时表示，听到消息震惊不已。

事实上，枪手史蒂芬·帕多克曾有过一段时间的专业军事相关背景。美国军工企业巨头洛克希德·马丁在10月2日发布的一份声明中表示，帕多克在80年代为其工作了3年。

据帕多克的亲戚介绍，他经常去拉斯维加斯赌博、听音乐会。这位20世纪80年代在洛克希德·马丁的公司任职审计工作的退休老人，在玩扑克时出手阔绰，经常一手就是100美元。

帕多克2015年花了大约37万美元，在麦斯奎特市一个退休社区买了一所住房，和62岁的女友丹利住在一起。这个高档退休社区，共有一千多户，休闲设施包括18洞高球场、室内与室外泳池和健身中心。

值得注意的是，帕多克的爸爸名叫本杰明·霍斯金斯·帕多克(Benjamin Hoskins Paddock)，出生于1926年，曾是一个连环银行抢劫犯，在亚利桑那州抢劫多个银行，还因抢劫被判20年监禁，但之后他从得克萨斯州联邦监狱越狱逃出，并在1969～1977年登上FBI十大头号通缉犯名单。

2017年10月2日，极端组织“伊斯兰国”通过其喉舌阿马克通讯社主动“认领”这起枪击案，称枪手为该组织一名“战士”。联邦调查局则称，枪手与国际恐怖组织无关联。

所以帕多克的作案动机，至今仍是个谜。

据美国《世界日报》报道，警长隆巴度(Joseph Lombardo)表示，警察搜查帕多克位于内华达州麦斯奎特的住所时，查获18支枪械、一些爆炸物和数千发弹药，还有一些正在被警方鉴定的电子装置。而在帕多克发动致命枪击案、最后自杀的地方，警方发现至少16把枪。

事实上，在此次发生枪击案的内华达州，18岁及以上没有许可而公开携带枪支是合法的，而只要经过登记并符合联邦规定，购买、出售机枪或消声器都是合法的。

胡展奋：整个场面就像是狂野西部，又像柬埔寨的“杀戮战场”。你刚才说，警方搜查杀手住所，查获 18 支枪械和数千发弹药，接着又在案发现场查获凶手遗留的 16 支枪械，那就是说，帕多克一个人就拥有 34 支足足可以武装一个加强排的火力。这太过分了！什么“控枪”？一个人轻轻松松就拥有 34 支自动火器的国家，还讲一个什么“控”字，实在太讽刺了！

张　军：完全认同您的感慨和激愤。近年来，美国大规模的枪击悲剧一再重演，整个国家对此种“社会溃疡”总是“严厉抨击，坚决不改”，似乎陷入了“枪击—惊愕—反思—再次枪击”的怪圈。老实说，我们这些专业做律师的都无法彻底说清楚，究竟是什么地方出了毛病！

胡展奋：如你所说，枪击案其实是可以分类的，除了“恐怖袭击”外，“社会族群冲突”是不是主要的诱因？媒体报道是不是轰动效应的放大器？否则似乎难以解释，1991 年 10 月 16 日的得州露比餐厅惨案，23 人死亡、27 人受伤，同样涉及种族情绪，但影响却又远远小于 2012 年佛罗里达州的“齐默曼枪击案”。2012 年，佛罗里达州共发生 1 009 起枪击导致的死亡案件，但只有齐默曼的案件成为社会焦点，希望您能为大家解读一下。

张　军：是的，“种族问题”在美国一向是个火药桶，一切因为“种族”解读而变得格外不同。尽管在 2013 年 7 月 13 日宣判后的新闻发布会上，检辩双方的律师都分别强调“齐默曼案”不是一件种族案件，却不难看出，在这个国家的许多领域，尤其是与美国司法体系和警察有关的领域，种族关系依然呈现出两极分化的局面。同时，齐默曼案也引发了美国人开枪自卫和司法公正等问题的热烈辩论。

且让我先把案情简单介绍一下。

案情的本原是：齐默曼所在的社区是入口处设置保安闸门的封闭式镇屋群，居民组织了互助性质的邻舍治安守望组。28 岁的齐默曼是守望员之一,他没有执法权,但可合法配枪。2012 年 2 月 26 日晚,齐默曼在驾车外出时看到了特雷沃恩·马丁,认为其形迹可疑,于是进行跟踪,并报警要求警方前来调查。

不久,齐默曼下车继续跟踪正欲返回寓所的马丁,警局接线生告诉齐默曼不必追上去了,警员很快便到。悲剧发生在这段通话结束后,马丁胸口中了一枪当场毙命,齐默曼向到场的警员承认是自己开的枪。

据齐默曼称,当时他想下车看清街名,好提醒警员到场拘捕可疑人员,但马丁却突然出现袭击齐默曼,摁着他的头去撞人行道,还试图夺取他的佩枪。出于自卫,齐默曼掏枪将马丁击毙。佛罗里达州法律明确规定,平民有权在认为自身遭受危险时采取非常手段自卫。

案发之初并未马上引起媒体的注意。佛罗里达当地警方在经过调查后认为齐默曼属正当防卫,未予逮捕或起诉。但此举激起马丁家属的不满,非裔社区亦哗然。马丁家的律师开始同阿尔·沙普顿等黑人民权领袖进行联系。

3 月 8 日,CBS 作为全国性媒体在早间新闻首次报道此案,当天美联社也发布了相关报道,且错误地将齐默曼标记为“白人”,而事实上齐默曼是白人和西班牙裔的混血。很快,其他全国性媒体陆续跟进,齐默曼案在短时间内迅速成为全美瞩目的焦点。3 月 23 日,美国总统奥巴马也公开支持对此案进行彻查,并情绪化地说:“如果我有一个儿子的话,他会长得像特雷沃恩一样。”

在特雷沃恩·马丁遭枪击而身亡之后,已有超过 220 万名网友在一个名为 Change 的网站上签下了各自的请愿,请求对齐默曼的正式逮捕。

特雷沃恩·马丁在案发时身穿着一件连帽运动衫。因为在美国,阿飞们常常身着连帽运动衫,所以有相当一部分美国人将身着连帽运动衫与叛逆和罪恶联系起来。例如,著名的福克斯电视台主持人杰拉尔多·里维拉(Geraldo Rivera)就表示,乔治·齐默曼很有可能是因为看见特雷沃恩·马丁身着连帽运动衫才认为他形迹可疑。为了表示对特雷沃恩·马丁的枪击的抗议，在美国许多城市，如纽约和洛杉矶，人们都身着连帽运动衫参加游行集会。许多明星，如NBA球员安东尼和韦德，也身着连帽运动衫对此次枪击表示抗议。

乔治·齐默曼的父亲透露，乔治·齐默曼因为收到了一些索命的威胁而搬离了他的住宅。美国的新黑豹党(New Black Panther Party)甚至公布了10 000美元的悬赏金来奖励捉住乔治·齐默曼的人。随后，桑福德市政府谴责了新黑豹党的这一行为。有些人为了表示对特雷沃恩·马丁枪击案的愤慨，进行了一些暴力犯罪的行为。

对于媒体的“密集轰炸”式的采访及报道，乔治·齐默曼表示：“(为了我的家庭和我自身的安全)我不得不离开我的住宅、我的学校、我的工作、我的家庭，以及我原本的生活。”

在强大的舆论压力下，2012年4月11日，佛罗里达州州检察官安吉拉·科里(Angela Corey)宣布她控告乔治·齐默曼犯有二级杀人罪。在美国佛罗里达州，二级杀人罪罪犯至少将被囚禁25年，最严重的将会在牢狱中度过余生。

此事可见，尽管是“法治社会”，舆论，特别是媒体报道照样会影响司法行程，因为原事实并不复杂，但媒体的介入，而且犯下的“报道小错”导致传播效果席卷全国。

然而，法院调查毕竟是比较客观的，所有的证据显示：齐默曼在执勤时受到了马丁的袭击，脑后部的挫伤与背部潮湿的青草都显示了他曾经被马丁摁在草地上。

美国东部时间2013年7月13日晚10点，美国佛罗里达州当地法院依陪审团决议，裁定社区治保员乔治·齐默曼2012年射杀17岁非裔少年特雷沃恩·马丁属正当防卫，二级谋杀罪名不成立，其他所有罪名均不成立。至此，这场长达一年半的刑事诉讼终于盖棺定论。

然而，就像马丁家人说的，“事情还没完”。在齐默曼案判决宣布后一个小时，推特上相关话题的微博激增190万条，占全球范围内推特微博总量的5%，以马里兰州、阿拉巴马州和华盛顿哥伦比亚特区等黑人人口众多的州反响最为强烈。

随后几天，从东岸的纽约、费城、华盛顿，东南部的迈阿密、中西部的芝加哥，到西岸的旧金山和洛杉矶，都出现了规模大小不一的示威游行。群情激奋的黑人和部分白人质疑，如果齐默曼是黑人而马丁是白人，齐默曼是否还会被判无罪。黑人民权领袖杰西·杰克逊对裁决结果非常失望，在他情绪化的表达中，齐默曼“谋杀”的是“一个手无寸铁、独自走在回家路上、与世无争的男孩”。

现在回头看这个案子，从2012年开始，一年多的媒体报道和庭审中出示的证据上看，并没有证据显示齐默曼是一个种族主义者。首先齐默曼本人就是少数族裔，他身边的朋友中也有很多是黑人；齐默曼和妻子还曾义务辅导过两个黑人少年，有报道说他高中毕业舞会的舞伴也是一个黑人。这些都显示他不是一个种族主义者。庭审过程中，检方也没有拿出有力证据证明他因为马丁是黑人才开枪的理论。

我觉得吧，美国媒体一开始就从种族冲突的角度来报道此事，而且在案件成为社会焦点后，愈发强调种族因素在案件中的作用，才使此案发展成为一个举国瞩目的案件。

相形之下，您刚才提到的1991年10月16日的得州露比餐厅惨案，虽然23人死亡、27人受伤，并同样涉及种族情绪，但因没有媒体的炒作与某些民间团体的放大，所以并没有造出太大的声势。

胡展奋：这个案件有一个热敏词，叫做“坚守立场法”或“自卫法”，能不能解释一下？

张　军：和婚姻法一样，美国国内有关自我防卫的法律，特别是涉及正当杀人的法律在各个州都有所不同。

佛罗里达州的坚守立场条例(“Stand Your Ground” Laws)允许个人在遭受自己认为能够导致严重后果的人身攻击之前运用致命性的武器来对自身或者他人进行防卫。

请注意，美国几乎所有的州都允许公民在自己的住宅中运用合法的致命性武器进行自卫。也就是说，在美国，未经同意而强行闯入私宅是有生命危险的。房屋主人可以当场击毙强行进入者。

不过，与美国大多数州不同的是，佛罗里达州的坚守立场法不仅仅适用于住宅内，而且还适用于在交通工具中以及其他公共场所。此外，佛罗里达州还有所谓的"绝不后退法"，即，任何人受到威胁时，不用退却就可以奋起自卫，而且可以使用致命武力自卫。

胡展奋：我在美国期间一直试图去探索"族群歧视"在美国的渊源，我发现，在这个国家的许多领域，尤其是与美国司法体系和警察有关的领域，种族关系依然呈现出两极分化的局面。很显然，齐默曼案中，政客、媒体和一些所谓的民权运动人士所扮演的角色都很不光彩，他们为了各自的利益，在防止歧视、"政治正确"的幌子下，不去面对黑人所面临的真正问题进行努力，反而利用这个机会加剧族群分裂和种族对抗。这让再次我想起罗兰夫人被雅各宾派送上断头台，临刑前在自由神像留下的那句著名的感言：自由自由，多少罪恶假汝之名而行！

张　军：您既然谈到这个话题，我也很想对这个问题分析分析。我刚才说过，美国媒体一开始就从种族冲突的角度来报道此事，而且在案件成为社会焦点后，愈发强调种族因素在案件中的作用，才使此案发展成为一个举国瞩目的并且越来越复杂的案件。

显然，美国媒体试图在迎合着什么，迎合着社会上的某种集体情绪和集体潜意识。人们渐渐发现，种族因素在这个案件中被夸大，同黑人民权运动人士沙普顿的极力推动和媒体的炒作有着直接关系。

作为黑人民权领袖，沙普顿的维权激情似乎有点诡异甚至矫情。1987 年，黑人少女塔瓦娜·布罗莉(Tawana Brawley)声称遭白人男子轮奸，其中还有白人警察。沙普顿成为女孩的代言人，为她宣传，争取舆论同情，给政府和法律官员施加压力。当时此案引起了纽约社会严重的种族对立。岂料在 1988 年，案情发生惊人逆转，整件事情竟是布罗莉设计的骗局。为布罗莉鼓与呼的律师被吊销了执照，而沙普顿却一路走来成为黑人民权领袖。

“即使你认为在某些案件上我是错的，别装得像我不是为了我们的社会公正一样。”25 年后，当《纽约时报》就此案采访沙普顿的时候，这位与总统关系甚好的牧师仍然认为自己在呼吁社会公正上是有贡献的。但被问及是否还认为当年的罪行真正发生过，他尴尬而含糊说，“不管发生了什么，一个成年人失踪了 4 天，肯定出现了什么不对劲的事情。”

一件被设计的并且破绽百出的“强奸案”，仅仅因为你觉得“哪里不对劲”就大肆炒作，人们不禁要疑问，您的初心是什么呢？

如今在齐默曼案件上，沙普顿也一直在黑人社群中宣扬无辜黑人孩子马丁无故被“白人”齐默曼枪杀的理论，在黑人群体中煽起强烈的不满情绪。

所以我想再次强调，齐默曼案件发展的过程中，暴露了美国社会中的很多问题，不仅暴露了沙普顿这样的知名人士借“反种族歧视”以售己私的行为，而且诱发了其他的社会溃疡，其中最突出、最恶劣的一个现象，就是媒体在报道案件过程中不仅放弃客观独立的原则，甚至故意操纵和误导公众，客观上加剧了美国社会中的族群对立。

最典型的例子是 NBC 在播放齐默曼报警电话录音时，恶意删掉一些关键内容，使他显得有种族主义倾向。

换句话说，齐默曼是“被种族主义”的。

事发当晚，齐默曼在发现马丁后给打电话报警，称“我发现一个形迹可疑的陌生人”，警方接线员问他：“那个人是黑人、白人还是拉丁裔呢？”齐默曼回答：“看上去像黑人。”在这里，警方接线员的提问是极其关键的。

然而 NBC 在播出录音时，却故意将接线员的问话删掉。于是观众听到的是齐默曼报警：“我发现一个形迹可疑的陌生人。看上去像黑人。”

于是，这个“刻意制作”的删节版的电话录音成了齐默曼是“种族歧视者”最直接的证据。4 月 3 日 NBC 不得不为这种行为向公众作出道歉，但是恶果已然酿成，齐默曼的种族主义者形象已经在一些民众中深入内心。

此外，马丁家属最初在向媒体讲述案情时，提供了一张马丁八九岁的照片，实际上案发时马丁已经17岁，身高一米八的大汉，同照片上的形象相比完全是两人。但是媒体却由于“种种原因”，一直没有及时更正。有的媒体甚至至今还将小时候的马丁照片同齐默曼的成年人照片放在一起，给公众造成了一个倚强凌弱，甚至骇人听闻的“大人枪击儿童”的错觉，也在很大程度上对案件起到了推波助澜的作用。

相当长的一个阶段以来，美国主流媒体在意识形态上“左倾”，支持民权运动，在反歧视的问题上比较主动。所以当案件最初显示出“可能”有种族因素时，媒体便自动站在受害者一边。比如，一个哈佛大学的法学教授在CNN上痛批齐默曼案的检方，不仅多次试图隐藏关键证据(扣留的证据中包括马丁手机里存的短信和照片，涉及团伙犯罪、非法枪支买卖及毒品交易)，而且佛罗里达州名声最差的检察官最初在证据不足的情况下决定用二级谋杀起诉，本身就是个错误，接下来这个教授的Skype连线就突然断掉了。

法学教授的谈话因为想还原事实，对丑化齐默曼不利，便被立刻掐断，这种操纵舆论的做法太露骨、太具有主观恶意了。

在此我要特别提醒诸位的是：从媒体的利益来看，如果客观报道此事，案件中种族对立的色彩一旦被削弱，这件案子就变成了一件普通的刑事案，对于吸引受众、提升收视率无疑没有帮助。

这，就是媒体不敢拿上台面、不敢见阳光的“利益驱动”。

以CNN为例，过去一段时间，CNN一直在收视大战中同竞争对手MSNBC(微软全国广播电视公司)打得难解难分。齐默曼案件的报道极大地提升了CNN的收视率，甚至其旗下的二级台“头条新闻”(HLN)也因为此案的报道创了收视纪录。

众所周知，对于电视台来说，挑动观众中的对抗情绪，引导观众在案件中站队，是提高收视率的最好手段。值得注意的是，CNN为了突出案件中的黑白对抗的种族因素，甚至把齐默曼称为“白种西班牙裔”

(White-Hispanic)，如果按照类似的逻辑，我们是不是该把奥巴马也叫做“白种黑人”呢？

至于MSNBC电视台的做法更是奇特，不仅在整个报道中夸大种族因素、极端倾向检方，还让沙普顿把自己主持的节目变成了一面倒的、声讨齐默曼的阵地(沙普顿是MSNBC电视台的一个主持人)。

我在美国生活了30多年，像MSNBC这种“既是裁判又是运动员”、既是报道者又是事件参与者的行径，毫无疑问是对新闻伦理的极大伤害，在以往是难以想象的。但是在目前恶性竞争、媒体生态严峻的情况下，反而成了提高收视率的一个“心照不宣”的手段。

在真相大白、最终完美结案后的新闻发布会上，齐默曼的辩护律师奥马拉对着来自全美各地的济济一堂的记者说，你们媒体在过去一年多中，把齐默曼绑在手术台上，在不打麻药的情况下对他任意解剖，把他变成一个怪物。

以“高尚”“公正”的名义，差点谋害了一个热爱美国并忠于职守的美国公民，到底是媒体应该集体反思，还是美国民众应该集体反思？

射击训练结果

胡展奋：关于这桩枪案，有种说法是“齐默曼无罪，佛州有罪”！

张　军：有过这种说法，网络杂志《石板书》资深主编贝兹伦就认为，齐默曼无罪，但佛州有罪。而所谓“佛州有罪”，是指“佛州的有关法律有罪”。

她指责该州的“坚守立场法”是恶法，让民众只要觉得自己可能受害或受伤，就可以动用武力置对方于死地。

事实上，齐默曼被判无罪当庭释放后，黑人民权组织表示，马丁的父母和律师已经与联邦检察官会面，准备进一步向齐默曼提起公民权诉讼。

我一直持这样的看法：人类缺乏跟上帝有效沟通的手机号码或Email地址，所以，针对刑事案件的事实认定只能交给陪审团。但为了确保不错盘，刑事案件的认定门槛非常高，美国刑法中一个非常重要的举证标准是“排除合理的怀疑”(Beyonda Reasonable Doubt)。

也就是说，无论是二级谋杀还是过失杀人，检方都想证明齐默曼不是在正当防卫。事实上，哪怕检方证明了接近95%的可能性，只要大陪审团认为存在大于5%的疑虑觉得齐默曼是在正当防卫，就必须判他无罪。

佛罗里达州法院的判决虽未见得就是真相，但此案庭审过程允许电视直播，是公开透明的。被告律师奥马拉在结束辩论时对大陪审团说，如果你们有疑虑，请让齐默曼成为这些疑虑的唯一受益者。

目前马丁家人打算提起民权诉讼，我倒觉得联邦法院未见得愿意动用民权法案，因担心加剧社会矛盾。有先例可循的是1991年的罗德尼·金案。

1991年3月3日，非裔美国人罗德尼·金因超速酒驾被洛杉矶警方追逐，被截停后拒捕袭警，遭到警方用警棍暴力制服。1992年4月29日，加利福尼亚州地方法院陪审团做出4名白人警官无罪的决定。而在此之前的调查显示，美国民众看到电视中播放的经过“刻意删减”，也就是重新制作过的警察殴打罗德尼的视频，92%的人认为电视画面上的警察有罪。

判决宣布了2个小时之后，洛杉矶居然发生了大规模暴动。暴动发生后的第三天，罗德尼·金在电视上向大家呼吁停止暴力。警察们很快再次被起诉。1993年4月17日，被告警长孔恩和警察鲍威尔被判决侵犯了罗德尼·金的公民权，处以30个月有期徒刑，另外两名警察无罪开释。金因此获得380万美元的赔偿。1995年1月，第九联邦巡回法庭做出量刑过轻的判决。1996年6月，最高联邦法庭以9∶0推翻了上诉法庭做出的加重惩罚的判决。

所以我认为，当务之急是政府呼吁社会冷静，同时美国法学家和佛罗里达州议员也在探讨，是否应就“正当防卫”做重新定义，以与时俱进。

我刚才援引过网络杂志《石板书》资深主编贝兹伦的意见：齐默曼无罪，佛州有罪。她指责该州的“坚守立场法”是恶法，让民众只要觉得自己可能受害或受伤，就可以动用武力置对方于死地。

“坚守立场法”是佛罗里达州在美全国步枪协会的游说之下，于2005年10月1日颁布的法规。根据该法定义，要证明开枪理由不正当几乎变成不可能。《圣彼得堡时报》发现，这部法律签署5年之后，佛罗里达州声称凶杀理由正当的案件从2005年的30起上升到2010年的100多起。

包括全国步枪协会在内的赞成持枪者说，佛罗里达州的法律仅仅扩大了公民自卫的能力。自从2005年以来，至少16个州通过了同类法案，公民因此变得更有安全感还是倍感威胁了呢？华盛顿防止枪支暴力布兰迪中心律师丹尼尔·维斯说，“坚守立场法”就等于允许很多人带着真枪实弹到公共场所去，甚至是公共海滩和市政厅。很多佛罗里达人还将“坚守立场法”称为“先开枪法”。

“坚守立场法”刚刚出台之际，迈阿密和圣彼得堡警察局、佛罗里达检察官协会和全国地区检察官协会等机构代表就说，佛罗里达“坚守立场法”给予公民使用致命武力的权利甚至超过我们给予警察的权利，却更少监管。

能改变这种状况的只有州议会：唯一能预防这种悲剧更多发生的措施就是州议会废除“坚守立场法”。但奥巴马都没能绕开步枪协会谈控枪，恐怕州议会在此问题上也只会“坚守立场”罢了。

胡展奋：一有类似的事件发生，美国社会立刻会因此而吵得不可开交，美国社会的各阶层该如何弥合分裂呢？

张　军：虽然经过百年磨合，但是，美国社会的民族情绪事实上还是非常强烈，还是一个火药桶。在齐默曼案宣判后，美国艺坛界的非裔明星纷纷进行情绪性很强的、一边倒的表态。歌手碧昂丝在纳什维尔的演唱会上，请观众为马丁默哀；饶舌歌手 Jeezy 发表纪念马丁的新歌《这是个冷酷的世界》；制作人兼歌手吹牛老爹等多位娱乐界名人则把他们推特的图像换成黑色四方形。美式橄榄球纽约巨人队的维克多·克鲁兹走得更极端，他发表推文称，齐默曼一年内就会被杀（事后删除了推文并道歉）。

据我的观察，美国政坛和舆论基本也是两极反应、泾渭分明。保守派击节叫好，左翼自由派认为正义没有得到伸张。美国民主党参议员领袖哈里·瑞德表示“这件事还没完”，美国有色人种促进协会则向司法部施加压力，要求联邦政府介入调查。

为防社会出现暴乱，作为美国历史上第一任非裔美籍的司法部长，埃里克·霍尔德在华盛顿演讲谈及齐默曼案时表示，美国不应错失良机，要就涉及种族身份与青少年的固定成见展开一场“必要的困难对话”。

在齐默曼案的报道中，美国媒体经常提到艾米·提尔案。1955 年，14 岁的黑人少年艾米·提尔在密西西比被白人无辜杀害，凶手被判无罪后，无数充满正义感的美国人走上街头，轰轰烈烈的民权运动就此发端。

但齐默曼是南美裔，并非“白人”，这是令居心叵测、借故煽动民族仇恨的人们非常尴尬的，所以司法部需要就齐默曼是否出于种族仇恨进行立案，在佛罗里达法庭审理中也几乎没有提到种族问题。

种族问题在美国 200 多年的历史中一直存在，非常难解决，且每逢重大事件如辛普森案、罗德尼·金案、齐默曼案——特别一旦和枪杀案掺在一起——就非常容易掀起波澜。在今天的美国，包括黑人在内的少数族裔的社会地位已经得到极大的改善，公民权利也得到了充分的法律保障，但要达到平权还有漫长的路要走，如果每次纠纷和冲突都要上升到“黑白”斗争，那么这个社会将永无宁日。

我甚至觉得，这个时候是考验政治智慧和领袖素质的时候。一些意料之外的事件往往能决定一个总统在历史上的定位。奥巴马担任总统后，对解决美国的种族问题没有太多贡献，齐默曼案件本是一个好机会。但现在奥巴马业已卸任，很显然他并没有抓住这个历史机遇，在控枪问题上从一个政客成长为一个真正的领袖。

不可否认，美国社会在种族问题上已经取得了非常大的进步，前不久最高法院决定废除选举法案中一些防止歧视的条款，就是对这种进步的一种肯定。但种族问题依然存在，且主要矛盾同往昔已经完全不同了。

现在少数族裔，尤其是黑人所面临的主要问题是怎样摆脱贫困和高犯罪率。在 2012 年，芝加哥一个城市就发生了 500 多起枪杀案，其中大部分受害者都是黑人。但是这些人根本无法像马丁一样引起媒体的注意。

客观地说，无论是华盛顿的政客，还是黑人民权运动人士，都没有拿出有效的办法改善黑人的生存状况。美国政府要想消除在收入、教育和其他领域上的族群差异，从根本上需要全社会包括黑人社区的共同努力。然而在目前的美国社会中，这样的努力比起黑人面临的问题，显得十分无力。

枪猛如虎何以解？

胡展奋：关于“美国的枪”我们还真谈了不少，请恕我无知，这个国家法理上每个公民都可以拥有枪支，我倒很想问问，一直说“持枪拥有法律依据”，这个法律是什么法？其根本大法在哪里？能不能再次具体告知一下？

张　军：我来告诉你根本大法。1791年12月15日被批准的美国宪法第二条修正案："组织良好的民兵队伍，对于一个自由国家的安全是必需的，人民拥有和携带武器的权利不可侵犯。"

胡展奋：就这根据？

张　军：当然。这就是宪法。大法。宪法不容侵犯。后来所有的持枪法、控枪法，各种补充法规，无不根据它制定。

胡展奋：可是从1791年12月15日到现在，200多年过去了！当初最好的武器也就是来福枪，应该没有轻机枪、重机枪、冲锋枪和掷弹筒吧，科技发生了那么大的变化，难道，宪法就不该改改了吗？

张　军：您的想法可能代表了很多人的想法，国情不同，价值观不同，可能对"宪法"的理解也有所不同。

美国人看来，宪法就是我们所说的"乾纲"，是"天柱"和"地维"，所谓"天不变，道亦不变"，宪法本身决定了国家体制，而国家体制是全体美国人的选择，怎么能改变呢？至于"科技"和宪法更没有什么直接的关系，沙特可以使用——也有实力引进所有的西方科技，但绝不会改奉西方的宪法。

但美国可以有宪法修正案，修正嘛，在原则不变的前提下，作些调整，那是常见的。不过，要"修正"也不是一件随意的事，要反复论证，反复研讨，众议院、参议院、国会、大法官……非常漫长而审慎的过程。

胡展奋：我只听得一片控枪与拥枪"漫长而审慎"的争论与研讨，这个经常被您提起的"步枪协会"是个什么组织？是不是美国社会禁枪的最大障碍？是不是美国"禁枪难"的民间祸首？怎么会社会影响力如此大？

张　军：美国全国步枪协会，即NRA(National Rifle Association of America)，总部设于美国弗吉尼亚州的Fairfax，是美国最大的枪械拥有者组织和超级强大的利益集团。它自称“美国历史最悠久、规模最大的民权维护组织”,根据 NRA 官网的数字,目前其拥有正式会员 500 万人。

500 万哪！呵呵,在 3 亿人的美国,你不觉得这是一个惊人的数字吗？美国的军队才多少人？我们中国的军队,才多少人？500 万个能够熟练操弄枪械者,如果他们每个人能以自己的观点影响周围的 10 个人,那就是 5 000 万人！

“持枪文化”在美国民众中影响力有多大、有多广、有多深,我们中国人是没法想象的。

所以,虽然 NRA 是非党派性、非营利性的组织,但是它积极参加美国政治活动,在美国政治中具有巨大的影响力。NRA 认为,拥有枪支的权利是受美国宪法第二修正案保护的民权,这构成了它的政治活动的理论基础。因此 NRA 是美国反对“枪支限制”的主要力量。

胡展奋：我百度了一下：这个 NRA 成立于 1871 年,由 William Conant Church 和 George Wood Wingate 在美国纽约创立。创始时,它的名字为 ARA,即美国步枪协会(American Rifle Association)。它的第一任理事长是美国南北战争中北方著名将领安布罗斯 · 埃弗雷特 · 伯恩赛德将军。后来美国总统格兰特也曾担任过 NRA 的理事长。现任理事长是 2017 年上任的 Pete Brownell。

一个总统,居然也是“步枪协会”的理事长,呵呵呵,这样的事也就发生在美国了,可以想象它的影响力。

张　军：呵呵呵,你现在开始有点明白,好比在中国禁人参、禁《黄帝内经》、禁中医一样,在美国禁枪有多难了吧?!

从结构看,NRA 的管理机构是一个规模颇大的(一般有 75 名成员)理事会。理事会从其成员中选择理事长。理事长一般是一年一任。此外设还有一名执行副理事长,其不是理事会成员,但由理事会任命,担任首席执行官的角色。

现在的 NRA 经常主办火器安全训练课程、组织各种射击运动活动、比赛等,还为射击教练提供资格认证。在 1992 年之前,NRA 还曾经是美国奥林匹克射击运动的管理机构。NRA 有自己的出版物《美国步兵》(American Rifleman),发行量巨大。

胡展奋: 我看到过前美国总统里根和其他几位前总统、副总统参加全美步枪协会活动的照片和视频。有人说,NRA 从一个民间的体育组织、体育协会壮大到能影响到美国政府的政策和政治走向的、全国性的利益团体,是很富于戏剧性的。

张　军: 这个世界上最庞大的拥枪组织原先起源于美国南北战争时期。

话说世界各民族虽然千差万别,“北人善战、南人善经济”却是个普遍现象,但吊诡的是,这个规律在美国却偏偏倒了过来。1861 年南北战争爆发,当时,美国北方的经济实力完爆南方,仅纽约州一个州的工业产值就是南方各州的总和。论兵力,北方则是南方的两倍以上。一打起来,北军却发现与南军血拼时总要付出两倍甚至三倍的伤亡代价,还老吃败仗。南方士兵的射击水平远远高于北方,特别是南方的“狙击手”,其神出鬼没的冷枪杀伤力之大,令北军魂飞魄散,被士兵们叫做“剪刀手”。

战后痛定思痛,北军军官总结认为:不是因为我们无能,而是南方佬太会玩枪——以农业经济为主的南方高度盛行狩猎和所谓“持枪游侠”的江湖文化,南北战争又正好赶上了枪械进化史上一个关键时代,米尼弹、线膛枪的应用让“南军善射”的这种优势如虎添翼。认识到这一点之后,北军老兵中有个人跳出来大声疾呼:我们要让北方人,不,全美国人都学会玩枪。

喊出这一口号的人名叫威廉·丘奇,战时是《纽约时报》的随军记者。身为 NRA 的设计者,此公血液里就流淌着美国式尚武精神。他的祖父参加过独立战争,跟华盛顿混过,外祖父则在 1812 年美英战争中指挥一个连队。在耳闻目睹北军战争中的糟糕战力后，咽不下这口气的丘奇四处奔走，筹建步枪俱乐部，拉来了北军名将伯恩赛德当NRA的首任理事长，伯恩赛德把这个想法跟自己的老上司、时任美国总统的格兰特一说，立刻获得了后者的大力支持，格兰特还亲自加入这个协会，后来更出任过协会理事长，开启了美国总统成为该协会会员的先河。而格兰特对NRA之所以如此青睐，是因为在那时，单兵的射击素质确实是衡量陆军战斗力的最佳标准。国民枪打得好，甚至有利于增强国际威慑能力。1874年，刚刚成立三年的NRA组织的一支射击队战胜了来访的英联邦冠军爱尔兰队，就给美国人长了一次脸。自此，NRA作为一个民间准军事组织，在美国政府扶持下发展起来了。

然而，全美步枪协会给美国带来的困扰，也从其创立之日起就如影随形：鼓励全民玩枪，这在战时或许于国有益，但在和平年代，想想确实让人心里发毛。这个道理，美国人原本是懂的，早在1880年，同样是南北战争老兵出身的纽约州州长温盖特就宣布纽约州不再支持NRA的发展，理由是“世界进入了一个和平与繁荣的时代，步枪不再是必需的了”。在19世纪末世界相对和平的那段日子里，赞同温盖特观点的人越来越多，NRA过了一段很清苦的日子。

转折发生于19、20世纪之交的布尔战争，游荡于山林间的布尔人凭借精准的枪法把当时还是世界霸主的英国揍得十分狼狈。这样的消息让美国人重新燃起了对神枪手的热爱，NRA借此机会起死回生。1903年，在NRA建议下，美国国会设立“全国枪械训练推广委员会”，隶属国防部。该委员会三分之一的人员都是NRA的理事，这导致该委员会把许多国家资源都拿去支持NRA。1912年，国会开始资助每年的NRA比赛项目，NRA与美国政府之间的关系变得更加紧密，此时的NRA，几乎成为一个为美国政府提供兵员的隐形军事组织。

民众玩枪热情高涨，代价是美国的治安越来越乱，到了1930年代，随着黑手党的兴起，美国公共秩序已经有些骇人听闻。1933年，总统罗斯福在迈阿密演讲时遭到刺杀，总统本人虽然幸免于难，身边的5

个人却不幸遇难。1937 年，美国终于出台了第一部控枪法案——联邦火器法。

NRA 是美国限枪运动的主要反对者，虽然在法案审议中，该组织极力反对，但最终没有阻止法案成形。遭遇惨败的 NRA 认识到风头变了，开始完善自己的院外游说集团，走上了靠走关系为自己续命的道路。

1934 年，为了回应当时全国枪支法的相关讨论(可见关于枪支管理的争论由来已久)，步枪协会成立了立法事务司，之后"政治胜利基金""美国长枪协会基金"等机构相继成立，标志着其从一个纯粹的体育或者文化团体，演变成一个利益团体，并由此逐渐进入政治领域。它的角色渐渐从枪支的安全使用扩展到了政治游说，一方面筹集资金，一方面帮助支持协会立场的候选人进入国会。

全美步枪协会几乎所有的资源都来自其会员。但是这并不意味着步枪协会就是枪支制造商的托。相反，有些时候枪支制造商反而希望和政府在控枪问题上达成一些妥协，但却被步枪协会从中作梗。

有时候，在美国民众的心目中，步枪协会被认为和美国政府一样强大，因为其能影响大批活动能力很强的选民。

20 世纪 60 年代后期，枪支犯罪越来越严重，美国政府在枪支管制方面受到的压力迫使它不得不在枪支管制方面进行立法。也就是从那个时期开始，NRA 的角色逐渐从一个普通的枪支爱好者俱乐部转变为世界上规模最大的反枪支管制政治团体。《财富》杂志于 1999 年的一项调查显示，NRA 是美国最有影响力的院外游说组织。

胡展奋：最强大的"院外游说组织"？难不成还真能影响美国大选？一个民间的拥枪组织有这么大的社会影响力？为什么呢？

张　军：你们无法想象的是，NRA 握有大量的甚至巨量的资金，足以左右部分选举。具体的做法是：在美国国会选举中，NRA 所掌握的选票，只投向拥护《第二修正案》的候选人。不是吗，一定程度上，这种

“定向投票”就像一只秤砣一样每次都影响着选举的天平，NRA 要求自己的会员“站好了立场”，给每一位众议院或参议员候选人打分。

评分的主要标准即是否支持“拥枪”！然后，NRA 将会员的评分汇总，出版带有明显偏见的、发行全国的《投票指南》。其后果可想而知，主张对枪支严加管制者往往会受到巨大打击，甚至会因此而落选。

一组数据可以表明 NRA 如何打击着支持枪支管制候选人的决心：1998～2006 年，用于反对枪支管制的资金总共有大约 600 万美元，其中 NRA 的资金占了大约 90%。其结果可想而知，NRA 选出了自己的“意中人”，其中包括前众议院议长汤姆·福利(Tom Foley)和前众议院商业委员会主席约翰·丁格尔(John Dingell)。这两位都是足以影响国会的重量级人物。

从某种意义上说，白宫对于枪支管制的态度决定了总统任职期间枪支管制立法的命运。因此，攻下白宫可谓成功了一大半。

自 20 世纪 40 年代开始，NRA 每年都会在其电台或电视台中大肆活动，公开支持反枪支管制的总统。受此“恩惠”的总统当不在少数，例如西奥多·罗斯福、约翰·F·肯尼迪、艾森豪威尔、尼克松、里根、老布什、小布什……这些总统都是反枪支管制或不支持枪支管制立法的拥护者。前任美国总统小布什更是 NRA 的会员。在 2008 年美国总统大选中，NRA 为共和党捐献了 1 000 万美元。

一个更为有趣的也更耐人寻味的现象是，这些总统绝大多数都是共和党人，因为共和党在其参选纲领中明确指出“我们支持公民拥有枪支的权力。我们反对枪支管制”。NRA 的目的也确实达到了。在这些总统就任期间，美国枪支管制立法进展相当缓慢，甚至停滞不前。

胡展奋：美国的立法或修正法案，“大法官”们的态度可谓更加举足轻重，我曾听说 NRA 的活动，不仅能影响总统的当选，还能影响最高法院法官的任命？

张　军：没错。NRA 不但每次都投入大选，而且还试图影响法官的任命。在美国,最高法院法官是由总统提名、参议院确认的。而美国最高法院的对于宪法第二修正案的解释对限枪立法的成败的影响,那是太大了。

因此当总统提名最高法院的大法官时,NRA 会调查候选人过往对持枪权的态度并据此采取支持或反对候选者的态度。例如 2009 年美国总统奥巴马提名索尼娅·索托马约尔接任退休的苏特大法官的空缺时,NRA 认为她是反对持枪的,因此公开号召参议院否决她的提名。自此,人称 NRA 为“权力第四极”。还有个例子,2016 年 1 月 5 日,美国总统奥巴马在白宫召开新闻发布会,痛陈美国枪支暴力犯罪顽疾并宣布一系列控枪新举措,在演讲中,奥巴马大声疾呼“国会议员不应受某些协会院外游说的操纵而反对禁枪”,说到动情处,他甚至忍不住泪眼婆娑。总统掉泪,人称“掉金豆”,尤其是称霸世界的美国总统当场“掉金豆”,还不够让人吃惊吗?不过,人们在吃惊之余也忍不住好奇,把总统逼哭了的“某些协会”到底是何方神圣呢?

它就是被称为“美国权力第四极”的全美步枪协会。

胡展奋:这次长时间的访谈真是让我好好学习了。冰冻三尺非一日之寒。拥枪之事在美国如此热议,我们可能看不懂,但在不少美国人看来,拥枪权是美国宪法赋予美国人民的神圣权利,美国人生来就知道有拥枪权,据说,有的孩子成年,父母也会送给他们一支枪作为成人礼物。你刚才说,这是和美国历史分不开的。我查询了一下比“步枪协会”成立更早的拥枪历史,发现 1773 年波士顿倾茶事件以后,英国采取了对北美殖民地的高压措施,美国各地开始组建民兵武装,收集弹药。1775 年莱克星顿的枪声,揭开了美国独立战争的序幕。此后莱克星顿镇中心区树立的美国独立战争纪念碑,碑座上就是一尊手握步枪、头戴草帽的民兵铜像。这一特征使美国从建国之初起就蒙上了“个人武力”的色彩。

张　军:您说到“个人武力”,这个词儿用得太确切了。

200 多年来,虽然曾经有过上万个修宪提议,但是只有 27 个修正案通过并生效。其中就有1791年12月15日通过的“美国宪法第二修正案”——“组织良好的民兵队伍，对于一个自由国家的安全是必需的，人民拥有和携带武器的权利不可侵犯。”这短短一句话，等于将拥枪写入了宪法，成为美国人拥枪自由的尚方宝剑。

因为宪法赋予的拥枪权，所以美国法院，包括各个州的法院，对于一些枪击案的判决，在禁枪这方面是毫无建树的。在控枪这方面，有些州严些，像加利福尼亚州，对于大规模杀伤力强的武器，比如自动武器(这次赌城枪击案使用的)，或者对于弹匣里的数量、容量，或者是射程、连发等，都有一些要求与限制。但也有一些州非常松，像我们曾经坐火车经过的内华达州，简直没有什么明细规定。

一般的舆论都认为，在共和党当政期间，讲禁枪绝无可能，讲控枪也变得越来越难。我认为，短时间内通过很小的控枪法案都是很不容易的事。

从另一个层面看，如果你禁枪，老百姓会认为你禁的只是奉公守法的人，真正做坏事的人是禁不到的，这么一来，守法的人反而没有了自我保护的武器。因为在美国黑市上获得威力更大的武器是非常容易的。哪怕是在加利福尼亚州，获得枪的渠道也非常容易，价格也便宜。不守法的人，可以获得任何枪。科罗拉多州州长就说过，即使没有枪，嫌犯也能通过其他方式来完成他的罪行。因此，控枪的话，只会针对守法的人而让歹徒得益。这是一个悖论，拥枪时期，虽然时有校园枪击案发生，但老百姓认为更重要的是自己有枪保护，可以让坏人有所忌惮；否则，流血的频率反而会更高。

事实上，我已多次强调，美国每次发生大的枪击案时，就会有大范围讨论：适当控枪、严格的精神疾病调查、校园多少范围内不能拥枪等话题。但历史的经验告诉我们，随着事件热度的下降，大家就会忘却，等到下一次事件发生再进行讨论。基本上陷入一种怪圈。

胡展奋：特朗普对屡屡发生的枪击案，特别是对控枪怎么看？

张　军：特朗普至今未表态。竞选时他支持拥枪。美国人的持枪权，因为写入宪法，很少有政客愿意"掺和"控枪问题，谁也不愿得罪庞大的持枪群体。

拉斯维加斯枪击案发生后，总统特朗普 2 日发表讲话，强烈谴责发生在拉斯维加斯的枪击事件，称其为"十足的邪恶之举"，并呼吁美国民众在悲痛中保持团结。他宣布将于 4 日前往拉斯维加斯进行慰问，并要求所有联邦建筑降半旗向遇害者致哀。但是，特朗普至今未对枪支问题明确表态。必须强调，他在选举时是得到美国步枪协会和长枪党的支持的；而且，把他送入白宫的很多选民都是完全拥枪自由的支持者。他的竞选过程中一直是支持拥枪自由的。

我们说过，枪支管控是美国核心政治议题之一。就传统而言，共和党赞成对公民持枪少加限制，民主党则主张采取更严格的管控措施。

然而，管控并不是禁止。禁枪，就像老虎的屁股一样，谁也不敢去摸。在美国，提及、讨论枪支管控话题十分敏感，甚至可能导致"政治自杀"。

奥巴马因为数次校园枪击案事件触碰过"枪"的话题，他说，我认为，许多拥有枪支的人应该认可，AK－47 型步枪应由军队士兵所有，而不是罪犯。这类枪支应该出现在战场，而不是城市街头。然而，奥巴马同时还说：我认为，我们认可拥有枪支的传统，它一代代传承打猎和射击是我们珍贵的国家遗产之一。

胡展奋：拥枪还是控枪，对于美国社会来说几近无解！我在加利福尼亚州逗留期间被告知，如民众认为个人和他人人身安全受到威胁，在保护个人和他人安全的情况下，加利福尼亚州法律允许民众使用"致命武器"来保护家园（不包括汽车和工作场所），自卫者因受到"城堡法规"或"居所防卫法"的保护，对事件造成的后果可免于法律责任，而且不被起诉。您能解释一下"城堡法规"吗？

张　军：这个问题，我们刚才在讨论"齐默曼"案时曾经涉及"坚守立场法”，又译作“就地防卫”法，英文是“Stand your ground”，直译成中文就是“坚守不退让”，指的是当一个人在有合法权利停留的地方遭遇紧急状况、生命受到他人威胁时，无须先行“退让义务”（duty to retreat），就可以当场使用武力，甚至是致对方于死地的手段保护自己，因此从法律意义上来讲，翻译成“就地防卫”或许更贴切。

在刑法里，退让义务是正当防卫成立的重要部分，即防卫的人必须首先采取行动避免冲突，表明无意争斗，然后再行退让，最终无法回避才不得已使用武力。这样，防卫的正当性才能成立，不用为武力后果承担法律责任。

但美国目前已经有超过 20 个州将“退让义务”的条款去掉，也就是说这些州都有就地防卫法，只要处在合法地点，当生命遭遇他人威胁时，无须退让便可以使用致命武力。比如，2007 年 12 月，在佛罗里达州迈阿密北边小城迪尔菲尔德海滩的一个路口，非洲裔男子海更斯（Hygens Labidou）的车被对他不满的两名白人男子用车截停，这两名白人其中一个带着刀。他们一边捶击海更斯的车，一边骂带有种族歧视的脏话，并试图打开车门。由于害怕生命受到威胁，海更斯用他有携带许可的手枪向他们射击，打死一个，击伤一个。事后，他没有受到警方指控。

其实，就地防卫法是在“城堡法”（Castle Doctrine）基础上的延伸。“城堡法”这个名字显然来自中世纪的遗风。在城堡法中，当一个人的住家受到侵犯时，无须履行退让义务就有权使用致命的武力来保护自己及家人。美国有 40 多个州采用这一最早来自英国的不成文法——“我的家园即我的城堡”。

城堡法和就地防卫法的差别在于防卫的地域范畴，城堡法仅限于私人领地，如居家、私人办公室等；就地防卫法则适用于任何地方，当然必须是有合法权利逗留的地方。而两者的共同之处就是无须履行退让义务，遇到威胁时可以率先使用武力，不用承担法律责任。

我们不妨再看一例。2012 年除夕，俄克拉荷马州 18 岁的莎拉・麦金利(Sarah Mc Kinley)独自带着她3个月大的儿子在家,她的先生一星期前因癌症去世。葬礼那天,一名男子声称是她的邻居,上门搭讪,麦金利没让他进门。除夕那晚,这名男子携带刀具并伙同另一个男子试图强行闯入,在破门的一刹那,被麦金利果断地用霰弹枪击毙——把他半个脑袋给轰掉了。他的同伙事后向警方自首。当地的警察表示,麦金利的行为完全正当,当有人未经授权而试图进入居家时,法律允许屋主使用致命武力。

然而,城堡法并不保护所有屋主的致命枪击。蒙大拿州一个叫马库斯·卡尔马的男子因在自家车库射杀一名17岁的德国交换生而被以谋杀罪判处70年徒刑,至少20年不得保释。庭审中,陪审团否决了卡尔马根据城堡法开枪自卫的辩词。检察官指控他在家里被盗窃后,为找寻窃贼蓄意设下陷阱(涉嫌诱导犯罪)。事发当晚,卡尔马有意让车库门半开,并扔下一个钱包。证人表示,他曾说过要射杀一名入侵者。当晚他总共开了4枪,第3枪和第4枪有间隔,最后一枪射向受害者的头。

据统计,美国至少22个州有就地防卫法,在有记录的就地防卫案例中,70%的防卫者最后都获无罪;而每一个州在屋主开枪射杀入侵者方面,都持宽松态度,只要他们害怕受到伤害的恐惧被证明合理。有专家指出,如果有人半夜破门而入,开枪自卫的预设前提是"入侵者有武器并且会伤害屋主",问题是这种预设前提有多大的合理性,这完全取决于当时的情形和屋主恐惧的合理性,难以"不证自明",因此会产生许多纠纷。

不过,在美国,虽然有"城堡法"和"不退让法",但并不鼓励公民在法律程序之外自行使用暴力。这是因为,公民暴力的后果会非常严重。以加利福尼亚州为例,现有的一些法律条款确实限制检察部门对开枪自卫者进行刑责追究,但是,民事部分还是不能覆盖。也就是说,你如果自卫杀死了他人,虽然可以不坐牢,但死者家属仍然可以与你打"杀人致死"的赔偿官司,官司无论是赢是输,或是和解,都足以让一般人倾家荡产。

有鉴于此，加利福尼亚州警方对市民的告诫是，如果有人抢劫你，不要与他缠斗，要相信法治的正义性和力量，社会需要的不是公民斗士，而是法庭上的证人。

当年在大学课堂里，我们的老师们曾对我们说过："城堡法"和"不退让法"包含的不仅仅是公民的某种权利，而且是公民权利所不可避免的内在矛盾，那就是，即使你做的是一件符合权利或正义原则的事情，它仍然可能给你带来严重的甚至是灾难性的后果。因此，在采取激烈和暴力的行动之前，一定要三思而行。公民不仅要有正义意识和行动的胆略，还更需要行事"明智"(prudence)。

法律必须维护，而正义也必须伸张。要判断在什么时候究竟该如何去做，有时候只是一刹那间的决定，再明智的人也很难保证总是能够把握得恰到好处。但是，在一个有"城堡法"和"不退让法"的民主法治国家里，公民自卫的合理性毕竟要比没有这些法律的国家受到更多的重视，因此他们的公民权利也就事实上多了一重保障。

作为一个美国居民，对自己的生活环境与可疑人迹，平时要多留心、多观察分析，只要细心加智慧，许多意外是可以避免的。如果无法避免，也要机智地自卫，如及时报警、求助他人和鸣枪警告直至拥枪自卫。

胡展奋：元宵佳节，长途神侃，又是反复传真，又是反复解释，一次超长的采访与研讨，我们都辛苦了，都得好好犒劳犒劳自己。再见！

美国大选的全球影响力

——特朗普的中美关系

2016年美国总统大选的结果至今仍是公众的谈资。这一场超级大秀曾让美国很多媒体"心潮澎湃"，各家媒体都心怀鬼胎，都希望这场大选能让他们"获取社会影响"，甚至有媒体为博眼球而直接将其比作美国历史上最低俗黑暗的总统大选。

问题是，总统大选的结果却出乎意料。而且从此影响了中美关系的走向。

鉴于目前中美之间"斗则俱损，合则共赢"的格局，此次大选势必对美国的内政外交，尤其对中美关系产生深远的影响。

为了对美国的大选有具体的、感性的认识，我们在张军律师的陪同下，前往加利福尼亚州州政府中心，分别参观了州参议院与州众议院，一起探讨美国大选的结果会如何影响中美关系。

加利福尼亚州的参议院(上院)以红色为内饰的主格调，柚木色的会议设施为辅格调，红色的藻井、地毯、椅背、壁毯和帷幕，配以柚木色的主席台、演讲台、会议桌以及所有的护栅与栏杆，显得古朴而典雅。休会期间让游人随意参观。法警格兰姆介绍，加州参议院有参议员40位，简单多数(如21∶19)即可通过议案；每个参议员理论上服务于93万加州人民，任期在两院合计最多不超过12年。

加州的众议院(下院)以绿色为内饰的主格调，柚木色的会议设施为辅格调，绿色的藻井、绿色的地毯、绿色的椅背、绿色的壁毯和绿色的帷幕，配以柚木色的主席台、演讲台、会议桌以及所有的护栅与栏杆，显得蓬勃而俊朗。法警罗伯特介绍，加州众议院有众议员80位，每个众议员服务于46.5万加州人民，任期在两院合计最多不超过12年。萨克拉门托灿烂的阳光从议会大厅的窗外打入，在此讨论美国大选也就特别具有象征意义。

一个骗子和一个疯子对决的故事

胡展奋：张军律师，听说您前不久虽然事务匆忙但仍然特地从中国赶回来，参与美国的票选，据此，我们很想知道您在美国多年，参政议政的一些经历，包括作为律师接触过的美国政商界人士的经历，和大家分享对于美国今年大选的看法。我想，你是否可以通过一些生动的案例，向大家介绍美国这一届参选的两位候选人的特点、美国选举的制度特色、媒体特色、地方政治的特色等，从而分析此次大选是如何影响中美关系未来走势的？

张　军：一些美国公民已经对国家事务失去热情，放弃投票的义务，但我不行，因为我目前的一个主要工作就是通过各种媒体向公众诠释美国的时事政治，若还放弃本人的票选那是说不过去的(笑)。不好意思，您的问题可能涉及内容比较多，我们今天应该花多一点的时间来探讨。此前不久，我在洛杉矶参加了尼克松博物馆新馆的开馆仪式，这次仪式，美国政府和中国政府都非常重视。崔天凯大使，基辛格博士，还有当时的驻华大使洛德等都参加了。基辛格博士是当时处理尼克松总统个人每天日程的高级官员，是美国家喻户晓的、代表国家荣誉的人物，我很荣幸能够和他在私下里有进一步的交流。您应该知道吧，我是江苏南京人。当时他们就提到江苏在中美关系发展的这条道路上发挥过不小的作用，尤其是基辛格博士提到了一个人，一个对你我来说都不陌生的人——出生在江苏的周恩来总理。说起美国和我的家乡江苏的关系可就不少了。我还记得当时负责总统礼仪的礼宾官提到了一道江

基辛格

苏名菜——“狮子头”,说是当年的尼克松总统在国宴上初尝这道菜就特别喜欢。这“狮子头”可是我们江苏的骄傲,淮扬菜系中的一级名菜,是一道地地道道的江苏传统美食。作为一个江苏人,我总是很骄傲地说,在海外我时常以江苏人自豪,说小一点,江苏在中国的经济发展上起到非常大的作用;往大了说,我觉得中美关系能够走到今天,跟江苏人、淮扬菜的努力是分不开的(笑)。甚至在中美的贸易关系当中,江苏人也发挥了很大的作用。下面言归正传,美国国内政治和中美关系之间的关系或者说是美国大选对中美关系的影响。首先,我觉得今年的大选可以用一个词来形容:“闹剧”。一场严肃的、正儿八经的总统竞选,最后居然变成了一场互相揭短的“闹剧”,甚至成为两大候选人的大染缸,谁跳进这个染缸,谁就会被扮成“白鼻子”出来。这在过去的美国总统竞选当中也是罕见的。选民可以说都在等着看笑话。每一场总统之间的辩论,原本都是应该探讨国内问题、提出改革措施的平台,到最后都变成了你揭我老底、我撕你伤疤的“泼妇骂街”。之前我曾经写过一篇文章，这篇文章后来被许多人转载，所谓的“一个骗子和一个疯子之间的竞选”这个比方就是我提出来的。

胡展奋：这个比方很妙。不过，您觉得今年这样的大选闹剧是“罕见”的？我不太同意您的看法。请问美国的首任总统大选在什么时候？

张　军：这段历史作为律师幸好我还熟(笑)。美国的首任总统大选在1788年至1789年间举行，当时，独立战争时期的领袖乔治·华盛顿以无党派人士身份参选，由于他在国内具有崇高声望，他的对手们纵然想展开人身攻击或揭丑也无处置喙。1792年，在华盛顿谋求连任的大选中，气氛也相当祥和。而我所指的“罕见”闹剧，是指特朗普的竞选身份，他代表了一个非传统性的一个第三势力的候选人。这在美国过去的历史上是从来没有过的。他只在表面上是个“共和党人”，事实上，他的很多想法和共和党的主旨南辕北辙，或至少是貌合神离，对于他的言行，共和党其实常常显得尴尬……至于竞选丑闻，我也觉得颇具前所未有的特殊性。

胡展奋：我觉得美国媒体有点健忘，过于强调了本次大选丑闻，事实上，纵观美国选举历史，互揭丑闻攻击对方的情况并不鲜见，可以毫不夸张地说，两百多年的美国大选史上充斥着人身攻击和相互揭短。我们不妨来数落数落——比如1828年的总统大选就以相互揭发大量肮脏隐私而闻名。共和党候选人约翰·昆西·亚当斯(“小亚当斯”)决定以对手安德鲁·杰克逊(民主党总统候选人)的道德与品性为突破口，散发“揭丑小册子”。这本小册子揭露杰克逊与妻子“通奸”，原来杰克逊的妻子雷切尔在1790年申请同首任丈夫离婚，嗣后杰克逊与妻子在1791年结婚，但在两年后的1793年雷切尔与前夫的离婚才获得批准。这段时差，意味着杰克逊同“有夫之妇”雷切尔已经“通奸”了数年。小册子还爆料称，杰克逊曾在克里克战争中屠杀俘虏。更有甚者，弗吉尼亚州议员约翰·托利弗揭露杰克逊犯下"残暴和变态行径",例如大肆屠杀了1 000名手无寸铁的美国原住民,在他们的尸体中间打瞌睡以及把他们的尸体当早餐。这些攻讦,现在看来未免太戏剧化了,把"尸体当早餐"的说辞也太幼稚了。而作为反击,杰克逊的阵营则攻击小亚当斯当过皮条客:他在担任美国驻俄国公使期间,曾指使一名美国女子为俄国沙皇提供性服务。杰克逊的妻子雷切尔对互揭丑闻的手段深恶痛绝,因为深受刺激,她在大选结束后不到一个月便溘然去世,愤怒的杰克逊强烈谴责政敌不择手段地造谣揭短而导致自己妻子的离世。

张　军: 美国真正意义上的"揭丑大选"最先出现在1796年,当时民主共和党大力支持托马斯·杰斐逊,而联邦党拥护约翰·亚当斯。为击败对方,联邦党首先祭出揭丑大纛。联邦党人攻击杰斐逊的品德,宣称他是一个"无神论者",而且在独立战争期间是一个懦夫。不仅如此,联邦党人还大肆宣扬杰斐逊同法国存在"不正常关系"。在联邦党的猛烈攻势下,杰斐逊最终败下阵来,以3张选举人票之差败给亚当斯。托马斯·杰斐逊后来是美国的第三任总统,他的个人品质在美国享有极高的声誉,如此无懈可击的政治家竟然也会被造谣污蔑,可见此案开了一个很坏的头。以后的"大选揭丑"越演越烈,1884年的总统大选充斥着政治讽刺和谩骂,甚至还扯出"私生子丑闻"。民主党候选人格罗弗·克利夫兰最初以"好人克利夫兰"的形象出现在公众面前。然而,1884年7月,共和党挖出一个"大新闻",揭露克利夫兰有一个私生子。面对丑闻,克利夫兰立即指示他的支持者们,"最重要的是说真话"。克利夫兰承认曾在1874年向玛丽亚·克罗夫茨·哈尔平支付了孩子的抚养费,后者一度同多名男子交往甚密。克利夫兰表示不知道孩子的生父是谁,作为这些人中唯一的单身汉,他担起了这份责任。就在大选投票前几天,亲共和党媒体又发布了哈尔平的宣誓书。哈尔平在宣誓书里声称,直到认识克利夫兰,她的生活"一直是纯洁无瑕的",毫无疑问孩子的生父就是克利夫兰。共和党候选人詹姆斯·G·布莱恩的支持者们甚至还编了一首歌而满大街传唱,名为"妈妈,妈妈,我的爸爸在哪里”。对此,克利夫兰竞选阵营认为坦率是应对这起丑闻的最好办法,他们承认克利夫兰同这个孩子的母亲存在“不正当关系”,因此孩子出生后被冠以“克利夫兰”这个姓氏。克利夫兰阵营的止损工作很成功,“私生子丑闻”并没有令他失分太多,加上对手布莱恩卷入腐败丑闻,克利夫兰最终还是入主白宫了。那我为什么说这次的美国大选是一个骗子和一个疯子的竞选呢?应该先说一说今年美国大选的特点。说到大选的特点,先来聊一聊这两位参选的竞选人。首先介绍唐纳德·特朗普。在中国大陆,很多人称他为“川普”,也就是他的英文名Trump的音译。我已经说过,川普的出现代表了一个非传统性的第三势力的候选人,这在美国过去的历史上是从来没有过的。特朗普虽然是以美国共和党的名义在参选,但是当初他能从共和党的众多参选者中突出重围,本就是一个让很多人意外的状况。大家都知道特朗普是一个地产大亨,任何人都不能控制他的思想,他可以自掏腰包做很多在我们普通人看来有悖常理的事情。他是相当矛盾的,一方面代表的是共和党派,大家知道,共和党是代表资产阶级利益的;但另一方面他代表着绝大多数美国工人阶级的利益,在后面我还会提到,他的选票中40%来自美国工人阶级。但是作为一个典型的资产阶级富豪形象,让很多人甚至觉得他就是一个“民主党”派来的间谍。如此自相矛盾的人,作为共和党的候选人被选出来,这在过去的历史上是从未有过的。当然,历史上这种现象曾经差一点发生,可以说最接近的一次是当年的老布什。除此之外,克林顿竞选时期还有一个叫罗斯·佩罗(Ross Perot)的人。他在1992年的美国竞选中因为对共和党和民主党的主张都不感冒,于是用自己的钱成立了“改革党”。在接受当年著名的访谈节目主持人拉里·金的采访时,他曾经说出“只要你们(选民)愿意出钱让我去50个州登记的话,我做出承诺,能够让民主党和共和党一败涂地”一类的话。这个承诺一出,马上引起了民众的热烈反响。甚至因为他的搅局,让当时执政的共和党乔治·布什落败。虽然最终佩罗没有成功地脱颖而出,成为挑战美国两大党派的第三党出现在最终的大选中,但是这一举动真正改变了选举的结果和格局。所以从那个时候开始，人们开始关注第三党。不过这一次特朗普虽然和佩罗的情况有一点相像之处，尽管他看上去既有点和共和党离经叛道，又有一点和民主党格格不入，但是最终他确实是代表共和党加入到了最后的大选当中，成为目前为止的热门候选人之一。再来看看另一个热门的候选人希拉里。希拉里让中国人印象深刻的就是她的强硬作风。除此之外，更让她在中国出名的应该当数她在中国所做的一系列关于女性权利的演讲。作为一个强硬派，希拉里主张经济、军事上的全球性扩张，甚至为了能够让美国"重返亚太"，主张美国加强区域经济合作体（TPP），引导"亚太再平衡"。在军事上，希拉里将大部分兵力部署在亚太地区，全面围堵中国，这样美国民众非常不满，担心战争爆发。以前朝鲜战争和越南战争的结果，其实给美国人留下了一定的心理阴影。她的先生克林顿当总统的时候就签署了北美自由贸易协定。因为这个原因，造成了美国的移民增多，抢占了美国大量的稀有教育、医疗、就业上的资源。这也是一直被特朗普团队诟病的一点，甚至在两人的辩论中，特朗普就多次指责希拉里曾经参与了这项"挥霍美国社会资源"的协定的签订过程。

胡展奋：您刚才说过，特朗普代表的其实是第三势力，他既不像是共和党的人，也不像是民主党的人，他作为商人背景的出现，本身对于两党来说就是一个意外，同时我也相信一开始对于选民来说也是个意外。但是结果是他确确实实代表共和党参选了，而且走到了最后，成为最终站在辩论台上和民主党候选人希拉里对决的唯一对手。我们既然说到这个奇怪的现象，就不得不提到美国现有的宪政体制。您是否认为，正是因为这样的宪政体制出现了很大的裂缝，或者说出现了很大的动摇，才有了今天选举的时候我们看到的现象？

张　军：是的。至少这个宪政体制出现一些"异化"的斑点了。之前我有机会和基辛格博士在聚会上聊起过这个问题。私下里这些共和党的高层官员跟我聊起今年的大选都有点"忧心忡忡"。首先最明显的感受就是今年的选举让他们觉得吃力,觉得很困难。首先我们说一说美国选举的选票。人们在2016年11月8日那一天之前投票选举的其实不是一个总统的名字那么简单,每一个选民的手中都握着一沓厚厚的选票,这里的选票包括了总统在内的其他政府重要高层的组成成员名单,包括总统、参议员、众议员、县长、州长、法官的全部投票都在这沓厚厚的选票里。与其说这是一场选总统的竞选,毋宁说这是一场选团队的竞选。事实上每一次总统大选,都具有连带效应的。不论总统是什么样子,合民意或者不合民意,其背后的团队其实都是选民们选举的一个重要判断因素之一。选民手中握着的这张选票,意味着选好的总统之外,还要选好的团队。总统和团队的关系可以说是相辅相成的。选出来的总统背后代表的团队也很有可能会在参议院和众议院中占据多数,从而提高了本党在参议院和众议院的比例。一旦本党也就是直接支持自己的团队人数占多数,那么对于总统接下来的一系列改革举动、推动施政等就非常有利。2008年奥巴马的那一场选举就是一个典型的例子,因为奥巴马是以高支持率获得了很大比分而最终胜出的,导致他很罕见地获得了当届参议院和众议院的多数,于是他后来才有机会推动了“有人欢喜有人忧”的全民健保法案,直至今日依然还是大家激烈讨论的问题。其实全民医疗改革是早在70年代就被提出来的一项议题,但因为各种原因一直被搁置。到90年代,克林顿当总统期间提出过全民医保方案改革,但当时并未获得国会通过。与奥巴马政府这一届相比,同样是提出全民医保的改革,虽然也同样受到来自共和党的阻挠,但最终还是于2010年通过全民健保法案,多条新规也于2014年开始实行。这就是两届政府背后的团队对于其在国会中占据席位多少的重要意义。现在回过头来看这一届的美国总统选举,目前共和党遇到的困难就是他们的第一张选票——特朗普。除了特朗普,共和党在其他地方也有很多候选人,但是究竟是把特朗普和其他的候选人放在一起宣传,还是不放在一起宣传成为让共和党纠结的问题。纠结的原因主要就在于特朗普在共和党中尴尬的“人缘”。如果将特朗普和其

特朗普高尔夫俱乐部

他候选人放在一起宣传无疑是节省资源的手段,同时也容易集中优势兵力进行重点地方的宣传和突破。但是放在一起宣传,党内的其他候选人很多都是不愿意把自己的名字跟特朗普的名字放在一块的。考虑到特朗普的出身,以及他的家族企业商人背景的缘故,很多参政候选人从心底里是有点鄙视他的。甚至有人认为一开始特朗普来参加竞选也不过就是玩玩儿,没有想到最后居然让特朗普玩成了真的。所以共和党内部在还没竞选的时候,甚至是竞选的初期就出现了党内的矛盾。他的出现是一个意外,而这个意外却也影响了整个共和党的生态。大家可能对此无法理解。但是一旦政治生态受到很大的影响,共和党在很多地方的选举就进行不下去了。当然这种情况似乎只是适用于选举的初期,当时大家对于特朗普并不熟悉,或者说他还没有真正成为活跃在大众面前的一个具有实力的竞选人。他不像希拉里那样热衷于参与政治生活,甚至翻看特朗普的简历会发现,政治生涯真的很像他拍拍脑袋想出来的一条路。他是商人,是企业家,他写过书,演过戏,主持过真人秀,这样的一个人物在政坛上几乎是没有任何知名度的。但是随着共和党内的竞选人一一被特朗普打败,人们开始注意到这个角色,开始注意到还有这样一号人物出现。这个时候美国政治生态的"双重标准"现象开始显现。所谓党内"双重标准"的政治生态其实是因为在竞选的后期,人们发现特朗普和希拉里之间的支持率出现了一个好玩的现象。特朗普给人们的印象就像一个"流氓",有什么说什么,从来不考虑后果,甚至不考虑自己这个身份说出这样的话是否欠妥。自然而然特朗普在竞选期间就经常"口出诳语"。新华社的一篇文章曾经就这个问题写过一篇分析,文章中指出,特朗普频繁"失言",但他决不认错的态度却使他的支持率持续攀升。反观希拉里,每次"失言"都面临着损失一部分支持率的窘境。例如希拉里 3 月曾因为涉及前"第一夫人"南希·里根、丈夫比尔·克林顿执政时期医保政策等的不当言论,面临支持率持续受损的情况。而后她一直在为自己的不当言行道歉。一些政治分析师注意到,每次希拉里的"失言"背后,如果她不及时补救,其支持率势必受损。但是反观特朗普却完全不受"失言"的影响,甚至有分析师认为特朗普就像一座"火山",时不时"喷发"一下恰是特朗普不可或缺的竞选特色。例如之前特朗普说要禁止穆斯林入境美国,甚至说过要在美墨边境地带建一座像中国一样的"长城"来隔离两国。此言论一出立刻引起轩然大波,但是特朗普不仅没有补救这句话带来的负面影响,反而一再重提,让更多的人了解到他的这种想法。而他的支持率却丝毫没有因此受到任何影响,反而一直在攀升。这种"疯子令人爱戴"的现象令美国政治观察人士颇感费解。随着后来竞选的深入,特朗普节节高升,到最后站在了电视机前和民主党的候选人希拉里一起角逐最后的"赢家",他始终是一个让人猜不透也摸不着套路的人选。不论他说什么话、发什么推特,人们好像都因为不了解而原谅他,甚至支持他的人会说,支持的就是他的直言不讳、肆意妄为。他没有政绩、没有参政历史，比起政治履历满满的希拉里恰恰更受到普通百姓的欢迎。人们说希拉里是“骗子”，是因为比起她做过的承诺，她说过的话从没有兑现。但是反观特朗普，人们没有对比。特朗普善于营造一种让人憧憬的理想画面，他会把自己的观点凸显在实际利益中，从而让选民跟着他营造的画面走。在竞选期间，特朗普屡屡冒出“金句”，甚至有人给他总结了十大“金句”。比如他对于移民的种族歧视，排斥墨西哥移民。早在 2015 年 6 月的总统选举参选演讲当中，特朗普就说过关于美国有太多墨西哥人的话题。他说墨西哥人都不是什么好人，甚至有些人给美国带了很多麻烦，包括毒品和犯罪。此言一出即被指毫无依据地用言论攻击在美国的墨西哥移民。不仅如此，特朗普失去了很多女性支持的更重要原因是他在竞选期间对女性的不尊重和各种羞辱性词汇的使用。2015 年共和党总统选举初次辩论时，主持人梅根凯莉曾经就批评特朗普一直不尊重女性。辩论结束后，特朗普当晚接受美国有线电视新闻网(CNN)采访时用“你可以看到那时候凯莉双眼冒血，哪里都是血”的言论攻击凯莉。正是因为和以往过去的共和党代表人物的反差太大，好像不受任何体制限制，所以说特朗普的出现是一个反体制的代表。这个现象在历史上是没有过的。所以不论是共和党还是民主党，在这个问题上大家倒是很一致、很和谐，表示出的态度都是集中火力臭他，希望他选不上。

胡展奋：我倒是认为共和党需要反省一下，他们自己的党内初选是怎么把特朗普给选出来的？共和党党内初选的时候，如果没有记错的话，当时跟特朗普一起进入党内初选的有 17 个候选人。问题就出在共和党召集的这场初选，可以说是非常失败的。现在可以想象，如果其他 16 个候选人当中任何一个胜出，就很有可能成为美国的总统。目前的形势来看希拉里的支持率还是领先的。但是这其中的原因很无奈，据说希拉里·克林顿现在变成了大家没有办法的办法，事实上她不受欢迎的程度远远高于她受欢迎的程度。

张　军：那么我们来分析一下共和党在初选的时候到底失败在哪里。首先,共和党忽略了参选的竞选人,尤其是忽略了特朗普。想当然的认为特朗普可能只是出来玩票的,鉴于他在历史上曾经上演过闹剧——2012 年他积极参与美国总统的竞选活动还一度赢得了共和党的提名,但是这一次,当共和党意识到唐纳德·特朗普不是闹着玩的时候,他已经在众多候选人中脱颖而出,共和党也已经回天乏术,来不及矫正了。我的第二个分析是,作为反体制的代表,特朗普有着一群和他一样反体制的"脑残粉"。拿破仑当年说,我比阿尔卑斯山还高,是因为背后强大的军队。特朗普也一样,他后面有庞大的"脑残粉"。相信大家可能也听过特朗普讲的一句话,他说现在他有大群的死忠粉丝,甚至这个比例不小,全国大概在 40%左右。这 40%的支持率是美国群众当中坚定不移地支持特朗普的一个群体。根据统计,这个群体绝大多数是美国的白人男性,这一大群白人男性是整体美国白人男性的平均教育水平之下的一群人,受教育程度可能是大学以下,收入可能是平均水平以下的蓝领阶层。因为直至今日,不论特朗普发生了怎样的丑闻,甚至在刚刚过去的二十天当中,有将近十个女性站出来指控特朗普玩弄女性,各种各样的性丑闻都无损于他的支持率。支持特朗普的基本盘并没有少掉一票。这就是前面我们说到的,特朗普身上自带的美国两党的不同生态反映。在希拉里身上,如果有十个人站出来揭露希拉里的丑闻,不论是性丑闻还是政治丑闻,想必希拉里的票数会有一个不小的波动。不过特朗普这边在积极地吹捧自己坚定的追随者,那边奥巴马政府却嘲笑他。他们嘲笑特朗普是因为他骨子里是个商人,所以特朗普穷一生之精力,都在到处宣传他是如何的精英,如何代表上流社会。可是现在他的支持者竟然有 40%左右来自美国蓝领工人,而且这是一群坚定的支持者,他们以特朗普为榜样,认为特朗普可以代表他们的利益。你说这不是很可笑吗?就算是希拉里代表蓝领阶级的利益也比特朗普更有资格,一个住着豪宅,开着豪车,甚至自己的五星级酒店在美国遍地都是的人,最后竟然成了美国蓝领利益的代表。他做过一件蓝领阶层平时做过的事情吗？甚至可以说他都不知道蓝领阶层在美国是怎样生活的。作为一个家族富二代，他估计没挤过公交，没坐过地铁，甚至可能没吃过快餐。反过来看，蓝领阶级基本也不知道特朗普的生活是怎样的，甚至可以说他旗下的品牌他们都没用过多少。比如特朗普自家的酒店，他自己的高尔夫球会所，自己的地产项目。因为特朗普的品牌都是提供给美国精英阶层的，也就是相对收入较高的群体。自然工人阶级是用不起这些产品的。先不说这样的人是怎样代表美国工人阶级的利益的，现在特朗普选上选不上对他到底是利是弊还不好盖棺定论。因为如果特朗普继续参选，势必那些多数不支持他的精英阶层也会开始拒绝使用特朗普品牌的产品。原来喜欢住特朗普品牌的酒店、打他的高尔夫或者是买他产品的人，那些绝大多数的所谓的精英人群，收入较高的人群，开始抵制他，不去住他的酒店，不到他的球场去打球。于是造成他商业品牌的一定影响。看上去他进退两难，选上总统和选不上总统都不是什么好事，不能两全其美。不过这些不支持特朗普产品的精英人士毕竟在他的支持率中占比不大，对于特朗普的支持，绝大多数都是来自那群坚定地支持他的40%左右的这群人。这群人住不起他的酒店，又用不起他的设施，可是这并不影响他们支持他，他们就像是被洗了脑一样的“脑残粉”，把特朗普视为自己的偶像，不论偶像做什么都是对的，不论偶像做了什么错事都是情有可原的。我个人觉得这个人很奇怪，有这么一群下定决心追随到底的人，这场竞选变得不像是在选总统，反而像在选秀。有媒体记者问这群人，究竟特朗普做什么样的事情才能让你不选他？结果让人吃惊的是，很多人想了半天说“没有，他做任何事情我们都会选他。”这样坚定地支持特朗普，就好像美国的粉丝坚定地支持贾斯汀·比伯一样。不论贾斯汀·比伯爆出来多少丑闻，不论是他酒驾、打人，还是私生活不检点，都丝毫不会影响他的粉丝对他的爱。过去人们把总统当作一个值得尊敬和信任的对象，现在人们把这个总统候选人当作明星一样去炒作。但是商人就是商人，商人有他自己的优势，其中很重要的优势就是“忽悠”，而且“忽悠”得理直气壮。对于绝大多数的美国普通百姓来说,大家对于竞选者的支持其实都是建立在实实在在的利益上。奥巴马推行的全民健保是要让大多数人看得起病,也能够享受到福利。同样特朗普是个商人,他也是被称为美国历届选举中的“局外人”,有人评价他说他是竞选人中最直率、最没有城府的一个,因为他敢说敢讲的作风,让普通百姓觉得他不像大多数政客带着一个“虚伪的面具”,他表现出的真实,即使有时候有些偏激,但是依旧具有诚意。于是绝大多数工人阶层开始支持这个“从群众中来”的政客。我这里说的“从群众中来”不是我们传统意义上的普通百姓,虽然有人说特朗普就是草根的代表,但我想有哪个草根能够达到37亿美元的身家,而且在他竞选总统之前,他的身家更高达45亿美元。这样的人怎么可能理解美国底层人民的生活疾苦和贫困呢?但是恰恰美国百姓对于政客和所谓的这些“精英”阶层的仇视要比想象的严重得多。人们宁愿相信一个富豪的话,也不愿意相信一个从政几十年的政客说的话。这也是美国竞选中面临的一个需要考量的重要因素。为什么政客的形象这么的消极、负面,相反一个暴发户的形象却深得民心?

媒体在竞选中的角色像小丑

胡展奋: 您注意了没有,特朗普的言行常常很“左倾”,曾多次强调“为了国家不计报酬”,也在各种场合表示,他的薪水“只会拿一块钱”,而且说到做到。您觉得这样的做派能反映出他的人品吗?是一次次的政治舞台的“道德秀”呢,还是居心叵测的倒逼行为?或者,是“舆论想多了”的过度解读?想听听您的想法。

张　军: 必须理解每个政治家的言行都有某种“需要性的必然”,政治也是一个“秀场”,但是举措的恰当抑或不恰当是很值得探讨的。事实上,一个拥有45亿美元身价的超级富豪,不管拿月薪,还是拿年薪,都是傻傻的象征行为。问题是,对公众而言,象征也是必要的,如果因为你太富有了而拒拿月薪或年薪,看上去“廉洁了”“奉献”了,其实副作用很大。因为在“按劳取酬”的社会,你付出劳动而不取报酬,别人怎么办?须知别人不像你一样富有,你岂非陷他人于尴尬?!我这里不妨讲个中国故事来应对美国故事。世界级教学大师孔子老先生培养了大量的学生,号称“弟子三千,贤人七十二”。孔子对这些弟子似乎也是有偏好的,最欣赏的可能是颜回。这颜回估计也是孔子的学生中最穷的,然而孔子却给了他至高无上的评价。颜回死后,孔子多次表示伤心和哀悼,大呼“天丧予!天丧予!”相比之下,孔子对于最有钱的学生子贡就显得有点苛刻了。子贡这个人,简单地说就是会说会做,经商从政都是一把好手,曾任鲁、卫两国之相,经商富致千金。然而就是这么一个暴发户,人品依然不错。有一次,子贡在外地碰到了一些已经沦为奴仆的鲁国老乡,子贡很是不忍,于是出钱把他们赎出来带回了鲁国。当时的鲁国有一项政策,凡是赎回在外为奴的鲁国人,政府给予全额支付。子贡觉得做好事啊,还报销什么啊,始终不肯报销。按理说,这是一种什么样的精神啊,大公无私,还省了国家财政,有点像今日有人提倡有钱人买回圆明园兽首捐给国家一样,应该多多提倡才是。然而孔子知道后,非但没有表扬子贡,还说如果都像子贡这样,以后就没有人再去赎回鲁人了。想想也是啊,你子贡财大气粗,赎出几个奴仆而拒绝国家补贴完全没有关系,但是这样就树立了一个道德的陷阱,别人还敢不敢赎回奴仆呢?要国家的钱就是不够道德,不要国家的钱自己受罪。于是最后的结果可能是大多数人选择无所作为。子贡的“不拿补贴”加剧了众人的道德焦虑,所以孔子不以为然。

胡展奋:有意思。这个故事的后半部分是子路吧?同样的一件事情落到孔子的另一位弟子子路的身上,子路的处理方式就截然不同。子路这个人,处理事情比较直截了当,是个爽货,经常指出孔子的缺点,最著名的可能就是“子见南子”吧。子见南子,子路不开心,孔子发誓说:“予所否者,天厌之!天厌之!”呵呵,孔子做的是不是有点过呢?可见，子路的地位不一般。有一次，子路抢救了一个落水者，被救的人千恩万谢，最后说，也没有别的，这头牛你牵走吧。子路居然不客气真的就牵走了。此举似乎有损孔子光辉的教育思想，与拾金不昧的正能量不太相符啊。然而孔子知道后，非常赞许，说，从此以后啊，鲁国人将争前恐后地拯救落水者啊。这就是真实的孔子，不高大上，不造作，坦坦荡荡，真真切切。

张　军：同意。孔子认为，子路做了好事收了礼，得到了应得的好报。那么其他人见了，就知道了做好事的人会有报酬，而且是马上就能实现，就会大家效仿，这是符合人性的。子贡因自己有钱就不收人家的赎金，显得很谦让大方，却让世人误以为做好事得不到回报，影响别的做奴隶主的都不敢释放奴隶了(得不到好处嘛)，家中有奴隶的也不敢去赎人了，对于穷苦的普通人家来说，谁又做得起好事呢？结果反而堵塞了行善的路子。同样道理，特朗普宣称将来“不取报酬”或者只是象征性地取酬，民主党人未必领情。

胡展奋：此次大选，说起媒体的表现，美国人民都笑了。不知什么原因，媒体显得荷尔蒙亢进而且是不是过于热情幼稚?!

张　军：是的，在今年的竞选中，我认为还有第三个因素在影响着大选，这方面美国媒体的确是发挥了非常大的作用，当然我个人认为这个作用是负面的。

诚然，美国的媒体不能回避商业运作，它不是政府的机关，它应该怎么做确实是它的自由。但是美国的媒体这次扮演的作用就是，不停地挖出两党候选人的丑闻。媒体虽然有自己的观点自由，但是最起码的价值导向还是要有的。当然这其中候选人的操守也非常重要，但是如果整个选举全部都在挖对方的丑闻，美国人到现在也不会知道税收政策到底是要怎样改革；这一届的候选人他们对同性恋的问题有什么看法；或者对于退休的人来说，退休金该怎么发放；还有奥巴马的全民健保案等等在未来能不能持续，如果持续下去到底有没有意义？这些到现在美国的选民还不知道，或者知道得非常有限。这媒体干嘛去了？

但是媒体现在对特朗普的性丑闻事件，比如有多少人出来指控他性骚扰却了如指掌。大家都知道希拉里·克林顿的邮件门，她在邮件里明码标价买官、官商勾结等等，不仅如此，现在还要把比尔·克林顿以前的事情都要拿出来再炒一回冷饭。难道选举首先要让老百姓知道的不应该是你们每一方代表的政策方面、代表的利益吗？现在反而变成了八卦大赛。现在已经临近最终的选举日期，再去大谈双方的政治观点是没什么用处了，而且我依然觉得媒体们越是到了这个节骨眼上，越喜欢关注丑闻。甚至有些媒体就是抱着一种希望通过爆丑闻来反转最后竞选结果的期待。谁知道那个阿桑奇还掌握的最后一颗重磅炸弹是什么？希拉里·克林顿，现在已经成功地把阿桑奇、特朗普跟普京放在一块了，但是这个选举完了以后，冷静下来，大家就会去观察、去思考，我相信民众很快就会发现很多东西其实是夸张的、失实的。虽然特朗普不可能不认识普京，但是他和普京真的那么熟，熟到普京还要花钱花力帮助特朗普竞选，他的支持者认为可能性不大。但是民众们已经被好奇蒙蔽了双眼，他们哪里还会去调查这个事情的真实性，他们要做的就是不断地希望发掘出更劲爆的消息罢了。

胡展奋：事实上，今年美国的媒体态度太鲜明了！立场也太偏执了！这一点特朗普也发现了。话语一边倒，媒体挑边站。如果你关注媒体的报道你就会发现，不同阵营的媒体每天都有连篇累牍的文章报道另一阵营的负面消息，而且有相当数量的媒体实际上是站在民主党一边的。特朗普阵营就把美国一个有线新闻网——CNN 翻译成了 Clinton News Network，意思就是克林顿新闻网。嘲讽 CNN 简直就像是克林顿家开的媒体一样，每天都在帮希拉里拉票，每天都在“怼”特朗普。哪怕是到了竞选的最后关头了，在支持率胶着的时候，他们都还在光明正大地帮助希拉里·克林顿说话。CNN的很多主持人已经完全丢掉了新闻所谓的客观性、公正性的报道,明目张胆地帮克林顿辩论。作为媒体人,我从新闻专业性的角度来说,也觉得是一种非常不负责任的做法,甚至有人曾经怀疑媒体为了帮希拉里·克林顿拉票而谎报支持率,营造一种大势所趋的假象。在我周围很多新闻人的眼里,都在议论如此肆无忌惮是有悖新闻原则的。一般认为,新闻人或者新闻机构是不能够"明显地"带着个人褒贬去解读新闻——特别是重大新闻的,哪怕你有倾向,也要尽量用比较公正客观的方式展现出来。至少表面上应该是中立的。但是在这场竞选中,我们基本看不到新闻媒体公正公平的表现。当然如果讲得再深入一点,关于新闻的专业主义是另一个值得探讨的话题了,即新闻到底能不能做到绝对的客观公正。我个人认为其实是不太可能的,民众也从不奢望"绝对的公正"。做新闻、写新闻的毕竟是人,是人就带有主观能动性,所以新闻中表现出来的"微量的"指向性、偏向性也是难免的。问题是,CNN既然这么做,其他的媒体也可以这么做,特朗普指责CNN一边倒的时候,难道就没有发现美国的福克斯新闻也一边倒地偏袒着他自己吗?所以既使有媒体对特朗普不利,也只是片面的,不能以偏概全。因为新闻媒体之间也需要互相竞争,媒体不是在选总统,而是通过一边倒的站队获得更多的关注和收视率。美国福克斯新闻就连篇累牍地帮特朗普站台,所以就出现了著名的维基解密事件。当"所有的"美国媒体都在曝光特朗普黄色视频的时候,福克斯新闻网就每天揭露希拉里的短处,报道维基解密关于希拉里·克林顿对华尔街的言论,和官员之间私通邮件的官场黑幕等等事件。客观来说,福克斯新闻也是在竞争激烈的媒体行业当中独树一帜,即所谓"逆流而上"的。在大势所趋的环境中,逆流而上有的时候反而会取得更多的关注和更好的效果。

张　军:完全认同您的看法。况且我认为媒体其实也没有所谓的立场,他们之所以站队,归根结底还是为了收视率。如果媒体大肆宣扬的总统当选了,那么对于未来发展自然是前途无量。特朗普指责媒体的话我们也不可全信，在我看来如果所有的媒体都像特朗普说的那样，那当初特朗普在共和党党内初选的时候，是怎么出现的呢？媒体毋庸置疑地在其中起到了很多煽风点火的作用。不知道大家是否还记得得克萨斯州有个议员叫 Ted Cruz，他曾说过媒体之所以当初都帮助特朗普在共和党内初选，是因为媒体们认为两党轮流执政的这种政治体系非常不利于民主党的希拉里。只要是共和党内任何一个除了特朗普的人出线，比如他自己，比如佛罗里达州的参议员 Marco Rubio，都有可能会导致希拉里·克林顿败选。出于这种目的，绝大多数媒体开始帮忙宣传特朗普，而不是帮助 Ted Cruz 做宣传。先不评价他这句话是否偏颇，至少反映出来多数政客的想法，那就是不希望特朗普当选。至少我个人认为希拉里·克林顿心里是希望特朗普最终成为自己的对手。在共和党内换任何人作为她的竞争对手，她可能都没有那么自信满满。至少就当时的形势来分析，共和党内的其他任何人作为希拉里的竞选对手，她就很难获胜了。从上一届与奥巴马的党内之争就已经看出来，现今的美国人有将近一半是不喜欢她的。这次的大选有一个特别的地方在于，选民们投票的时候不是因为喜欢某个竞选人，支持他的竞选观点而投他的票，而是因为没那么讨厌某个人而投他的票，通俗点说就是“矮子里面拔长脚”而已。

美国社会的高度分裂性

胡展奋：最近一直看材料。美国今年的选举进行到现在，其民调显示，希拉里·克林顿已经领先特朗普大概 11%、12%的百分点。

这个势头是领先得很显著了，照此下去，到 11 月 8 号的时候获胜的应该就是希拉里·克林顿了。

但“权杖永远有意外”。这次的选举恐怕也不是一场“顺逻辑”的选举。回望过去历届的选举，因为美国社会的高度分裂性，决定每一场选举胜负的通常不是 20%、30%或者 40%的人，绝大多数时候是那些少于10%，甚至是少于5%的人。因为社会分化得非常厉害，美国历史上数不胜数的选举结果，支持率其实是非常接近的。如果按照这个历史轨迹来分析，那么这次的选举很有可能出现滑坡性的胜利或者是败选。作为一个中国人，我们更关心的是，无论结果如何，不仅会对美国未来的国内政治产生影响，更重要的是，它会对中美关系的走向产生什么样的影响？

张　军：老实说，关于中美关系的走向，我对特朗普的当选（如果他当选的话）一直有不祥的预感。

首先，我泛泛地分析一下，如果是特朗普当上了总统，可想而知他立刻会决定的几件事情，第一，他要签25个总统令。这是他一再宣誓强调的，在这25条总统令中包括一条巴黎气候协定。特朗普曾经说过他如果当总统，入主白宫的第一天就会让美国立刻退出巴黎气候协定。因为他觉得巴黎气候协定对美国不公平。奥巴马当政期间就大力推进美国签署巴黎气候协定，在这个过程中，美国其实是希望自己能够保持在世界"老大哥"地位的。我们都知道巴黎气候协定其实不仅仅是要求每个国家节能减排，共同为应对全球气候变暖出谋划策，实际上对于发达国家，尤其是美国这种经济大国，需要牺牲的经济利益更多。在奥巴马签订巴黎气候协议时期就做过承诺，除了每隔5年提交一份计划书，详述其打算如何应对气候变化问题，还要承诺在2025年将美国的温室气体排放量相比2005年的水平削减26%～28%。这些节能减排的举措无碍观瞻，但是有一些协定可能是在特朗普眼中最"刺眼"的，比如一旦要牵扯到金钱。巴黎气候协定要求富国向发展中国家提供资金援助，以帮助其尽早实现减排目标。虽然，当时协议并未就这笔资金何时到位给出硬性规定，但值得一提的是奥巴马政府已经向一项绿色气候基金注资5亿美元来资助贫困国家。同时，每一年的节能减排将会影响许多美国的相关产业发展和运作。假设美国退出了巴黎气候协定，美国等于在气候问题上和欧洲资本主义国家站到了两边，虽然不是对立的，但至少不是盟友了，那么这个时候美国确实还要考虑的是全球参与协定的其他“富有”国家对于其经济、关税的惩罚措施。其实我认为，特朗普没有做政客的经历，所以他其实还是商人的思维。他对于美国做不做世界的“老大哥”并不是很关心，也不在意。他关心的是美国国内的经济是否可以提高，他关心的是能不能赚钱。他从来不是一个在美国政党体制控制内的“乖宝宝”。在我看来，他是把美国当成了一个企业在经营，就像他经营过的其他庞大的家族企业一样，现在他要经营的是一个叫“美国”的“大公司”。甚至更夸张一点说，奥巴马做总统的时候还是要面子的，但是特朗普如果做总统，应该是不要面子只要钱。还有就是特朗普说要让美国退出 TPP。其实特朗普说要让美国退出跨太平洋伙伴关系协定与他说要退出巴黎气候协定的理由如出一辙。虽然一个是关于贸易，一个是关于气候的协定，看上去两者之间没什么联系。但是其实这两者都有一个共同的特点，就是美国在其中都不是最大的赢家。不知道有没有人关注过 TPP，应该发现 TPP 其实是在奥巴马任职期间，奥巴马所强力推动的。当时希拉里·克林顿也算是它的设计者之一。美国当初加入 TPP 实际上是为了能够重拾亚洲霸主的地位。美国和亚洲相隔较远，这种天高皇帝远的地方，中国的逐渐强大给了美国许多压力。为了能够降低中国在亚洲，甚至是在世界的影响，美国有针对性地促成 TPP 的签订，试图从越南等地获得更多进口，从而降低中国的出口贸易。通过税费，让中国主动让权亚洲到美洲的贸易市场份额。所以美国签订 TPP 从来不是从自身的角度出发的，而是考虑到了外在的因素和威胁作出的一项举措。当然从中国的角度来说，TPP 不利于中国。协定当中的许多条款放在今天的中国是不可能达到的。举个例子，贸易零关税在中国就不能进行下去，低成本和廉价劳动力本来就让中国的出口贸易难做，中国怎么会做这种赔钱的买卖。所以中国没有加入 TPP，也没有这样的打算。对于美国人来说，不从中国买东西还可以从越南买东西，同样对于中国人来说，宁愿不从美国人手中赚钱，也不能倒贴出去。说了这么多，其实大家也应该感觉到，TPP 对于美国自身经济其实没有太大的益处。

这一点，商人出身的特朗普早早就看出来，他没有称霸亚洲的野心，或者说可能他的野心放在了经济利益的后面。所以他竞选的时候就痛批 TPP 的种种不好，扬言一定会在入主白宫的时候让美国退出 TPP。在他竞选的时候表现出来的种种态度，让 TPP 在美国民众中受欢迎的程度大打折扣。因为这种态度，让希拉里·克林顿在竞选的时候，也被迫将关于 TPP 的态度转变，为了能够迎合选民，希拉里在选举的时候对 TPP 的态度也是 180 度大转变。所以就算是希拉里进入白宫，TPP 还能不能继续下去还是个不确定的因素。这是我觉得今年选举的一个现象，明显在关系美国经济发展趋势的问题上要胜于所谓的“美国梦”。还记得奥巴马竞选的时候，曾经在“美国梦”上面大做文章，结合着马丁·路德·金当时那篇著名的演讲，加上奥巴马本人的黑皮肤，让他们的团队大打温情牌，给每一个美国人“洗脑”，美国梦突然变成了一个风靡美国的代名词，好像什么概念都可以往里套。但是今年不一样了，今年的特朗普开始走“现实”路线。显示就是有多少美国人吃不好饭，看不起病，甚至住不起房子，我特朗普就专门来针对这些问题让你们赚到钱。在发达国家好像谈钱是个很俗的事情，但是这是一个底层人们最现实的问题。于是这一届的选举开始“接地气”。还有一个现象就是，女性候选人希拉里。如果是希拉里当选，那将会出现美国历史上第一个女性总统。希拉里在竞选的时候打的一张牌就是女权主义。对于绝大多数女性来说，支持希拉里是希望女性在美国的政坛中能够有更多的地位。希望女性的地位能够得到一定的提高，而且是实实在在的提高。近几年来，美国的女权运动不断增多，女性在社会中的地位也逐渐在凸显。人们越来越有意识地去评判女性在社会中的地位到底是什么样的，人们也越来越有意识地注意女性，尤其是身兼要职的女性的表现。一个总体的大趋势来看，女性在美国社会中的地位是在不断提高的。很多观点提出，不要将性别作为区别对待的一个要素，也就是说做不做领导其实和性别无关，如果人们将性别拿出来做比较，这种行为本身就是错误的。这种概念在中国叫作“男女平等”。这也成为希拉里的一个武器，不论是20年前她第一次作为“第一夫人”上台演讲，还是20年后，她作为总统竞选人站在台上宣扬自己的观点，她对于女性权益的呼声是一个自始至终的话题。当然她实际上有没有做到维护女性权益，有没有真正做一些保护女性的事情我们后面再议，但是至少目前来看，希拉里凭借着自己女性的身份，获得了不少美国女性的认可。她当时败选输给奥巴马的时候，就在演说里面提到过，她今天作为一个女性，虽然没能够彻底冲破美国政坛性别偏见的玻璃天花板，但是她已经成功地在这个玻璃天花板上撞出了上千万个裂缝。如果今年她能够当选成为新一届的美国总统，成为美国历史上第一位女性总统，对于美国媒体来说，这个话题也是可以持续发酵和炒作的。根据美国人口调查局的统计，在美国，女性人口总数占总人口的一半以上，而且从1964年以来，女性选民的参选率就一直远远高于男性。如果以2012年总统大选为例，会发现这其中有至少53%的选民都是女性。也就是奥巴马成功连任，女选民功不可没。根据统计，当年，奥巴马所获得的选票中，有55%都来源于女性。可见，女性在美国参政议政的过程中承担了相当一部分重要的角色。尤其是近几年的发展，女性在选举中的占比越来越高，所以女性选民成了一股不可忽视的力量。如果按照这个超过一半的比例来看，女性选民甚至成了选举当中具有决定性因素的一项指标。这就不难理解，为什么希拉里在竞选当中一直都在以维护女性权益作为核心的竞选内容之一。她费了很大的心机。

胡展奋：不过，有专业人士分析，其实希拉里作为一个女性，虽然拿着一手好牌，但是却把它打得稀烂。要知道美国的第二次女权主义浪潮起于20世纪90年代，当时，那是一种激进的女权主义，希望用女权来抗衡男性为主导的社会结构。

张　军：但是后来女权主义发生了一些变化。我想强调的是，女权主义的领导人和女性领导人并不是一个概念。

所以在过去的总统票选当中，帮助投票支持希拉里的女性，尤其是18～25岁的女性代表中，只有不到30%的人是支持希拉里的。这就说明作为一个女性，并不一定能够获得大多数女性的同理心，或者说希拉里并没有给这些年轻女性归属感。这里我曾提到一个叫伯尼·桑德斯的人，他在2016年参与了民主党的总统候选人竞选。这是一个76岁的老头子，他参加民主党总统的竞选，和希拉里站在了相互竞争的位置上，当然现在我们知道是希拉里获胜了，但是根据当时的民调显示，美国的女性，尤其是30～50岁的女性，并不买希拉里的帐。根据当时4月份的初选结果来看，在几个州，比如爱荷华州的竞选预备会议上，只有14%的30岁以下的女性选择了希拉里，而桑德斯得到了42%的女性选民的欢迎。虽然希拉里最后是获胜了，但是他们之间的差距显然没有想象的那么大，而且这不是一个特别的现象。在美国俄克拉荷马州、威斯康星州的初选显示结果中，我们发现这样一个老头子却几乎平分了希拉里支持者中女性的票数。更有甚者，新罕布什尔州、佛蒙特州当时的结果显示，桑德斯的女性支持率甚至超过了希拉里。统计下来，最后坚定不移支持希拉里的只有那些65岁以上的女性。即中国所谓的"师太"级女人。我个人认为，随着社会的发展尤其是女权主义的发展，人们现在激进的想法越发趋于客观和冷静。

人们在评价一个人的能力的时候，往往不再受到其性别的影响，更多的时候会考虑阶级和种族的因素，有人说这是千禧一代女权主义的新类型，叫作"交叉女权主义"。在美国许多女性的眼中，希拉里虽然代表女性阶层，但是她代表的仅仅只是上层阶级女性，尤其是代表白人女性。对于绝大多数的美国人而言，希拉里代表的是精英阶层，所以她的政治也是精英阶层的政治，她背后牵扯到的经济和政治利益，甚至可以说超越了她女性的形象。哪怕是希拉里在竞选当中一直努力地表现一种中产阶级母亲的形象，但是最后她华尔街的背景还是让她失去了相当一部分年轻女性的选票。党内的竞争如此，我想两党竞争更会有这种趋势。现在的美国年轻女性，考虑更多的不是女性要如何掌权、如何

希拉里的副总统候选人

强势,她们追求的是一种平等。所以一旦竞争对手释放出了平等对待女性的信号,希拉里的女性形象就不占优势了。

胡展奋:不过,现在看来特朗普倒是没有好好地利用和发挥这一点优势。在中国,一向有"妇女能顶半边天"的说法,美国的"女票"是如此地举足轻重,然而,看看这个特朗普的丑闻多和频频辱骂女性,对女性的不尊重,简直是作死的节奏啊!而且前面提到,今年竞选的媒体似乎有一点一边倒的现象,大家都比较站希拉里的队。当然美国的这个玻璃天花板不是那么容易就可以突破的。不然为什么这么多年没有人成功,甚至上一届,希拉里还是没有凭借着女性这个特殊的方式获得最终的胜利。

张　军:依我看,这其实是跟美国的政治体制有关。下面我将会具体谈一谈美国的政治体制。因为美国的政治体制,跟欧洲很多国家的政治体制不太一样。欧洲资本主义国家有的是用希腊式政治体制，有的是用罗马式政治体制，而美国因为多样性的融合，产生了一些极具美国特色的选举体制。在这样一种选举体制下，其实不太容易产生一个女性的领袖、女性的总统。所以如果真的能出现女性领导人当权的现象，那么这又将成为美国历史上继第一个黑人总统以后，又一个你们媒体人可以大写特写、并且可以好好写一阵子的政治现象了。

还有一个群体在美国的竞选当中曾经也发挥过很重要的角色。2008 年，奥巴马因为他巨大的人气获得了较高的支持率。那一年奥巴马的支持率有很多来自美国不爱投票的一个群体——年轻人。美国的年轻人其实不喜欢投票，但是 2008 年那次美国的年轻人投票很多，那是一群不稳定、不可信任的投票人群，但是如果你能够整合和动员他们，他们是一支非常大的力量。所以这次大家看出来，在民主党党内初选的时候，桑德斯争取到的就是一群年轻人，大学里面的学生，很多是本科生。那群人是非常有热情地在支持桑德斯，这跟希拉里的支持者，那种温吞水式的支持是不一样的。他们是非常有激情，桑德斯宣扬的是，你们如果选我，我觉得你们上学就不要交学费了。他宣扬的是西北欧式的那种社会福利。所以有的人就担心说，如果美国的年轻人都愿意支持这样的人，那么美国未来的自由市场竞争会不会逐渐消失。如果现在所有的学费、福利什么都给，那么未来美国的竞争力又体现在什么地方呢？所以在奥巴马的那一次，他确实是激励了很多年轻人，但是那群年轻人在后来的选举当中，你会发现他们又失去了政治热情。更多的是我刚才讲的，美国的老人、美国的女人、美国的受教育程度比较高的这些人，他们是愿意投票的。一次选举如果能够有超过 50%的注册选民出来投票，那已经是非常高的投票率了。很多时候，美国人是政治冷感，不知道今年的情况会怎么样，是会激励更多的人出来投票还是会抑制很多人，觉得这个政治是如此的丑恶，还出来投票干什么？不知道今年会发生什么样的事情，所以 11 月 8 号我觉得是特别值得关注的。

选民选总统不如说是制度选总统

胡展奋： 这个话题可是你挑起的哦！制度只是个文本。文本怎么具有“能动性”呢？但你既然这样说了，我们自然要求您详细解释。

张　军： 所谓“制度选总统”只是一种拟人的强调说法哦。要特别指出美国的选举制与欧洲的显著不同。

看来还得简单介绍一下美国的选举制度。美国的选举制度当中有一个叫作选举人团制，书中以前说过，但鉴于其独特性和重要性，此处我想再阐述一下。每一个美国公民去投票，其实并不是去选总统，而是选一个代表你投票的选举人团队。

这也就是美国非常有自己国家特点的所谓选举人团制。但是这其中还是有不同的，首先美国是一个联邦制的国家。美国的联邦制不像欧盟比较松散的邦联制，但是它和中央集权制又不一样。这种制度在总统选举方面最大的特点就是，如果想当选美国总统，就要获得美国大多数州的支持率。首先你不可能争取到全体美国人民的多数投票，或者是就算是争取到也不行。所有的竞选人要到每一个州都去竞选、演讲，争取绝大多数州的支持，而不是绝大多数人的支持。其实设计这样一种制度，就是要让竞选人到每一个州去，“深入民间”——让他们到各个州感受一下当地的环境和氛围。这样想一想，一个耗时两年的选举过程中，可能竞选人都在到处奔波。不仅耗资，而且耗力。没有一个好的、强壮的身体，是不能走到选举的最后阶段的，因为美国的选举制度，会让候选人非常辛苦。

典型的“劳其筋骨，苦其心志”！在美国参加选举，我想可能很多外国的杰出领导人都不一定能胜任，不是因为他们的政治智慧不够，而是因为他们身体不行。美国有 50 个州，有的州甚至需要待上 2 个月之久，确实对体力的要求非常大。所以希拉里・克林顿在整个过程的后期，因为她的身体状况，始终被特朗普诟病。下面我来说一说这个选举人团的制度。首先这个选举人团制的设计或者说诞生就是为了配合美国的联邦制。因为如果没有这个选举人团制,大家就只要让尽可能多的人支持自己,那么大州,比如加利福尼亚州或者纽约州这种大州就很有优势。加州有三千多万人,纽约州也是二千多万人。如果让竞选人把这两个州的选民都搞定,那这个人就成为普选制度下的美国总统了。一旦争取到了超过50%的选民,就可以停止竞选了,就成为板上钉钉的事情了。那么就会出现一个情况,到底是美国人民选总统,还是纽约州、加州选总统?所以这样是不合理的。选举人团制,实际上就是让总统的候选人尽量到每个州去宣传自己的竞选理念,给更多的机会,让这些偏远州参与政治。再来说一下这个"选举人团制"里面的"人"。每个州的选举人团人数是不一定的。大的州人多一点,小的州人少一点,但是这个只是众议员的人数。因为众议员的人数是根据人口来排的,美国每十年有一次人口普查,这个人口普查的总人数除以一成不变的435名众议员的人数,大概就是一名众议员所代表的可能也就是百万左右的这样一个人群的民意。因为加州人口多,所以加州有53名众议员,有的州可能只有一名众议员。为了避免小的州不被重视,或者为了能够提高小州参政的积极性,各州不论大小,参议员的人数是固定的。比如说像加利福尼亚州有55票,2名参议员,还有剩下的是众议员。参议员不论州的大小都是2名。像加州这样三千多万人的人口的州,也是2名。像阿拉斯加只有七八十万人,也是2名。目的就是希望可以平均分配每个州的人对美国政治的影响,同时要让总人口比较小的州对美国政治的影响稍微增加一点。所以选举人团制度一共有这几个组成部分:首先是全美国的众议员的人数共435名;然后是参议员的人数,按照每个州2名,一共100名,就是535名;最后加上华盛顿特区还有3票,所以整个选举人团有538票。任何时候获得半数以上票数,你就是美国总统。在美国大部分州,选举人团制度在初选的时候,都是采取赢者通吃的方式进行。举例来说,在加州,在11月8号将会有一千万人出来投票,如果希拉里·克林顿获得了五百万零一张票,以1票的优势击败特朗普的话，那她就获得了全加州选举人团所有的票数即55票。当然其他州的情况也差不太多。这个就是所谓的美国的选举人团制。当然这个制度的存在会导致一个现象，我认为是一个矫枉过正的现象。选举人团的制度是为了降低各个州总人口对美国政治的影响，尤其想要提升小州在美国政治生活当中的作用。但是实际的操作过程中却出现了另外的问题，造成了人数众多的大州反而在政治生活中的地位降低了很多。为了能够获得全州票数的一致通过，选举人的团队开始越来越重视小州的利益，而忽视了大州的利益。假设现在一个55人选举人团的大州和一个10人团的选举人小州相比，是不是获得10个人投票认可的难度更小？因为说服少数人总是会比说服多数人容易，而且理论上耗资更少。所以有的时候为了拿下一个小州的支持率，竞选人就要不停地回到对他们影响比较大的小州去竞选。举例来说，美国有一个州叫爱荷华州，2016年2月1日，这个美国中西部农业州爱荷华州举行党团初选，从这里正式拉开竞选周期的帷幕。那是美国初选的第一州。这个州只有三百万人口，为了能够赢得这些人的支持，在党内初选胜出，竞选人甚至要去那个地方安营扎寨数月，甚至超过一年的时间都在那里。在这个州宣扬你的新政和理念，为的就是赢得这个州的选票。为什么这个州的选票这么重要？是因为有统计表明，不论是民主党还是共和党，如果初选在爱荷华州的支持率不能排在前两名、前三名，最后这个竞选人拿下总统宝座的机会就非常小，更不要说获得本党提名的机会。所以在两党漫长的初选过程当中，这个小州耗费选举人的时间更久，甚至有数月的时间需要在这里待着。但是对于加州这样的大州来说，很多竞选人就只会来几次，然后很快便走。因为大州的趋势更加明朗，也就不需要再浪费这些时间。但是实际上对于大州来说，无论如何在政治上的地位都应该更高，因为人口数量更多，牵涉到的经济、基础设施等等方方面面就会更加全面，这些州现在变得反而有点虎落平阳的感觉，现在有很多政治学者批评，这些更加重要的州，总统候选人甚至都不太出现了。今天我们再来看，选举进行到这个阶段，未来十几天我相信希拉里、特朗普是不太可能再出现在纽约州或者加州了。因为他们需要把更多的时间放在例如佛罗里达州、北卡罗来纳州，或者宾夕法尼亚州，这些所谓的选举摇摆州。就是这些州目前的形势还不够明朗，如果你够努力，甚至说有的放矢地攻击对方，让他的丑闻达到最理想的发酵效果，那么大家就有可能投你的票。相反如果你攻击得不够，就可能失去这个州的支持率。这个时候一旦失去一个州的支持率，就有可能给在整个选举趋势带来改变。这些州不像加利福尼亚州和纽约州，去与不去都会支持民主党。哪怕民主党人一次不来，共和党人来一万次也可能不会改变这两个州的意愿。所以在我看来最近这一个月，甚至说紧张一点就是十几天的时间才是选举最后的关键。不仅仅是这次选举，历次的总统选举到最后，决定权实际上就是掌握在类似于佛罗里达州、北卡罗来纳州、俄亥俄州或者宾夕法尼亚州等等这些小的选举摇摆州手里。现在我们回过头来看就会发现，在初选的时候，这些小州的作用有多么重要。而且因为这是一个有时间线的选举，毕竟美国 50 个州都要雨露均沾，所以选举的时间也是十分有讲究的。比如刚才提到的爱荷华州。一个选举人团制度是用来提升一下小州在美利坚合众国里面的地位，但是同时还要允许 50 个州自行决定初选的日期。这个初选日期的决定，当然会影响这个州在美国政治生活当中的地位。爱荷华州是全美国第一个举行总统初选的州，它通常是在每一个选举周期里面的 1 月份左右，也可能 2 月份举行初选。像加利福尼亚州、纽约州要到 6 月份才举行自己州的初选，而那个时候两党的候选人谁能出线，已经基本上尘埃落定了。那个时候已经不太还会有什么人再去考虑说，我要再到加利福尼亚州再去宣传一下。所以时间对于像爱荷华州、新罕布什尔州等等这些州就非常重要，同时因为时间靠前，这些州本身在选举中的地位也就变得非常重要。当然它重要的程度仅仅是因为它在选举政治当中的重要比例。总统候选人们要不断地到这个州去，向当地的选民宣传，如果你选我，我上台以后我要为你做什么。去得多了就要做更多的承诺，而加利福尼亚州、纽约州就会获得相对少的承诺。因此有的人就不满这种制度,对这个制度的争论也越来越多。在选举的最后一段时间内,或者说是最后的十几天时间里,选举人要不停地在这个地方不断地宣传,不断地承诺。美国究竟还要用现在的这种方法,让选民产生多少审美疲劳?而这种审美疲劳又将持续到什么时候?美国的观众觉得很疲劳,选民也觉得很疲劳,更不用说候选人,更觉得很疲劳。究竟是继续采用这样的体制,还是考虑搞一个类似于法国、德国、英国那样的制度,一天之内统计所有的票选,把它全部选完?我认为各有各的说法。希望维持现行体制的人会认为,用现行的制度毕竟是一个代议制或者是一个间接的民主,这个间接的民主至少在很大程度上帮助美国防止了民粹主义。如果都像英国,动不动就公投,一公投以后脱欧,会给执政者造成非常大的困难。现在的这个制度,最后还是要通过一个你选出来的选举人团代表选出来的结果,然后再选总统。而且总统同意以后还要去跟国会反映。国会的层面又是不同体制选出来的人,他们各自代表的利益既有一致的地方,但是有的时候也是矛盾的。比如参议员是通过州里面的普选选出来的,众议员是通过选区里面的选民选出来的,所以他们相互之间有一个制衡和平衡。反对的人无非就是认为看起来美国现行的体制应该还会再维持一段时间,不过这次特朗普现象使得大家意识到这个制度的问题。大家可能知道,特朗普每次的造势大会,要么是上万人参加,要么是数万人参加。所以他自己都觉得这么多人都来支持我肯定是一件成功的事情。他肯定感觉自己的民意很好,但事实上很多选举专家表示,这几万人参加他的造势大会和美国几亿人相比还差很多。要让几亿人都来听你讲,肯定是行不通的、做不到的。所以美国的选举不是现场有多少人,来得人越多,名气越大,人气越旺,就一定选得上。更重要的是要把选举的地图看清楚。每一个州的选举人团是怎么组成的,哪些人是可以说服的;哪些人你是说服不了的;哪些地方你是需要花大量的资金、大量的钱去打广告,或者去攻击对手;哪些地方你做得再多也没用。这个制度很有意思,让美国的选举变成了一个技术性很强、要求很高的技术型工作。显然特朗普暂时还没有理解到这个选举的精髓，所以他在每一个州里面的桩脚、每一个州里面的基层的竞选的机器，都是不足的。大家还记得上次戈尔和小布什的那次选举吗？最后的选举事实上就是由在佛罗里达州的537个人决定的。那次事后，所有的美国媒体、政治观察家都把当年所有美国人投的一人一票全部加起来。最后结果其实戈尔是超出小布什50多万票的。这就是非常典型的一次，获得更少票数的人当上了美国总统。美国历史上这已经不是第一次发生的情况了。就是因为有选举人团制度，所以那次选举，与其说戈尔输掉了选举，不如说是戈尔输掉了佛罗里达那个州。所以今年到了最后的关键时刻，希拉里·克林顿在她佛罗里达州的造势活动当中，又一次把戈尔拉出来为她站台。戈尔说的第一句话就是"你们当中的每一个人的每一票真的都是非常重要，每一票都很重要。"他说我赢得这个权力去跟你们讲这个话，就是因为我输掉了这个州的537票。当年选举结束以后，小布什赢的票数非常微弱，当地的选举法规定，当票数差距小于一定的比例时，是要自动重新开始全州的计票的。在这个过程长达大概6个星期的时间里，这个官司一路打到美国的联邦最高法院。联邦最高法院最后决定不再重新计票，这537票是小布什赢了。所以他最后通吃了佛罗里达州所有的25票选举人团票。这一州的选票全部被他纳入囊中，最终他获得了270票以上的多数票，才最后拿下了总统的宝座。这个制度虽然有这样那样的不公平，但是这是美国选举制度的一个核心和特色，美国这么多年的总统都是这个制度的产物。但是特朗普显然并没有搞清楚这其中的技术含量。这次特朗普的第三次总统辩论是当年采访江泽民主席的老华莱士的儿子叫Chris Wallace主持的。他现在是福克斯新闻网的主持人，他在第三次辩论中提出来美国总统选举的一个传统就是，如果你输掉了这次选举，那你就要打电话给你的竞选对手，一个是恭喜她，第二个是承认自己败选，第三个要告诉她说你现在也是我的总统，因为你是美国人，你不是民主党的也不是共和党的，你是美国人的总统。他说特朗普先生，你愿意在现场表这个态吗？当时特朗普没有表态。特朗普说，我到时候要根据情况看。第二天这句话就变成整个一场90分钟的辩论，唯独被大家记住了两句话。第一，他竟然冒天下之大不韪，对这个竞选制度提出质疑。在此之前从来没有一个总统可以在候选人这个问题上含糊其辞。你可以不喜欢希拉里·克林顿，但是你不能怀疑美国整个的选举制度。就是因为这件事情，让特朗普一下子被大家记住了。我觉得当时这件事情对他后来的民调产生了很大的影响。尽管后来他做了多方澄清，但还是于事无补。还有一点就是选举人团的人群分类问题。首先我们数一数在这次辩论当中希拉里将了特朗普一军的地方，希拉里·克林顿显然在之前做了大量辩论方面的准备。她不断地挑衅特朗普，因为她知道特朗普是一个喜欢发脾气、自以为是的人。所以她不断用特朗普不喜欢的话刺激他。比如说，她最后在辩论里讲到美国的社会安全保障如何改革。现在大家都知道美国也面临一个社会老龄化的问题，社会结构正在变成一个老龄社会。所以这个社会的安全保障基金很快就可能要破产了。希拉里说她有一通改革，包括她本人在内，都要为这个改革方案，为子孙后代都能够有退休金拿，而承受一些高的税收。她说"这其中就包括了我的竞选对手特朗普也要，不过他很聪明，他的会计师也很聪明，他可以保证一二十年不交税。"她这句话一说特朗普马上就急了。他讲了一句著名的话，他说希拉里·克林顿是一个nasty woman。这是侮辱女性的话了，所以特朗普后来一直被希拉里以对女性不尊重诟病。可能到今天为止，那场辩论大家都没记住什么，但是这两句话一定是历历在目。所以特朗普怀疑美国根本的选举制度，必将导致他丢失掉他的一些优势。而且事到如今，美国现在的选举当中，不同类型的选民占比也发生了很大的改变。曾经，大约几十年之前，美国的妇女还没有获得一人一票的投票权。一直到美国建国以后，美国的妇女经过漫长的、持久的抗争才获得了投票权。1920年，美国的妇女才开始真正享受投票权。可想而知她们是多么积极地参与这项来之不易的权利。所以根据统计来看，现在美国妇女变成了美国投票全体中最大的一群，而且她们参与的积极性极高。在美国喜欢投票的一群人中间，有几类是肯定不能得罪的。第一类是美国的老人。美国的老人特别喜欢投票，相反美国的年轻人是不投票的。除此之外，美国的女人喜欢投票，还有一类人——美国的少数裔也很喜欢投票。尤其是现在特朗普要在美墨边境修建所谓中国的长城，去阻止非法移民，所以现在的形势对特朗普其实不太有利，因为拉丁裔现在也很愿意投票了。很多竞选专家一再劝特朗普，他有 40％死忠的大部分是蓝领白人男性的支持固然很好，但是就算他们每一个人都给特朗普投一票，他也可能选不上。

胡展奋：他必须争取女人、少数族裔、黑人等等这些人的票源。因为这些人喜欢投票，而且在选民中间占比不少，也是“兵家必争之地”，但是特朗普就是不听，据说，他还认为今年不但是整个体制出了问题，连美国的民调也出现了问题。他认为这些民调都是假的，都是克林顿和媒体搞出来的阴谋。当然是真是假 11 月 8 号便自有分晓。特朗普怀疑民调的真实性，但是当初党内初选的时候，特朗普的民调可是显示非常高。那个时候他又不怀疑民调的真实性了。所以我也认为特朗普他得罪女性的言论对他的伤害是非常巨大的。由于选举人团制和不同的州可以有不同的选举办法和选举时间，就导致了在美国历史上总统出现少数族裔或者大党的总统候选人是少数裔，或者女性的概率比较低。因为如您刚才所说，想要说服每一个州的几千万人不是一件容易的事情，况且还要去每一个州说服一些特定的人群，这是非常不容易的一件事情。

张　军：作为选民之一的我，在这次启程回国之前就已经和我太太商量好如何投票了。

反正这厚厚一本选票，第一页是总统的，其他后面都是总统背后的团队，甚至到最后一页是类似于我们的街道委员会主任之类的职位。这些都需要我来选，那我索性就先把所有能填的填好，但是总统这一栏

南京大学中美中心

我会等到 11 月 7 号再做决定。我先把字签了,但是选谁我还要再观望。因为我对未来几天将要发生什么变化还是有一些预见的。我不知道在未来的十几天,甚至是最后,有没有谁压倒谁的最后一根稻草的丑闻出现。因为这一届选举很有意思,现在每天都有各种各样的丑闻出现。我是学法律的,我知道要是在美国,有人诽谤你或者告人性骚扰,官司没有 6 个月、8 个月是打不下来的。特朗普说希拉里突然二十天之内给他安排了十几个女的,指控他。那特朗普要怎么去证明她们的真假?特朗普都还来不及去告她们,因为等他把官司打完,选举早就结束了。暂且不说这件事情和希拉里有没有关系,因为希拉里不承认,但是摊到这样的事情特朗普也是挺倒霉的。我觉得今年的美国选民要比往年更加无所适从。好像风云变幻,说不准明天就会有怎样的事情发生或者出现,可能另外一个候选人就成功上位了。从历史上来看,美国的民调还是比较准的,它跟台湾的民调是不一样的。台湾的民调,国民党做的民调跟民进党做的民调完全不一样，如果不懂的人会认为他们是在调查不同的人。但是美国的民调相对来说是比较准的。不过我认为今年像我们这样的想法的人，想要继续观望的人不在少数，大家都好像憋着一口气，就是为了等到最后一天看看究竟还能不能发生些什么事情。况且特朗普从来就不是个安安分分选举的人，他的不按套路出牌早就不是个奇怪的事情了。现在美国的媒体又在针对他造势。因为在美国的很多州有所谓的拥枪自由。有些州把拥枪自由走得比较极端，就是带枪上街，也不需要申请，或者申请许可也非常容易，就这样带上了街。特朗普说他怀疑有一些投票站有猫腻、有水分，所以他居然提出让支持他的民众到那些投票站上去为他站岗。要知道美国的票站是有可能引发很多暴力事件的，所以出现所谓的死人也可以投票也就不奇怪了。但是想象一下，一个支持特朗普的家伙带着枪站在票站门口，看上会造成多恶劣的影响就不言而喻了。当时很多美国体制内政客都看不惯特朗普这样的行为。根据前面的竞选结果来看，希拉里的赢面可能会大些，但是其优势不太明显。“邮件门”司法化、克林顿基金会海外捐款以及其他可能爆出的潜在丑闻仍有可能为希拉里的竞选带来无法预期的变数。不过反观特朗普，这个所谓“反建制派”参选人虽然自7月20日以来持续在全美以及爱荷华、新罕布什尔等关键民调中领先，但其政治上的过激言论一直都备受质疑。之前还有人大胆预估说，从目前两党对阵民调看，68岁的希拉里对决69岁的特朗普可以确保胜出，优势可达5%上下。但是到今天我们再看，我倒觉得不一定，这其中的变幻莫测不是能够按照历史来推算的。投票日当天的选票才是最准确的“民意调查”。美国选举的地方政治美国历次的总统选举，不仅仅是选总统，更重要还要选国会的参议员和众议员。因为参议员和众议员在很大程度上将决定未来美国的国内政策，包括中美关系。比如TPP到现在没有能够兑现，很大程度上是因为参议院和众议院不把它排上议事日程。如果最后正如有些人预测的，希拉里可以当选，那么民主党人夺回参议院的多数已经不成问题，就算是众议院不能夺回多数，至少会非常逼近，这个席次之间的差距会变得很小。那么未来美国的国内政治，就不是联邦政治，而变成地方政治了。地方政治就意味着这些众议员和参议员在联邦政府是绝不可能妥协的。这是因为美国有435个选区，是以众议员的选区来划分的。这435个选区的划分其实并不简单。和我老家南京的各个区，比如鼓楼区或者是栖霞区是不一样的。美国的选区不是按照地理位置来划分的，而是按照每个选区的人群来划分的。打个比方说，如果一个区里面有5万个黑人。可是这5万个黑人永远都是这个区里的少数，所以永远不可能产生一个黑人众议员。那怎么办？难道黑人就不能参加选举、不能承担众议员这种重要的身份了吗？为了弥补这种情况，就要重新划分选区，让这个选区变得不再是一个方方正正的选区，而是一个曲里拐弯的选区，目的就是为了能够集中最多的黑人，集中最多的华人，集中最多的拉丁裔的人，然后让这些群体也能够在人群中有众议员的参选比例。所以历史上为了这个少数族裔、黑人的问题，曾经就通过这种矫枉过正的划分方式解决过一段时间的。对于少数族裔欠账太多，或者对收入低的人欠账太多，让他们中间产生议员从而在联邦有一个代表，这也没有什么不对的。但是这个方式通过一段时间的政治实践以后，出现了一些问题。重新按照人群来划分选区这个结果是没有问题的，但是这样其实是一种强迫式的选举，硬要产生一个他们想产生的结果。由于很多选区都采取了这种曲里拐弯的划分形式，那么这个人只要当上了议员，反对他的反对党人想要挑战他就变得不太可能。想象一下，在一个绝大多数都是黑人的选区里，再出现一个白人议员就不太可能了。或者这个选区里面出现了一个民主党人，那共和党人就很难在那里面争取到多数的选票。当然这不是一个普遍的现象。不是说435个区都是这样的情况。但假设多数的议员都是通过这样的方式产生的，到了联邦政府以后，你希望他妥协就比登天还难了。如果他妥协，那么就意味着他回到自己选区的时候，他甚至有可能失去他的工作，所以他怎么可能妥协？如果每一个众议员都带着这个态度到了联邦政府，那就会出现今天美国社会的分裂情况。这个分裂就导致了美国的中间选民在过去的二十年到三十年当中极大的流失。我三十年前去美国的时候，大概有百分之十几、百分之二十几的中间选民，这群人是你经过争取可以说服的。不论你是共和党还是民主党，只要你告诉我怎么让我变得更好，你只要能够说服我，我就会支持你。但是经过这么多年演变，中间选民也就是能被说服的人的比例，变得越来越小，现在可能只有7%、5%的样子了。现在的美国民众在很多问题上是泾渭分明的，他们极端个性十足，而且不容易被说服。你会发现去特朗普造势大会的人所讲的话，都恨不得把希拉里关起来。你要说了什么支持希拉里的话，估计很快就会被围攻。不管是民主党的希拉里，还是共和党的特朗普当选了美国总统，势必都会有这样一群人，反对总统的观点，成为一块狗皮膏药，非常难治理。这一群人因为产生的方式的特殊性，所以你就可以想象，他们当上议员以后，跟总统的配合程度是不可能高的。原因就是他的工作不是总统给的，而是他代表的那个选区给的。更多时候，这个代表要以反潮流、反总统或者是反某一个人，来获得这个选区里更多的支持。这是我认为美国目前政治走到这一步以后遇到的最大的一个问题。现在这个社会变得越来越不能妥协，导致很多的国内政策也变得越来越不能妥协。这是美国今天的政治的体系造成的。美国的435个选区大都是在强烈对立下产生的。所以美国国内的政治就变成非常难调和，从而引发了它在国际政治上也很难调和。难以调和的原因，很重要一点就是每一个议员想到的首先不是美国国家的整体利益，而是他这个选区的利益。因为他代表的是自己的选区，所以选区的利益在这些人的眼中，可能就高于国家利益。所以这就牵涉到跟中国的关系。很多时候这些议员们在做事的时候会考虑，这个事情是对我选区好那我要做；但是如果这个事情对我选区可能不是那么好，但是对美国整体的国家利益有好处，那他们就不会考虑。举几个简单的例子来说。在纽约州有一个参议员，当时跟希拉里·克林顿一块儿当参议员的两名参议员之一——舒默。这个人的名字你们可能不一定知道，但是提到这个人，我们在美国的华人就会把他和货币联系起来。他在很长一段时间里，每年都在参议院里面提出，要实施把中国列为货币操纵国的提案。舒默每年都在搞这件事。尽管美国政府，不论是在奥巴马政府，还是他自己的政府都说中国没有操纵人民币，但是在这个问题上，舒默宁愿跟自己的民主党总统唱对台戏，他每年还是要再做。他从来不会考虑因为中美关系很重要，所以不要再做这个吃力不讨好的事情。还有一个例子，中国的三一重工当年在俄勒冈州有一个案子是关于风力发电站的。当年中国企业在那里投资，需要建一个风力发电站。这本来是件很好的事，当地人也很喜欢，因为这样至少可以创造就业。但是在风力发电站的附近有一个美国海军的试验基地，一开始中国的企业是不知道的，直到我们把风力发电站的钱投进去，弄了很长时间以后，美国政府突然有一天才提出来说，我们认为在这里设厂有可能影响到美国的国家安全。他们就启用了所谓的美国法律赋予总统的权力，奥巴马以威胁美国国家安全为由，签发了行政命令，禁止三一集团关联公司 Ralls 公司在美国俄勒冈州一军事基地附近兴建 4 座风力发电厂，并要求罗尔斯公司在两星期之内从上述场地撤走全部财产和装置，并且在 90 天之内从这个风力发电项目中撤出全部投资。这个决定是由一个叫外国投资安全委员会进行调查的。最后调查的结果是他们认为，三一重工企业存有潜在影响到美国国家安全的隐患。就这一句话，这个厂就不能再建了。美国的外国投资安全委员有很大的权利，他们经常会做出这样的决定，而且不需要解释原因。就是一个决定也不告诉你决定的过程、决定的理由等等，你不符合要求就直接关厂走人。虽然客观公正地说，这个委员会不是针对中国设的，也没有针对中国做事，因为大部分被美国外国人投资安全委员决定关闭，不让生产、不让开业的，并不是中国的企业，很多是其他国家的企业，甚至有很多还是美国的盟国的，比如英国的、以色列的；只不过，近些年中国来美国投资的企业越来越多，中国人也越来越关注国际化的事情，所以出了三一重工的事情，大家有点愤愤不平。其实从历史上看，很多时候，美国的盟国也不让建，所以在这个问题上还是比较一视同仁的。我举这个例子是因为这个故事还没完。很多时候不让建厂以后,这些企业就选择放弃了,因为总统有这个权力让你要做的这个事情做不了。可是这次三一重工他们没有放弃,他们采取了一个法律的措施,就是把奥巴马告上了法院。三一方面向美国哥伦比亚特区地方法院递交诉状,认为奥巴马此举违宪,并将奥巴马和美国外资委员会(CFIUS)共同列为被告。事实上就算你告了奥巴马,告到华盛顿的一审联邦法院,一审联邦法院很快就做出判决。法院会判决这个决定没有问题,总统确实有这个权力,他不需要做出解释,只要是他认为你有潜在地影响到美国国家安全的威胁,他就可以把你的厂关掉或者是关停。三一重工依然不依不饶,他们把一审法院的判决上诉到了美国联邦上诉巡回法院,美国东部时间 7 月 15 日上午 10 时许,哥伦比亚特区联邦上诉法院裁定,美国总统奥巴马下达的禁止三一集团关联公司罗尔斯在俄勒冈州风电项目的总统令,未经适当的程序,剥夺了罗尔斯风电项目受宪法保护的财产权。这意味着三一集团起诉奥巴马在美国巡回上诉法院获胜。联邦上诉巡回法院后来做出的这个判决,被国内很多媒体认为是一个非常大的胜利。我也同意这个观点,至少是一个阶段性的胜利。这个不但是对中国企业的直接投资有意义,对其他外国的企业在美国投资都有很大的指导,因为美国是一个判例法的国家,只要有先前的基于法院的判决而形成的具有法律效力的判定,这种判定对以后的判决具有法律规范效力,能够作为法院判案的法律依据。联邦诉巡回法院给出的判决是什么意思?其实是说我们承认总统有这个权力,外国人投资安全法也赋予总统这个权力,但是我们认为在不违反国家安全的情况之下,外国人投资安全委员会应该做到这样两点:

第一,要告诉三一重工究竟他们在什么地方违反了美国的国家安全,这是以前历史上是没有的,没有人挑战过,所以从现在开始,你就算是以色列的企业不让他做,你也要提出他究竟在什么地方违反了国家安全。第二,你还要在可能不违反国家安全的基础之上,给出整改的意见,看看他有没有机会可以整改。这个在历史上来说,在我看来已经是划时代的。因为我刚才提到，在历史上美国外资委员会的决定是不需要给理由的。但是仅仅是这两条法院的理由就导致，当然这个案子在二审法院做出判决以后，美国政府一度提出认为联邦法院严重束缚和干涉了总统被法律赋予的权力，所以他们要上诉二审法院的案子到最高法院去。不过这个事情最终并没有发生，最后双方是庭外和解。和解，这个结果基本上是可以接受的结果。首先，三一重工到美国的主要目的不是去打官司，而是要继续把事情做下去。第二，从美国政府的角度，他们总统的权利受到威胁了以后，如果打到了联邦最高法院，最终法院还是维持上诉法院的判决，那这真的会成为全美国的判例，今后就会指导所有其他国家来设厂的上诉案件了。他们当然不愿意做这样的事。所以我觉得在这个问题上，他们达成了庭外和解也许对双方都是合理的。究竟谁胜谁负其实不重要。原则上，这个案子确实有一定的意义。这个意义不仅仅是对中国的企业到美国去投资起到了很多的启发作用，比如后来中国双汇肉联企业，70 多亿买下了美国的一个著名的史密斯菲尔德的肉联企业，我认为相对之前三一重工等企业的经验，它做起来就要顺畅一些。我私下里认为这是和这次的这个判例有关系的。另外中国著名企业安邦曾收购下了纽约一个著名的地标性酒店华尔道夫酒店。在安邦收购的时候，美国的外国人投资安全委员会也提出来要调查，因为华尔道夫酒店有一定的特殊性。第一，美国驻联合国的外交使团长期租用华尔道夫酒店，美国总统去纽约开联合国大会的时候，总统套房也是在华尔道夫酒店。从这个意义上说，它有一定的所谓的国家安全的意义。但是最后这没有成为一个议题，酒店的交易顺利完成了。后来美国政府决定联合国使团的租约到期就不再续租了，以后总统去也不住在这个酒店了，这个事情也就结束了。很多时候这些案例是具有地方性的。三一重工就是跟当地海军基地和当地的一些议员提出了抱怨，最后就变成了这么大的案子。20 年前，洛杉矶还有一个案子。中国远洋运输公司在 20 年前想租用洛杉矶长滩的一个货柜码头。这在当时是一件非常好的事，因为可能要签一个长达 20 年的合作合同。这可以为当地创造很多就业。但是有一个议员,是一个坚定的反华派,叫罗拉·巴赫,只要有中国的事情他一般都是唱反调的。他说中远海运签的这个合同对美国的国家安全有影响。原因就是既然中国可以租用货柜码头,那么中国的远洋运输巨轮就可以进来,中国的潜艇也可以进来。这是一个非常没有常识的讲话,有点知识储备的人都知道,货运码头是不可能允许潜艇进入的。今天我们看这番话会觉得很好笑,可是当时美国的选民买了他的账,当地的选民把这件事情闹大了,后来这项合作就夭折了。后来我思考这个问题,其实当时如果我们能够在前期,多做一些当地美国地方政府的工作,多了解一些美国的地方政治,这个事情恐怕也就不至于后来流产了。当然现在洛杉矶的长滩港扮演的角色跟 20 年前不一样了,经由长滩港和洛杉矶港进口的中国货物占美国对华进口总额的三分之一以上。所以这个议员今天也就再不提过去的事情了,时过境迁了。所以我认为美国首先就是其国内政治是一种地方政治。地方政治是影响美国中央政治的一个非常重要的因素。毫无疑问,美国的地方政治也最终会影响到美国跟世界其他国家的交往关系。

中美关系尚不是“一言堂”

胡展奋: 忽然有个冒失的想法,您能否预测一下 11 月 8 号可能谁会当选总统?

张　军: 您把我当算命先生? 我现在不能预测 11 月 8 号究竟是谁能够当选美国总统,但是我认为不能小瞧特朗普。

如果现在很多媒体问我: 你觉得谁当选了会对中美的关系有什么样的影响? 那我就有必要解释一下了。坦率地说,我觉得中美关系,并不是他们当中任何一个人当选会产生多大的影响。美国的联邦政治,虽然总统在外交政策方面确实有比较大的权力,比他在国内政策方面的权力大得多,但是和中国的交往,从 1972 年尼克松访华一直到现在,

特朗普

基本上两党都是有共识的。两党的共识就是以 engagement 为主,以 containment 为辅,也就是所谓的"交往"为主,"遏制"为辅。这么多年来这个共识其实没有发生多大的变化,本次大选后,这个所谓的"两党共识"会不会颠覆?我现在很难说。尽管奥巴马上台以后对中国施加了很大的压力,很多举措尤其是前面提到的 TPP 就是为了遏制中国在亚洲的地位,但是我认为不论是唐纳德·特朗普,还是希拉里·克林顿当选,很多事情不是总统一个人说了算,他上面还有国会,他要推动国会的立法等等,这些事情他才能有机会做得到。恐怕到今天还会有人说特朗普是个疯子,他上台以后可能会做任何他想做的事,会做很多疯狂的事情。但其实总统的权利也没那么大,在我看来他最多就是在推特上发发状态,怼怼对手,真正涉及核心利益的层面,他肯定是会权衡的。就算他不懂,也自然会有一个又一个老江湖,政治届的大佬们教他做的。他其实不是想做什么就做什么,可以为所欲为。相反他受到的限制可能会比作为一个普通商人要多得多。所以我并不认为特朗普上台以后就会对中美关系产生多么不好的影响，但是他高举“美国第一”的旗帜，在经贸问题上对包括中国在内的各国采取强硬措施则是极有可能的。在今天看来特朗普好像对中国满不在乎，甚至有点不尊重的意味，其实换成希拉里·克林顿也是一样。希拉里·克林顿在第二次辩论的时候就讲了一个名言，她引用了当时林肯总统的一句话，大意是说：“美国人都很尊重林肯，认为他是一个伟大的总统。林肯总统曾经也讲过，你在大庭广众讲的东西，跟在私下里做一些党派之间的政治斗争讲的话是可以不一样的。”这个意思说得直白一些就是对特朗普说的。中国人通俗一点讲，“见仁见智”。后来维基解密爆出很多黑暗政治的内幕，其实大家也都知道。比如说针对南海主权的问题，私下里她在南海问题上的态度和她公开表态的南海问题有很多歧义。维基解密里面甚至也提到希拉里说到，南海问题中国也有权利去做他们讲的事情。

胡展奋：对于很多的中国老百姓来说，希拉里对中国的态度一直非常强硬。从她到天安门广场上第一次演讲宣传她的女权主义，讽刺中国的女权不平等开始，她给中国人的印象就“坏透了”。因为她就是那个时候开始被中国人民所认识的。大概是在1995年，她第一次到北京去开世界妇女大会，她在那里发表了著名的演说，也是她现在经常在竞选过程中引用的，关于如何注意为妇女的权益抗争等等。从那个时候开始，希拉里在中国就几乎没有以正面形象出现过。大家觉得好像她当了美国总统，中美的关系怕是要一落千丈了。

张　军：但其实我认为，就算是她当选，这种“中美的关系怕是要一落千丈了”的情况也不会发生。

那个时候她在北京发表的那些言论，当然中国的老百姓是不喜欢的。中国人觉得你作为一个客人到这里来讲这些话，而且是抨击了我们的短处，其实是非常不礼貌的。但是随着她政治身份和角色的改变，她发生了很多变化。后来她在当纽约州参议员时候的一些表态，当时她的好朋友舒默一再希望把中国列为货币操纵国，她始终就没有发声支持他，最多就是敲敲边鼓而已。再后来她当上了美国国务卿的时候，她的态度又发生很大的变化。所以我个人觉得，至少她是一个非常有经验的政治人物，尽管特朗普嘲讽她所有的经验都是糟糕的经验，但是毕竟她比起特朗普来说是有经验的。我觉得她讲话的分寸会拿捏得更好。中国的百姓可能是受到了媒体的一些引导，认为希拉里一贯对华态度强硬，最明显的就是南海问题。要知道南海是中国的主权问题，是中国万不能够让步的问题，但是别忘了，希拉里现在也公开表态过，认为 TPP 也有很多问题。在中国很多人，至少媒体，相信美国要做 TPP 是用来遏制中国日益成长的经济方面的影响力。所以如果希拉里·克林顿不搞 TPP 了，是不是对中国的态度有所和缓的一种表现？所以我不觉得希拉里上台以后就一定会对中美关系发生不利的影响。但是基本上不论这两位是谁上台，我认为中美关系在一段时间里面肯定会进入不稳定期，甚至是冲突期。其实对于每四年或者每八年一次的换届来说，这是正常现象。美国的政治总是要重来一通，在认识中国的问题上，总会有一个学习的过程，有一个调适的过程。几个月以前我们还见到了希拉里，当时那个聚会人不多，大约 200 左右。她一再强调她觉得跟中国的交往是非常必要的，她也并没有像特朗普每次谈到中国，总是会顺带攻击中国几句。这三次的辩论不难发现，每当谈到中美关系的辩题的时候，特朗普基本上很少谈到要怎样改变中美关系，或者是对现阶段中美的政治关系有什么看法。三场辩论，我都一分钟不落地听了，他们在谈到中国所有问题的时候，大部分是在谈经济问题。特朗普说过的算作比较有攻击性的和中国有关的话，还是拿中国的事情来攻击美国的领导人。他提到现在我们的工作机会也失去了，廉价的产品都在中国生产，这个他说我不怪中国人，中国人聪明。他说他怪他们自己的领袖，跟人家谈的是什么合同？他其实是用中国来攻击美国的领导人，和中美关系本身没什么相关性。他提到最多的应该就是经济方面的问题了，他说他上台以后，会谈出一个对美国国家利益非常有好处的合同。当然，我还记得他讲到这一点的时候，他边上的希拉里·克林顿讽刺他:“你的领带也是 made in China 的。你昨天晚上住的那个特朗普大楼,现在事实证明很多都是中国制造的钢铁建起来的,你不是口口声声说要为美国的钢铁工人创造就业机会,那你为什么不买美国制造的钢铁?”其实这个经济不是中美政治关系的问题,对于中美关系,两党其实早就是有共识的。我不知道是达成的默契还是他们觉得用政治关系说确实太危险,所以他们很少提。两个人谈到中美关系,基本上还是以经济的议题为主。这才是一个总统候选人应该考虑的事情,如果真当上总统了,说出去的话还是要负责任的。毫无疑问,中国在未来的某一天,可预见的将来,GDP 是一定会超过美国的,这是美国上下都有的共识。现在中国的经济实力已经对美国造成了一定的威胁,未来发展中,中国定将会成为美国在经济上的竞争对手。但是总统应该关心的不是中国何时成为对手,怎样去破坏对手的经济实力,更加现实的做法其实是尽快探寻用什么样的方法跟中国竞争才有机会扳回一局。前两天澎湃新闻网采访我,当时我就谈到一个议题,我觉得现在不论是特朗普还是希拉里当总统,需要考虑的是产业升级的问题。在奥巴马执政期间,他过去的八年任期当中,一直在强烈推动制造业重新回流美国。如果你相信奥巴马的数字,他会告诉你,他在过去的八年,成功地让将近 1 200 万个制造业的就业机会,从世界各地重新回流到美国。这其中有相当一部分我相信是来自中国的。关于美国的就业机会的问题,就算特朗普和希拉里一直在很多问题上都存在争议,但是在让制造业,尤其是高水平的制造业回到美国的问题上,他们的观点还是比较一致的。因为我学国际政治,20 年前我写过一篇论文,说美国的制造业是一个夕阳产业。既然是夕阳产业,你想让它再回到美国,恐怕是很难的。现在证明我当时的判断是失误的。今天美国的制造业真的有很多高科技、高工资、高附加值的制造业重新回到美国。我的本职工作是律师,在这个过程当中我接触到很多江苏在美国投资的企业,我发现,确实制造业,尤其是清洁能源的制造业、高附加值的制造业、高科技的制造业,在这几年有很多回流到美国。美国的这项改革其实是成功的,而且确实

杨百翰大学法学院

是有这个必要的。我认为这一点值得我们去反思,而且要引起重视。尤其是江苏有很多的出口型企业,现在是时候考虑我们产业转型的政策问题了。美国将高端制造业迁回了国内,那么留在中国,或者说留在柬埔寨、越南这些地方的制造业势必就是一些低成本、低技术含量的手工制造业了。中国给美国提供了场地,提供了资源,提供了人力劳力,到最后却连技术也没学着,这对中国来说不是一个好的趋势。很多美国的专家,包括基辛格就提到,在他有生之年看到这么多制造业的工作机会回到美国去,确实让很多人大跌眼镜。既然对美国是好的,那么我相信这一块的政策不论是特朗普或者是希拉里上台,他们都会继续推动下去。尤其是特朗普,他一再强调美国的制造业是被高度重视的产业,因为支持他的 40%左右的蓝领工人大部分都是在制造业里面。但是我有个疑惑,就算这些制造业的工作全部都回到美国,这其中支持特朗普的40%左右的蓝领工人恐怕也是受益有限。仔细想一想，这群蓝领工人没有再就业的培训，他们当年那种粗放型的制造业，现在是回不去美国的，回去的全是高科技产业，那这些人不能重新接受市场的再培训，他是回不去的。所以特朗普的这群人，我不知道他们是怎么想的，他认为这些企业回去了就能帮到他吗？我也觉得有限。更多的还是帮到更年轻的这些大学毕业生，掌握高科技的这些学生。这两个人不论是谁上台，我认为对美国的移民政策都会做出一些改变。从他们在竞选时的态度就能够看出来，他们对现阶段美国的移民政策不是非常满意，所以不论是特朗普还是希拉里，都势必会对移民政策做出非常重大的调整。首先我们先来说一说特朗普。特朗普最出名的当然就是他提出要在美国和墨西哥的边境修建长城，来阻挡墨西哥地区的非法移民。而且这似乎成了他一个重要的、亟待解决的事情。所以我肯定，如果特朗普上台，首先就会让拉丁裔的非法移民骤减。在我看来，特朗普将美国目前社会治安的不稳定因素很大程度归到了墨西哥非法移民的头上，至少特朗普目前表现出来的是这样的一种态度。所以他一定会采取一些措施。但是除了墨西哥的移民，美国其实还存在大量的其他移民的问题。他提出来不但要反非法移民，而且他认为现在美国的合法移民数字很大，有必要把这个合法移民的数字减少。这就意味着，美国的移民政策要缩紧，尤其是为中国的留学生和印度、俄国等世界各地留学生留在美国能够有工作机会的要减少。如果在美国工作，需要申请一种叫 H1B 的签证——工作签证，他认为这个也被很多外国学生滥用，因此他上台以后，他说他要大幅度削减 H1 的签证。这就不得了了，要知道中国到美国留学的人数每一年都在递增，在 2016 年达到 32 万。根据美国国际教育协会 IIE 发布的《2016 年门户开放报告》显示 2015～2016 年留美人数再创新高，达到 328 547 人，比上一学年增长 8.1%。中国目前已经连续 7 年成为美国最大的生源国，单是 2015～2016 学年，中国留学生就给美国经济贡献了 114.3 亿美元。不光是留学生，现在海外我们有大约六千万华人，华人是中国在未来崛起的非常重要的一支新生力量。华人在西方国家的社会地位也在逐渐提高，越来越多的高端技术人才被引进，在美国、欧洲的许多大公司担任重要职位。所以特朗普其实不能小瞧了这个群体，更不能小瞧了中国移民。再看看希拉里·克林顿上台以后，移民政策也会发生很大的变化。首先最大的变化就是，她如果上台，那些反对特朗普的移民就仿佛找到了春天。要知道之前特朗普说选美的那个墨西哥女孩儿是小猪，喜欢吃的机器，还说他们非法移民当中不是杀人犯就是强奸犯等等这些言论，早就已经激怒和得罪了拉丁裔选民。这群人被激怒了以后，与其说他们喜欢希拉里，倒不如说是为了抗议特朗普而支持希拉里。他们的心态就是只要不是特朗普，任何人都可以当总统。所以希拉里如果上台，这一群人就会成为希拉里移民政策改革中最大的受益者。而这一群非法移民的人在美国，保守估计大概有 1 200 万，不保守估计大概有 3 000 万。试想一下，如果这一群人加入到美国的合法移民的大军里面去，那么美国现有的合法移民体系将会受到很大的伤害。其实这些和我们生活息息相关的移民政策，比如绿卡、留学等等只是移民政策中的一小部分。移民政策当中还包括很多我们看不见的东西。如果你是以一个企业的身份到美国去开厂，都要申请。这个时候牵扯到的移民政策就更加复杂了。工作的人员要申请工作签证，公司的高层如果到美国去管理公司，要申请跨国公司经理的签证。而这一块的签证会受到非常大的影响。尤其是特朗普认为这其中存在很多造假的情况，他甚至认为要取悦美国的工人，就不要给外国工人这么多的就业机会。希拉里倒是和特朗普的观点不同，她认为 H1 工作签证和跨国公司经理的签证能够给美国带来好处，带来就业，带来税收等等，所以她的移民改革重点是要让 1 000 万到 3 000 万的非法墨西哥或拉丁裔移民获得合法化的途径。当然从我的角度来看，美国移民的总名额就那么多，突然让那么多人享受许多人多年都享受不到的合法移民待遇，客观上一定会对美国社会造成影响。而且在这其中，中国的企业在美国以后的路会走得比较艰难了。因为希拉里一再强调，向富人征税、向有钱的企业征税是天经地义的。她觉得有钱人赚了钱，就应该把这个钱拿来招呼没钱的人，首当其冲，美国现在这么多的非法移民大部分都是穷人。要招呼这一群非法移民，美国要花很多的钱。所以中国企业的成本也将会受到非常大的挑战。同时如果希拉里当选，那么势必会继续推行奥巴马的全民健保案。毕竟当初希拉里·克林顿也是主推过全民健保法案的。要继续维持的话，那也是一个非常大的开销。现在很多企业尤其是江苏籍的企业在美国投资，在加利福尼亚州投资，很多时候他们觉得负担是非常重的，美国的劳工法也非常严格。所以未来对于中国企业在国外的投资也势必是一个大挑战。特朗普跟希拉里在对华政策和外交政策方面，两人的哲学观点有非常大的不同。特朗普基本上不希望跟外国再有更多的交往，所以他是反所谓 globalization 或者是反 regionalization。他不愿意促成区域的经济合作，更不用说跨太平洋的很多经济合作了。这就不难理解他为什么要退出 TPP。希拉里·克林顿表面上没说她反对，但是她在整个选举过程当中为了号住选民的脉搏，被迫在选举当中调整自己的立场。美国人对区域经济合作的热情，随着英国的脱欧等等事件的发生，已经大不如前。现在很多美国人坚定地认为自由贸易给美国带来了坏处而不是好处。这个时候如果希拉里不调整自己的立场，很多人又去支持特朗普而不支持自己了。尽管奥巴马一再说自由贸易对美国是有好处的，但是这个问题在美国确实有非常大的争议。普通百姓不能从生活中真切感受到所谓的收入上涨，让他们仅仅通过国家数字的上涨来承认自由贸易是有好处的还是有些困难。老百姓觉得自由贸易抢了他们的饭碗，让他们饿了肚子，甚至生活不如从前那么安逸了，那他们就会反对这样东西。

美国的大法官

胡展奋：您不觉得奇怪吗？美国是一个普通法系判例法的国家，也一直标榜自己是一个文明的法治社会，给人感觉在用人机制上，从上层到下层，都讲究激励机制、竞争机制以及一系列“活力机制”，但是唯独大法官却是“终身制”！

所以这里我们是否可以讨论，不，应该说让我请教一下影响美国几代政坛的“大法官现象”。我们现在已经知道，希拉里和特朗普两个人，任何一个当上总统，在他们的下一个任期里面都有可能要重新提名大法官。

张　军：我看不出我们有什么理由淡化美国的“大法官现象”，因为大法官制度是这么重要，重要到影响美国的国运。因此，我决心今天与您就这个话题彻底地深谈一次。

最高法院一共九名大法官，包括一名首席大法官和八名大法官。

首席大法官(Chief Justice of the United States)是美国联邦政府司法部门的领袖，并主管美国最高法院。他是美国最高司法官员，领导最高法院的事务并在弹劾美国总统时主持参议院。同时，按近现代传统，他还主持美国总统的宣誓仪式，但这样的做法没有《美国宪法》和任何法律作依据。现任即第十七任首席大法官是约翰·罗伯茨，他由乔治·沃克·布什总统任命，2005年9月29日获美国参议院通过。

通俗地说，美国首席大法官就是九名大法官中的“头”！如果他们是一个小组，那他就是“组长”。

胡展奋：明白了。那请问“大法官”的宪法地位如何？

张　军：您这个问题还真是提得“不依不饶”呐。事实上，《美国宪法》并未明确说明设立大法官职务，只是在第一条第三款中作了铺垫：“如受审者为合众国总统，则应由最高法院大法官担任主席(When the President of the United States is tried, the Chief Justice shall preside)”。除此之外，就没有更多的有关叙述了。至于其余八名大法官则更是只字未提。美国大法官与首席大法官一样，由总统提名并需经参议院同意。《宪法》要求最高法院的所有法官都必须“尽忠职守(shall hold their offices during good behavior)”，这句话也间接地规定了任期：他们是终身制的，除非自动退休或被国会弹劾并证明有罪。

当然，有一部分大法官，例如威廉·H·伦奎斯特，是在最高法院大法官的任上被总统提名为美国大法官的，这时同样需要参议院的批准（如果提名不通过，他将不能成为首席大法官，但仍可以继续担任最高法院大法官）。大部分大法官，包括罗伯茨，在被任命之前并未在最高法院工作过；有些大法官，例如约翰·马歇尔和厄尔·沃伦此前甚至没有任何司法经验。

胡展奋： 听说，美国首席大法官（简称大法官）的薪水相当高？

张　军： 不，与其崇高的地位相比，他的薪水其实不算太高。据我所知，大法官的薪水由国会预算，每年260 700.00美元（2016年的标准），只比其他最高法院大法官略高些。

胡展奋： 我很想知道首席大法官的特定职责是什么？也就是说，他到底是干什么的？

张　军： 他的地位至尊无比。《美国宪法》第一条第三款规定：首席大法官在总统被弹劾过程中主持参议院。纵观美国历史，共有两位大法官使用过此项权利，分别是1868年安德鲁·约翰逊弹劾案中的萨蒙·P·蔡斯和1999年比尔·克林顿弹劾案中的威廉·哈布斯·伦奎斯特。同时，根据《美国宪法第二十五修正案》，副总统可担任代理总统，因此大法官在副总统弹劾过程中同样主持参议院。但是，迄今为止，还未有副总统被弹劾过。

首席大法官被认为是最有资历的法官。因此，他总是在各种案件讨论或投票会议中任主席，他的首先发言将对整个讨论产生重要影响。

此外，首席大法官还主持美国总统就职仪式，虽然这一传统已超出了美国宪法对大法官的职责规定。一句话，首席大法官是美国最高法院的掌舵人。

胡展奋： 美国的权力高峰，是否精英社会人人艳羡、人人都想攀登？

美国联邦最高法院大法官 Alito

张　军：不！美国大法官并不是令人垂涎的角色。美国总统和国会一开始并没有把最高联邦法院放在眼里。自从马歇尔法官争取到司法审查权之后，美国最高联邦法院才逐渐被人们重视。但是，作为美国最高司法机关，联邦法院并非总是风平浪静，每一次法官宣誓就职，都会改变美国的政治生态。近些年来，历届美国总统都希望通过任命大法官，体现自己的执政理念，贯彻自己的政治主张。美国大法官具有三大职能：

首先，通过审理有争议的案件，解释美国国会制定的法律，产生新的规则。近些年，美国大法官在程序规则的创建方面做出了许多贡献，但是对实体问题却表现出了保守倾向。换句话说，除非在程序问题上做出重大的变革，否则，大法官倾向于维持法院之前的判决。大法官通过逻辑清晰的判决，逐渐确立了“程序至上”的司法观念，防止公权力机关滥用自己的权力，损害公众的利益。

其次，美国大法官具有协调美国行政与国会关系的功能。从历史上来看，美国联邦法院从不参与国会政治纷争，不参与总统的政治决策。但是，通过具体的案件，美国大法官巧妙地平衡立法权与行政权，通过司法审查，防止立法机关权力被滥用；通过司法审判，防止行政机关超越宪法上的权限，危害国家和公民的利益。即使在总统选举这个大是大非的问题上，美国联邦法院也不轻易表态，它通过程序上的审查，将政治纷争和选举中的具体法律问题巧妙隔离开来，从而为美国建立和谐社会打下了良好的法制基础。

最后，美国大法官扮演着美国宪法看护人的角色。自从确立了司法审查制度以来，美国联邦法院始终把关注的重点放在美利坚合众国宪法及其修正案上。凡是违反宪法及其修正案的法律，联邦法院的大法官都可以宣布无效。当然，由于美国宪法及其修正案表达过于概括，有些词语过于模糊，所以，在解释宪法的过程中难免会掺杂进大法官的个人判断。但是，正是在案件判决的细微之处，体现了不同法官的政治立场，影响美国法律走向。

胡展奋：是啊，人们能够阅读和理解美国的宪法条文，但却未必能够理解美国大法官判决书中所体现的美国宪法精神。如你所说，美国最高联邦法院的大法官根据自己的价值判断，不断地解释着美国宪法，指引着美国社会前进的方向。尽管有些判决充满争议，但谁也不能否认，有了美国联邦法院这条宪法的看门狗，美国的宪政传统不会被遗弃，美国不会出现美国人民所强烈排斥的政权。

张　军：问题是，美国最高联邦法院最初并没有现在这样的地位，在美国行政、立法、司法三权分立和制衡的格局中，司法本来恰恰是最弱的一极，历史上，它如何转弱为强是极其富于戏剧性的。

胡展奋：如果这是一个生动的故事的话，即使有点冗长我想我也会很感兴趣的。

张　军：是吗？我希望我的叙述不会让您失望。

这个故事，我们不妨暂且命名为《庄园主马伯里为啥要起诉麦迪逊国务卿》如何。

话说，威廉马伯里(William Marbury)是美国首都华盛顿特区市乔治城镇的一位家财万贯的庄园主，詹姆斯麦迪逊(James Madison)是当时美国政府的国务卿。马伯里为啥要起诉麦迪逊呢？这个案子要从当时美国政坛中的党派斗争从头开侃。

美国宪法作为国家的根本大法,并无只言片语提及政党和多党派制度。

大多数美国制宪先贤认为,政党就是结党营私、恶性竞争的代名词。军人出身的第一任总统华盛顿在位期间,对内阁中以国务卿托马斯·杰弗逊和财政部长亚历山大·汉密尔顿为首的两派争斗深恶痛绝。华盛顿总统在1796年的总统告别演说中,语重心长地警告后人,一定要防止党派争斗的弊端。

警告归警告,现实归现实。开国老总统一下台,说过话就被人当耳旁风了。德高望重的华盛顿回老家种地后,美国政坛的两大政党终于还是正式形成了。拥护汉米尔顿的一派正式组成了联邦党,拥护杰弗逊的一派自称民主共和党。联邦党人约翰·亚当斯在总统选举中获胜,当选为第二任总统。

谁知联邦党好运不长,在1800年的总统大选和国会选举中都遭到惨败,民主共和党的杰弗逊当选为第三任总统。因行政权和立法权都已丧失,联邦党人在下一届政府中唯一能保住的地盘,只剩下了不受选举直接影响的司法权。因此,亚当斯总统在即将卸任时,任命自己内阁的国务卿、联邦党人约翰·马歇尔(John Marshall)出任最高法院大法官,代理国务卿职务。又利用联邦党人控制国会的最后机会,通过了《哥伦比亚特区组织法》,任命四十二名联邦党人出任治安法官。庄园主马伯里和马歇尔大法官的弟弟詹姆斯·马歇尔都在任命名单之中。

参议院在亚当斯总统离职的当天深夜匆匆忙忙地批准了四十二名法官的任命,但所有的委任令必须要在午夜之前由总统签署、国务院盖印发出后才能生效。大法官、代理国务卿马歇尔在权力交接之夜忙得团团转,他在确认四十二份法官委任令已全部签署、盖印后,便将送出委任令的小事全权委托给弟弟詹姆斯·马歇尔去处理。

俗话说,朝中无小事。谁都没想到,詹姆斯·马歇尔竟然把这件小事给办砸了。他本人的那份委任令倒是及时无误地送出去了，但因疏忽和忙乱，竟然还有十七份委任令在午夜之前没能及时发送，而马伯里先生恰好身列这十七个倒霉蛋之中。

新上任的杰弗逊总统早就对联邦党人在权力交接前夜以党划线、“突击提干”的损招儿极为不满，当他听说滞留的十七份联邦党人法官委任令一事后，立刻命令新任国务卿麦迪逊扣押了这批委任令。

这样，马伯里不明不白地丢失了法官要职。此公觉得自己太冤，非要讨个说法不可，遂聘请曾任亚当斯总统内阁司法部长的查尔斯·李(Charles Lee)为律师，一张状纸把麦迪逊国务卿告到了最高法院。

麦迪逊一看对手来头不小，立马聘请杰弗逊总统内阁司法部长莱维·林肯(Levi Lincoln)出任辩护律师。这位莱维·林肯先生真不愧是现职司法部长，办案派头十足，接了案子以后竟然连法院都懒得去，只是写了一份书面争辩送交最高法院，声称马伯里诉麦迪逊案是一个涉及党派权力斗争的政治问题，跟法律压根儿就不沾边，最高法院就是管天管地也管不着这种根本就扯不清的党派斗争破事。

马歇尔大法官接到控方律师的起诉状和辩方律师寄来的书面争辩后，以最高法院的名义致函国务卿麦迪逊，要求他对扣押委任令的原因做出个合理的解释。谁料想，麦迪逊对马歇尔的信函根本就不予理睬。

麦迪逊国务卿这种无法无天的行为在当时是件稀松平常的事。当时的美国最高法院，是一个根本就没啥权威的法院。美国的立宪先贤汉米尔顿曾评论说:“司法部门既无军权，又无财权，不能支配社会力量与财富，不能采取任何主动行动”，是“分立的三权中最弱的一个”。所以，1789 年的美国宪法虽然规定了行政、立法、司法三权分立和制衡的格局，但这部宪法以及后来增添的宪法修正案，对于宪法最终解释权的归属问题，从未作出任何明确的规定。宪法并未赋予最高法院向最高行政当局和立法机构指手画脚、发号施令的特权，更别提强迫总统、国务卿和国会服从最高法院的判决了。

这样一来，马歇尔便处在一种极为尴尬的两难困境，他当然可以正式签发一项执行令，强令麦迪逊发出十七份委任令。

但这一项执行令很可能就是一纸空文。

须知，麦迪逊背后有总统兼美军总司令撑腰，他很有可能对最高法院下达的命令置若罔闻。既无钱又无剑的马歇尔大法官若向麦迪逊国务卿强行发号施令，只会让人笑掉大牙。

问题是，如果马歇尔拒绝马伯里合理的诉讼要求，那么最高法院和联邦党人则颜面扫地。

面临这种无论是审理还是不审理此案都必输无疑的两难困境，马歇尔苦思冥想了半个月，终于琢磨出了一个令人拍案称奇的绝妙高招，既表现出最高法院的权力高于行政当局和国会，又避免与行政当局和国会迎头相撞、直接冲突。马歇尔后来称此判决为自己“法官生涯中最明智的判决”。

马歇尔在判决书中判定，第一，参议院已批准了这些法官的任命，总统签了字，国务院盖了印，从法律角度上看，委任令是合法的任命公文，麦迪逊拒发公文显然是违法的。因此，这是一个法律问题，不是党派斗争的政治问题。第二，既然扣押公文是违法的，那么马伯里当然有权请求法院保护自己的合法权利。第三，保护公民的合法权利是一个法治政府的首要责任。因此，法院有责任帮助马伯里获得法官委任书。

那么，按照这个逻辑推演下去，马歇尔下一步理所当然地就该向麦迪逊发出强制令了。谁料想，马歇尔笔锋突然一转，他引证美国宪法第三条第二款说，当一个案子涉及大使、其他使节和领事以及以州政府为诉讼对象时，其初审权属于最高法院。对于其他案件，最高法院只有上诉审理权。

多年后，如果我们把马歇尔这段咬文嚼字的引证换成一句通俗易懂、直截了当的大白话，那就是说：马伯里一案的诉讼当事人既不是大使、领事，也不是州政府，最高法院对这种小民告官府的案子没有初审权，马伯里告状告错地儿了。

那马伯里应该怎么办？

他应当去下级法院控告麦迪逊。如果案子最后从下级法院一级一级地上诉到最高法院，那时最高法院才有权开庭审理。

可是，马伯里高薪聘请的律师、前司法部长查尔斯·李并非不懂诉讼程序的菜鸟，他之所以一开始就把状子直接递到了最高法院，依据的是国会1789年通过的《司法法》第十三款。根据这款法律，最高法院对这类案子拥有初审权。

但马歇尔斩钉截铁地指出，《司法法》第十三款是与宪法相冲突的，它实际上是非法地扩大了最高法院的权限。他强调："宪法构成国家的根本法和最高的法律"，"违反宪法的法律是无效的"。而"解释法律显然是司法部门的权限范围和责任"。据此，马歇尔正式宣布，1789年的《司法法》第十三款因违宪而被取消。这是最高法院历史上第一次宣布联邦法律违宪。

马伯里一看当个法官竟然这么费劲，连总统签了字、国务院盖了戳儿的委任状都成了白条，若要从基层法院一级一级地上诉到最高法院，还不知要上诉到猴年马月，他只好灰心丧气地撤回了起诉。此公后来一直不安心务农，最终改行当了一家大银行的总裁，比当法官光鲜实惠多了。

从表面上看，联邦党人马伯里没当成法官，麦迪逊也没被强制地送出扣押的十七份法官委任令，马歇尔似乎输了这个官司。但实际上，马歇尔是此案真正的大赢家。

首先，马歇尔向政府的立法机构国会宣布，不仅宪法高于一切法律，而且判定法律本身是否合法这个至关重要的权力与立法部门无关。换句话说，立法机构不得随意立法，只有最高法院才是一切与法律有关问题的最终仲裁者。

其次，马歇尔通过此案向政府的行政部门宣布，宪法的最终解释权属于司法部门。因此，司法部门有权判定行政当局的行为和命令是否违反宪法,有权对行政当局的违宪行为和命令予以制裁。

这样,虽然宪法规定任何法律都应由国会和总统决定和通过,但最高法院拥有解释法律的最终权力,有权判定法律是否违宪。而最高法院的裁决一经做出,即成为宪法惯例,政府各部门和各州必须遵守。实际上,最高法院不仅拥有了司法审查权(Judicial Review),而且在某种意义上拥有了"最终立法权"。马歇尔的高明之处在于,他虽然公开宣布经国会通过、总统批准的《司法法》第十三款因违宪而被取消,但取消这款法律实际上是限制了最高法院自身的权限,所以国会找不出什么借口与最高法院对抗,也没啥特别的理由弹劾最高法院大法官。另外,马歇尔虽然宣布司法部门有权对行政当局的违法行为予以制裁,但他并没有向麦迪逊国务卿发出强制令,只是建议马伯里去下级法院控告麦迪逊。所以,行政当局同样找不出任何借口与最高法院过不去,也根本无法挑战马歇尔大法官的裁决。

这里再强调一次,美国的法律体系是成文法与案例法的结合,既然国会和行政当局无法推翻最高法院对马伯里诉麦迪逊案的判决,那么此判决将作为宪法惯例被后人永远引用。

司法审查权和最高联邦法院至高无上的权威地位就这样历史性地确立了。

司法从此真正开始与立法和行政两部门鼎足而立。可以说,这是美国政治制度史乃至人类文明史上的一个里程碑。

1789 年的美国宪法一直被认为是人类政治制度设计的伟大典范,其实这个评价有点偏高了。原因在于,在权大还是法大这个关键性问题上,1789 年美国宪法并无开创性的建树。这部宪法并未明确规定最高法院拥有司法审查权,结果使司法在三权中处于最弱的一方。按照这种宪法设计,美国最高联邦法院实际上可有可无。

幸亏马歇尔大法官在司法实践中超乎寻常的智慧和努力,加上英国普通法传统对北美殖民地的深厚影响以及当时和后来的美国政治家们对法律和政治规则的尊重以及善于妥协让步的特点,才使美国政治制度第一次真正具有了三权分立、相互制衡的特点，并且使司法审查权成为美国政治制度有别于英、法等西方民主国家政体的重大特点之一。

胡展奋：是的。也许正因为美国是一个案例法或者叫作“判例法”的国家，所以总统会有提名美国最高法院大法官的一次或更多机会。

换句话说，因为前任总统曾经提名“大法官”，后任的也就可以循例提名——如果有机会的话。

这个时候大法官在美国政坛上的地位就会显现出来了，美国的大法官是终身制的，这一点很奇怪，但是目前而言又不容置疑，而且大法官会在很大程度上改变未来美国的整个社会的走向，更不用说跟中国的关系。所以，人们很关心。

张　军：美国现在的最高法院有一个令各界焦虑的问题，因为原来，原则上美国的最高法院应该有九个大法官，但是有一个大法官去世了，所以这个位置一直是空着的，还没人来填补。因此很多时候，现在最高法院的判决常常是四票对四票，就不能形成一个判决，一直处于一个僵持的局面，这就有点尴尬了。原则上美国的宪法规定，当一个大法官去世的时候，总统可获得提名大法官的权力。

但是总统的权力仅仅是提名，他并不能任命。我们知道，提名和任命完全是两回事，所以他的提名还要送交参议院，让参议院来表决。问题是，现在的参议院是在共和党人手里，共和党参议院的领袖是大家非常熟悉的前劳工部长赵小兰的先生，叫麦康奈尔 Mitch Mc Connell 参议员。麦康奈尔参议员有一次在奥巴马刚刚上台的时候，发生过一个丑闻。有一次他以为麦克风关掉了，就跟周围的人说，他是参议院的多数党领袖，他的任务很简单，就是要让奥巴马只做一任总统。其实就是要尽最大的努力不让任何有利于奥巴马的事情过关，而把任何不利于奥巴马的事情都公之于众。

结果，没想到这一段谈话居然流向社会，全被放出来了，舆论大哗，所以奥巴马也没办法，只能让大法官位子空缺着，以至于直到现在最高法院的这个席次依然是空缺的。

但是下一任总统，自然就会获得重新提名的权力。可以看出来，美国的最高法院在美国的历史的进程当中扮演多么重要的角色。

大家耳熟能详的一些重要的判决都跟最高法院有关。比如说美国妇女堕胎权利的问题。在这次第三场辩论的时候，希拉里和特朗普两个人辩题之一就是美国妇女堕胎的权利。

关于美国妇女是否享有堕胎的权利，在今天讨论这个话题之前，美国有一个著名的判例叫作 Roev. Wade 罗伊诉韦德案。在 1969 年，一位化名为杰内 · 罗伊的妇女和其他人一起向德克萨斯州限制堕胎的法令提出了挑战。因为该法令规定，除非因为维护孕妇的生命，州内一律禁止妇女实施堕胎手术。但是罗伊认为德州限制堕胎的法令实际上是剥夺了她在妊娠中的选择权。

如果作为一个母亲她没钱去其他合法堕胎的州进行手术，但是又不能中止妊娠，分娩之后难免就会不得已，迫于生计压力也好，精神压力也好，会将孩子交给不知身份的人收养。所以罗伊认为德州的这种限制堕胎的法令，让她没有决定自己生育的权利，包括自主决定时间、方式的权利。德州政府在诉讼中以每一个母亲的肚子中已经开始了生命，而且在妊娠期间他们是真实活着的为由，强调每一个怀孕的妇女都有保护胎儿生命这一国家利益的义务，非经正当法律程序而剥夺胎儿生命，是违反了联邦宪法修正案第 14 条。

最终，该案上诉到了联邦最高法院。直到 1973 年，联邦最高法院才以 6∶3 的多数意见裁定，德克萨斯州限制堕胎的法令过于宽泛地限制了孕妇在妊娠过程中的选择权，侵犯了联邦宪法修正案第 14 条所保护的个人自由，构成违宪。在没有这个著名判例的几十年前，美国女性如果去寻求人工流产，就是违法。

正是后来有了 Roev. Wade 以后，美国妇女才获得了所谓人工流产的权利。美国管它不叫人工流产的权利，而是叫妇女可以自己决定自己身体的权利。但是最高法院对于美国妇女是否能够获得人工流产的权利判决的时候,是以微弱的优势通过的。

要是放在今天,有一个大法官去世了的情况下,如果这个案子重新判决,恐怕就极有可能出现 4 票对 4 票的情况。那恐怕到今天美国妇女都还没有这个决定自己身体的权利。从法律上讲,美国因为是案例法的国家,如果下一届的总统任命一个反对妇女享有堕胎权利的人做大法官,那这一票就会多出来。那么美国妇女随时都有失去人工流产的权利的危险。

不是说这些是理论上存在可能性,如果让大家重新投票再做一次表决让黑人再变成奴隶,理论上是存在这个可能性的,但是大家都知道是实现不了,不会有人投这样的一票,保守派也不会做这样的事。但是妇女失去堕胎权利的事情是非常现实地存在的一件事。

胡展奋: 前段时间美国总统奥巴马提出了一条建议。让所有美国的公立学校把洗手间改革一下。这个建议就是让现在美国的公立学校,中小学的厕所洗手间,变成一个不按照你身份证上的性别而决定的洗手间。什么意思呢? 其实就是美国的中小学生可以不再按照出生时的性别决定去什么洗手间,你觉得你是什么性别,你应该去哪个洗手间,你就去哪个洗手间。

张　军: 听上去好像很荒唐是吧,但是奥巴马的这条建议不是提着玩儿的,是需要公立学校去执行的。而且美国人觉得很合理,有道理。要知道,美国的最高法院已经做出了最终裁决,同性恋是可以结婚的。

这是最高法院通过,并且已经是美国法律的一项了。既然婚姻可以不按照生理性别,那么洗手间的“性别进入”规则自然也要改变。

不需要以生理的性别决定你去哪个洗手间,而是以你当时心里想的是什么性别你就可以去哪个洗手间。这个想法其实是很超前的,因为在中国现在的这个环境下看来,这条建议是有点奇怪的,就算是有人提出这条建议，恐怕也没有孩子会真的这么做。但是在美国，很多的老百姓，家长每天都要面对这个问题，他们要尝试着去接受这个事实，虽然这样确实有点混乱，但是对于一个同性恋婚姻合法化的国家，认知性别问题其实成了需要考虑个人选择和他人尊重的现实问题。按照我们大多数人的思路，我想可能美国人也是这样的一种想法，只要是我能够接受或者说支持同性恋婚姻，只要你不做违法的事情，你愿意跟谁结婚是你的自由，和我关系不大。但是同性恋婚姻合法化只是一个表象的解决办法，深层次下由这个问题引发的一系列问题，都是这个社会要做好的准备。其中最突出的矛盾就是文化和宗教、心理上的问题。举一个例子，我们华人的家长当然觉得孩子的教育很重要。美国的公立学校，性教育是教育的一个重要组成部分。这一点华人家长是接受的，反正美国的孩子们都是这样的。但是以前同性恋不是合法化的时候，学校里面是不用教同性恋的性教育。现在同性婚姻合法化了，很多同性恋的团体开始提出在性教育里面要教授同性恋的性教育。为什么婚姻都合法化了，教育还跟不上呢？如果教育的时候就没有这种观点，以后每个孩子长大成人是不是又更难以接受平等的对待呢？这样就不公平了。所以学校的教育要增加一项同性恋的性教育。这还不算什么，如果两个同性恋要结婚，他们要找牧师做证婚人，但是牧师说这违背我的宗教信仰，我不能给你证婚。这个时候同性恋就有权利状告牧师，这是一种不公平的行为。去蛋糕店买蛋糕，你如果在蛋糕上写 Michelle 和 Michael 结婚，那当然大家觉得合理，要是写 Micheal 和 Michael 结婚，结果人家蛋糕店做蛋糕的人说这违背了我的宗教信仰，我不能给你做这个蛋糕。诸如此类的这些问题，不是又要引发很多社会各方面的问题了？所以同性恋婚姻合法化，不是只要颁布一个法律就可以了，而是牵一发动全身的效果。它现在已经不仅仅是一个法律问题了，最高法院要判决的还有更多由此引发的社会问题。现在回过来说总统提名大法官，如果赢得了选举的下一任总统提名什么人做大法官，这个结果直接会影响到诸如公立学校的厕所性别设置问题、结婚的牧师问题、做蛋糕的蛋糕师的此类问题等等。再举一个例子,昨天我和朋友吃饭,他喉咙不好我就问他有没有去看医生,他就说医生说他是抽烟抽的,已经戒了一年多了,结果现在又开始想抽了。我跟他说我给你想了一个解决办法,下个月你干脆直接搬到美国去,因为 11 月 8 号以后加利福尼亚州人会有一个创制案,是全民公投出来的决定,要把大麻正式变成合法的东西了。以后你到加利福尼亚州都不用抽烟,抽大麻都是合法的。至少美国人是支持抽大麻的,那些专家还说它比抽烟对身体的伤害小。我朋友当时就说那是个好办法,但是以后万一他要回中国,又上瘾了,可是中国不让抽大麻怎么办呢? 这当然是做一个笑话说说。我举这个例子是想说,类似这样的事情在美国也是很现实地存在的。所以有人说了,加利福尼亚州其实走了一条直接民主制的路,他们有什么问题就拿出来全民公投,动不动就用全民公投的方式解决问题,代替代议制,来解决地方政府很难推动的一些事情。但是全民公投就一定好吗? 一定合理吗? 我觉得也不尽然,英国是全民公投,他们有什么事情就投票解决,投票通过了就实行,就像脱欧的过程。脱欧的决定出来后,又有很多的媒体爆料说英国的民众有的时候根本就搞不懂哪一方是脱欧,哪一方是不脱欧的,仅仅是因为脱欧的摊子上赠送了小礼品,结果就投了蓝色一方脱欧的票。现在有些人又开始后悔,甚至英国脱欧的投票结果出来以后,抗议持续了好几个月。老百姓有的时候是非常不理性的,而且绝大多数时候是搞不清楚这其中的利害关系的。美国的一张选票,厚厚几十页,里面各种各样的政策,你根本就是云里雾里的,根本不可能通读,就更不用说细读了。到最后老百姓就大概觉得是这么个意思,所以就投了票,但是有可能你投的那一票正好是相反的意思,因为你没有理解这其中的每个政策,没看明白这背后的意义。

胡展奋:所以不一定所谓的直接民主就真正可以完全反映民意的。很多时候你要把某一个法案放在加利福尼亚州的创制案上进行投票和表决，是要花个上千万美元的。

一般人如果没有巨大的利益驱动，谁愿意来做这样的事情，谁又有精力把这样的法案放在自己的选票上呢？

美国地方政治的力量不容小觑

胡展奋：有人说，美国的政治从来就是地方的政治，我对此很不理解。

作为一个中国人，我的思考习惯就是：中美关系，无论希拉里还是特朗普，两个人不论谁当上美国总统，毫无疑问，都应该把高层的交往放在第一位。维持高层的交往对中美关系的稳定发展非常重要。

张　军：可能事实和您的思考会有很大的距离。

中美关系，在我看来，地方政府的，就是所谓人民对人民这方面的交往也许更重要。就好像地方县、市、省之间的关系。比如加利福尼亚州和江苏是友好省州，那么加利福尼亚州和江苏之家的地方沟通和关系就很重要了。如果想影响美国的联邦政府的政策，更多的时候应该在地方的层级上去影响，而不是在联邦。

在加利福尼亚州选区里面有一个众议员叫罗伊斯，现在是一个共和党人。他是联邦众议员的外交委员会的主席，权力很大。因为选区每十年大概要重新划一划，因为有人口、类别上的变化，所以他以前不属于我们这个选区里面，在他的选区里，菲律宾人、日本人、韩国人、台湾的绿营人士比较多。所以那个时候关于南海的问题、台海的问题，如果你能够找到他 10 年、20 年以前的表态，他对中国是不甚友善的。但是 10 年以后这个选区重新划分了人口，他的选区里面多了很多华人，于是慢慢地他的立场发生了转变。他在南海问题上开始用词非常谨慎，他希望大家都能保持克制。有一次我受邀参加了一个银行工会的年会，罗伊斯在那个银行公会上做了演讲。那段时间正好是日本当时的首相安倍晋三到美国访问。奥巴马给了他很高的待遇，国宴级别，甚至让他在美国的参众两院的联席会议上发言。这是美国给外国首脑的非常高的待遇，通常是给盟国的。在中国，只有当年宋美龄在这种场合做过一次演讲。在银行工会上我有机会碰见了罗伊斯，同他说今天在座的都是华裔的银行家，大家都很关心台海关系、中日关系、中美关系，正好安倍先生前两天在国会发表演说，我们还是很想听听你的想法的。罗伊斯当时就表态，首先他对奥巴马政府邀请安倍到美国来在国会发表演讲感到很失望。他说他觉得安倍先生失去了一次绝好的机会，关于对“二战”的忏悔，包括对慰安妇的道歉。要知道这是一个原来对华态度并不友善的人说的，我当时非常震惊。罗伊斯现在对华的态度可以说是发生了巨大的转变。前段时间，大概也就是在今年 5 月份的时候，他还和华裔议员刘云平在国会提出“二战华裔老兵国会金章法案”，要求向“二战”的所有华裔老兵颁发国会金质奖章。罗伊斯还说：“美国将会永远铭记华裔‘二战’老兵的英勇、忠诚和奉献。他们做出的牺牲与服役，显示了罕见并值得赞颂的情怀与荣誉感，即使是在面对歧视的

美国前驻伊拉克大使 Crocker

时候。”当时参与“二战”初期的全美有逾十万华裔美国人，早先是受到了排华法案等歧视性大环境的影响，他们的生活也面临重大挑战。现在罗伊斯帮华裔发声就足以看出他的态度，至少可以看出他对华裔的态度变了。所以地方政治是非常重要的，因为他们的工作不是总统给的，不是参议员或者参议院的议长给的，也不是众议员的议长给的。他们的工作是他们那个选区的老百姓给的，所以老百姓希望他说什么，基本上他就会说什么。所以各位不要以为美国的地方政府派来的人没什么作为，相反他们的作为可能比你想象的大。你想如果这 435 个，再加上 100 个参议员都觉得跟中国友好是好的，哪一个总统会跟中国不友好？因为他们其实就是代表老百姓的意见在发声。所以美国的政治从来就是地方的政治。

在中美关系上，抛去所谓的国家宏观利益不说，中国应该改善与美国的地方关系，尤其有时中美之间的贸易摩擦都是和地方政治有关的。与其说和他们的华盛顿政府搞好关系，不如加强与他们地方政府之间的来往，这样做事情反而会事半功倍。要知道美国作为一个联邦制的国家，地方的权利是很大的。我这样说可能很难理解，我举个例子。前一段时间，我对中国的高铁有一点自己的看法。关于中国的高铁希望参与美国的西部快线当中这件事情。中国高铁希望在洛杉矶到拉斯维加斯建一个高铁线，这件事情谈了很多年，最后夭折了。这件事情最后没有促成，很大程度上就是没有打通地方政府这一关。

胡展奋：很难想象，地方政府的政治有这么重要！“中国高铁希望在洛杉矶到拉斯维加斯建一个高铁线，这件事情谈了很多年，最后夭折了。”我觉得太遗憾了。您能不能进一步解释一下？

张　军：我要强调的是，美国的地方政治在很多时候都发挥着很重要的作用，这种现象很少有人关注。

当时总统奥巴马是很愿意推动美国高铁的。从他上台的时候他就在推动这个事情，可是他现在都要下台了，美国的高铁一寸也还没有。

奥巴马曾经也做过很多尝试,要通过建立一些联邦基金来帮助实现高铁的建设。但是美国的地方政府不买账,美国普通的老百姓对高铁根本没兴趣。不像中国人强烈希望在各个城市都通高铁。为什么?首先美国是车轮上的国家,大部分人都开车,你要改变人们的生活习惯其实是非常不容易的。再说美国绝大部分人连看都没看过高铁,他们根本不知道高铁能够帮他们解决多少出行的问题,也没概念高铁能够帮他们节省多少时间成本,所以他们怎么可能去支持这件事情?如果你把他邀请到中国来,让他们在这里坐一次高铁,恐怕他们就会改变一些看法。但是毕竟绝大部分人没出过国,也没来过中国见过高铁。第二,加利福尼亚州跟拉斯维加斯之间设立高铁,听上去好像是不错。但是这两个州的利益是不平衡的,因为加利福尼亚州人可能会觉得我们去拉斯维加斯旅游花钱花得太多了,现在你建了一个高铁,使得我们又可以更方便地去花钱,花钱的速度和去拉斯维加斯的速度更快,未必对加利福尼亚州的经济有好处。

况且这个钱该如何分配,究竟谁花多少钱是非常难平衡的事情。美国的钉子户其实比中国厉害多了,你要考察一个地方要拆迁,那简直是比登天还难。

洛杉矶就有这样一条叫 710 的高速公路,但是那是一条断头路。它通向美国洛杉矶一个著名的城市帕萨迪纳(Pasadena)。可是那儿的居民强烈反对,隔四年听证一次都不能通过,都 50 年了,现在仍然是一条断头路。所以每年 1 月 1 号美国的玫瑰花车游行就在这里进行。帕萨迪那人怕公路经过影响其地产价值,所以市议会一直不同意。修高速公路是公共利益,而影响帕萨迪那人的地产价值是私人利益。在美国的宪法中,首先要尊重私有财产,所以私人利益不能因为公共利益而被侵犯,因此就诞生了这条修了 50 年的断头路。还有一个例子是发生在美国康州的,新伦敦市因为政府开发的计划需要,向居民凯伦的住宅发了征用令。但是凯伦家不同意,于是她一直就没搬走。凯伦后来就和政府打起了官司,最终这官司打到了最高法院,结果是政府胜诉。虽然政府是胜诉了,但政府非但不能开着推土机把凯伦家的房子碾为平地,反而还须在市中心找一个房子,让她搬到新家,另外还给了一大笔赔偿金。就这个官司又是前前后后打了 5 年。

5 年的时间政府被凯伦这“钉子户”磨得实在是没办法,凯伦家不搬迁他们依然还是正常生活,政府也从没有停电停水这样的强制措施。最后撑不住的是开发商,开发商因为拖不起这么长的时间,只好取消了对这块地盘的开发计划。如果说中国钉子户厉害,那美国的钉子户恐怕要厉害多了,而且他不需要拿着瓦斯罐跳楼抗议,他只要到法院去申请一纸命令就可以了。然后这件事情就可以一直拖,直到把整个政府都拖换届了也是有可能的。还有更夸张的,前一段时间在拉斯维加斯附近的一个农场的农民持枪反抗,因为美国的联邦政府要到这个农场来收税,这个农场里面的动物放养在联邦的领地里面,所以现在他们要来强制收税。农民当然是不同意的,原来是不收税的,现在突然改了要收税,也没征求过我们的同意,当然是不同意的。结果农民们组织了大量的民兵,差不多几百号人,带着枪和政府抗衡,好像马上就要发生枪战似的。

最后联邦政府就妥协了,于是就算了,不收了。你说美国百姓这种做法好笑,美国政府好像做事情更好笑。就好像他们做的事情都不是经过慎重考虑的事情,今天脑门一热就过来收税了,结果看人们反抗得这么厉害就算了不收了。这在中国好像是怎么也不可能发生的事情,但是美国这样的国家就有这样的特色,很多事情推进不下去都是因为他们的地方政治在“从中作梗”。所以地方政治在美国是非常重要的。这次的选举过程当中,我认为美国的地方政治会继续发挥非常重要的作用。由于最后票选的结果都是一个一个的地方选区选上来的,所以 2016 年 11 月 8 号的结果会告诉你每一个州的选票的进展,但是关于每个竞选人究竟得了多少票就无从得知了。因为我之前也提到过,美国的选举都是赢得了一个州的多数,就赢得了这个州的全部。按照州的比例来算,谁得到的州支持率越高,谁就获胜。至于每个州到底有多少人支持竞选人，甚至全国有多少人投了他们的票都不重要，也没什么意义。

这个时候的地方政治就是比美国的联邦政治要重要得多。

结　语

张　军：整体来说，肯定不能把2016年的选举当成美国选举的一个典型。今年的这场选举是一个非传统的不典型的选举，好像闹剧的成分甚至超过了选举的成分。从特朗普代表共和党脱颖而出，让所有人咋舌的时候开始。但是美国的这个选举，不论它非传统也好什么也好，选出来的这个人对于中美关系又会有着牵一发而动全身的影响。

所以我觉得回顾并关注这个选举，虽然我们会把他当作一个茶余饭后的笑话讲，但是在我看来中国人关心美国选举的程度远远超过美国人关心美国选举的程度。确实未来中美关系的发展跟在座的每一位都有非常大的关系，包括我本人。我觉得我们当然希望中美关系能够健康稳定地发展，不健康稳定，天天对立，不论是对成千上万在美国的华人，还是对隔着太平洋的两国人民来说都没有好处。至于大家怎么看这次的选举就仁者见仁，智者见智了。我也只是在此分享了我的一点观察和感受。说到中美关系的影响也不是一场美国的选举、一个美国的总统就能够轻松改变的。

这个过程是漫长的，需要时间去检验。

后记 /美国的变化

《美国看法》出版快四年了，其间，《美国看法》加印了一次，反映不错，甚感欣慰。最终仍未实现与文汇出版社之前争取一年出一本的君子协定，一个简单的借口就是太忙了。也确实太忙，毕竟我的主业还是律师，每天各种繁琐的法律事务占去了不少时间。更重要的是，上本书完成后，确实感觉需要沉淀与思考一下，孔子说：学而不思则罔，思而不学则殆。大概也指的这个意思吧。这几年美国发生了不少事，写后记的时候已是 2018 年末了，特朗普已经上台快两年了，中美贸易战已全面开打了，大法官的听证变成了两党恶斗的战场，中期选举已结束了，颠覆了传统学者的诸多思维与方法论，中美之间也发生了不少变化，亟需新视角、新思维去解读、去适应。

要说这几年美国最大的变化，当数特朗普当选总统，他的当选几乎让所有的政治观察家们大跌眼镜，选前几乎所有的民意调查都表明希拉里会获胜，而事实上，如果不是因为美国联邦选举制度的“选举人团”制的话，希拉里确曾获得了超过特朗普 300 多万左右的“普选票”的。难怪特朗普当选后对此一直耿耿于怀，甚至暗示美国有 300 多万左右的“非法移民”参与了投票，正好“抵消”希拉里超出的“普选票”。话又说回来，正是因为美国的特殊选举制度，希拉里才不得不向特朗普俯首认输，尽管她后来向不少民主党人表达了“选举人团”制需要改革的看法。一般认为，这样的改革显然是有利于民主党的。

大选的尘埃落定，并没有给美国带来安定团结，反而引发了一轮又一轮的党争，美国社会也变得日趋分化，一方面是民主党人大本营的东西两岸，纽约与加州为代表更趋“自由化”，例如在全民健保、非法移民、同性恋婚姻、大麻合法化等议题上与支持特朗普的中部广大农业和制造业州的政治取向几乎势若冰炭，再加上民主党人与“自由派媒体”热衷的“通俄门”调查，使得美国媒体几乎每个小时都有“Breaking News”突发新闻，有人戏称美国的新闻频道现在只是在“突发新闻”里偶尔插播“正常新闻”而已。

向斯坦福大学东亚图书馆赠《美国看法》

而特朗普深知自己之所以践登大位，正是因为美国中部广大农民与产业工人和保守主义者以及福音教派的信徒们对他的支持，故上任伊始就大刀阔斧地进行改革，例如：提名极端保守派的最高法院大法官，大规模减税，大幅拉高美国进口关税，展开与中国的贸易争端，试图取消奥巴马的全民健保法案等等，所以尽管他上台已两年半，全国性民意调查依然得分不高——虽然在当初力挺他的“铁粉”中依然享有很高的民意支持度。惟其如此，按照“外交是内政的延伸”的理论，他上台后的一系列外交举动，如将美国驻以色列领馆搬迁至耶路撒冷，退出伊核协议，发动对中国、欧盟、加拿大、墨西哥、日本的一轮又一轮的贸易攻势，甚至与金正恩会面等等，均可理解成他正努力兑现着竞选时的承诺。

今年是美国中期选举年，与总统大选年不同，中期选举一般被认为是对总统两年来执政的期中考试，当然也对两年后的总统大选有一定的指标作用，由于期中选举不选总统，所以美国国会的席位之争将是重点，共和党人能否守住参、众两院的多数党席次，民主党人能否翻盘，2018 年的 11 月将见分晓。有民主党人认为，如果民主党人能够夺回两院，或者至少是众议院，那么特朗普的日子在未来两年将会十分难受，甚至可能身陷弹劾案而难以自拔。

有鉴于此，特朗普花大力气减税，向各国产品加增关税，甚至不惜向美国的传统盟国加拿大、欧盟和日本加税，还有打击非法移民，甚至向合法移民、留学生、外国投资人发难，其动机也就不难理解了。

客观地说，特朗普上台以来，美国经济成长强劲，失业率大幅下降，非法移民人数大幅下降，确实让共和党人也看到“期中考试”的曙光，只是他们仍担心特朗普不时发出的推文搅乱视线，用有些人的话说，共和党发出的信息不错，但“信使”特朗普却常常让大家迷失在各种杂乱的推文中。

总之，写这本书，就是想透过对美国社会林林总总的“怪现象”尝试为大家理出一些头绪，告诉大家我对美国的理解。美国仍然是世界唯一的超级大国，而且这种格局看来还要维持相当长的时间。中国作为世界第二大经济体和世界级的大国不可避免地要与美国在各个层面发生互动，真正了解美国，无疑对两国在各自发展过程中减少不必要的误读、误判，甚至是错读和错判都是至关重要的。《美国说法》决不敢妄言已解决了这些问题，只是希望以一已之见，抛砖引玉，以俾方家各抒高论，毕竟中美关系对两国，对世界实在是太重要了。

最后，我要由衷地感谢为此书付出大量心血的人们。首先我要感谢上海报业集团的高级记者、著名作家胡展奋老师，承蒙他的精彩访谈、协调统稿和通篇的字斟句酌，本书方得问世，事实上，其身体一度抱恙，又新添了第三代，倘不是忙于此书，本可以含饴弄孙，字画自娱的。

我也要再次感谢兄长般的施国亮老师一直的关怀与协调，他几乎扮演了半个经纪人和推展人的工作。

我也要再次感谢文汇出版社高级编辑黄勇先生一直以来的支持与关怀，为此书的顺利出版倾注了大量的心血和时间。

我更要感谢我的夫人在百忙之中帮我审稿，她除了工作之外，还要照顾正在考高中的儿子。我的儿子这次在林肯·道格拉斯全美中学生辩论大赛中取得季军的佳绩，再次证明了夫人的付出是重要和伟大的。当然，在孩子准备辩论的过程中，诸多议题对我也有启发作用，例如：美国竞选是要“选举人团制”还是“大选制”以及辩论交易的优劣等等。

再次感谢我的妹妹一如既往地为我校对打字；感谢我的爸爸、妈妈、岳父一直以来的鞭策与鼓励；有好多的老师、朋友、同事等，这里我就不一一列举了，诸位的帮助与关怀我会常常感念于心。

最后，我要将此书献给我永远爱着的外婆！

张　军

2018 年 11 月 6 日于洛杉矶

美国中期选举投票日

图书在版编目(CIP)数据

美国说法 / 张军著. —上海：文汇出版社，2018.11

ISBN 978-7-5496-2744-8

Ⅰ.①美… Ⅱ.①张… Ⅲ.①法律—研究—美国 Ⅳ.①D971.2

中国版本图书馆 CIP 数据核字(2018)第 260257 号

·文汇新观察丛书·

美国说法

著　　者 / 张　军

责任编辑 / 黄　勇
特约编辑 / 建　华
封面装帧 / 张　晋

出版发行 / 文匯出版社
上海市威海路 755 号
(邮政编码 200041)
经　　销 / 全国新华书店
排　　版 / 南京展望文化发展有限公司
印刷装订 / 启东市人民印刷有限公司
版　　次 / 2019 年 1 月第 1 版
印　　次 / 2019 年 5 月第 2 次印刷
开　　本 / 787×960　1/16
字　　数 / 281 千字
印　　张 / 17

ISBN 978-7-5496-2744-8
定　　价 / 49.00 元